Me Jean-Pierre JOSEPH

VACCINS, ON NOUS AURAIT MENTI ?

Que cache l'hystérie "covidique" de l'année 2020 ?

Vaccins peu efficaces et toxiques ?
Comment scolariser nos enfants sans les empoisonner, tout en respectant la loi ?

MODE D'EMPLOI

– 5e édition augmentée –

TESTEZ éditions

Imprimé en France (Imprimerie Laballery)

© **marco pietteur, éditeur**
ISBN 978-2-87461-132-2
Dépôt légal 2020/5053/CXI

22 route des Fagnes — B-4190 Ferrières (Belgique)
Tél. : + 32 (0) 4 365 27 29 – Fax : + 32 (0) 4 341 29 21
Courriel : infos@mpeditions.com

Remerciements à René BICKEL,
dont chaque dessin illustrant le présent ouvrage
résume à lui seul, par sa pertinence, des chapitres entiers.

Jean-Pierre JOSEPH

Est avocat au Barreau de Grenoble.

A été chargé de cours de Droit comparé à l'Université de Glasgow, dans les années 70, puis président de Maisons pour tous de quartiers dits « sensibles » pendant 10 ans, et animateur bénévole de quartier. Il est un des fondateurs de la 1ère expérience d'autogestion d'un Centre socio-culturel en 1973, avec baisse de plus de 70% de la délinquance sur un quartier.

A été musicien d'orchestres de variétés, est auteur compositeur, et membre de la S.A.C.E.M.

Est l'auteur des ouvrages suivants :

Le show business français, un état dans l'Etat
(Ed. Les cahiers de la pensée sauvage)

Les radis de la colère
(Ed. Louise Courteau)

Même les beaufs en robe noire dansent avec le diable : Roman
(Ed. Louise Courteau)

Est instructeur fédéral de Karaté, ceinture noire 5e dan, diplômé de la Fédération française de Karaté (F.F.K.D.A.), membre du jury des grades, au sein de la ligue Rhône-Alpes de la F.F.K.D.A.

Est parti en urgence en République d'Haïti en janvier 2001, et a été le 1er avocat français à être autorisé, depuis l'indépendance de 1804, à plaider devant une Cour d'Assises haïtienne, pour défendre le navigateur Grenoblois, accusé du meurtre de sa femme qui, en fait, s'était suicidée. Après une semaine d'un procès médiatisé (TF1, émission « 7 à 8 », Le Figaro, Paris-Match, etc.), à la suite duquel le navigateur fut acquitté, Jean-Pierre JOSEPH, qui n'avait aucun vaccin, et qui n'a pris aucun traitement préventif, contre le paludisme, est revenu criblé comme une passoire, de piqûres de moustiques, et… n'a pas été malade.

———— • ————

« Une erreur ne devient pas vérité
parce que tout le monde y croit »

Ghandi

Vous qui êtes intellectuellement honnête, et qui êtes certains du fait que les vaccins ont éradiqué les épidémies, comment le savez vous ?

Réponse A :

Vous l'avez vous-même vérifié sur le terrain, en vérifiant que les nouveaux vaccinés ne contractaient pas la maladie contre laquelle ils venaient de se faire vacciner, dans les mois qui suivaient la vaccination, alors qu'il y avait autour d'eux, de nombreux malades contagieux.

Réponse B:

« On » vous l'a dit (ou vous l'avez lu).

Si votre réponse est la réponse A: Bravo ! Vous êtes un être unique au monde, courrez vite à l'OMS, faire part de vos observations.

Si votre réponse est la réponse B : Posez les mêmes questions à « On ». Vous verrez que vous obtiendrez la même réponse, ce qui est grave si « On » est un professionnel de la Santé.

Un jour, dans une maison de retraite dans laquelle les pensionnaires se plaignaient d'avoir froid en permanence, un étrange représentant vint proposer un produit préventif grâce auquel il garantissait que plus personne n'aurait froid à l'avenir en consommant ce produit, à condition de bien respecter le mode d'emploi.

Le directeur de l'établissement prit le risque d'acheter un flacon pour chacun des pensionnaires.

Sur la notice, il était indiqué qu'avant tout, il fallait fermer les fenêtres et allumer le chauffage, ce que fit le directeur.

Le lendemain, plus personne n'avait froid.

Le directeur lui signa alors un contrat pour plusieurs années...

Avant-Propos

Voici donc la 5e édition de l'ouvrage posant une fois de plus, la question de savoir si par hasard, l'on ne nous aurait pas menti sur les vaccins (notamment).

Cette édition sera plus compète que celle de 2017, car des quantités d'informations confirmant ce que nous disions, et des éléments encore plus inquiétants nous sont parvenus, nous obligeant à en faire part à nos lecteurs.

Il y a encore quelques années, je ne connaissais rien du tout à la question des vaccinations : certes, le fait de n'avoir reçu qu'un vaccin unique : l'anti-variolique, générait chez moi une inquiétude permanente, tempérée par le fait qu'au cours des 30 années pendant lesquels j'ai étudié, puis enseigné les arts martiaux, les experts asiatiques que j'avais pu rencontrer, m'avaient toujours indiqué qu'il fallait se méfier des vaccins, mais je ne savais pas pourquoi. Ils ajoutaient que dans les arts martiaux traditionnels, l'être humain est capable de maintenir un taux vibratoire élevé, et ne craint donc pas les maladies.

J'avoue qu'à l'époque, j'étais un peu sceptique et j'eus de grandes hésitations, lorsque j'entendis parler d'un « danger de contamination par l'hépatite B ».

Un jour, je fus amené à défendre un groupe d'universitaires grenoblois qui s'étaient retirés à la campagne, afin d'appliquer une très vieille méthode leur permettant de produire de l'agriculture biologique géante à haut rendement, sans engrais chimiques, sans pesticides ni insecticides. Cette méthode qui ne coûtait rien, permettait d'avoir la même rentabilité à l'hectare que si l'on utilisait massivement des engrais chimiques. Mais c'était du bio, et vraiment délicieux !

Cette expérience quasi-unique en Europe, aboutit immédiatement au fait que ce groupe fut classé secte, fut l'objet de procédures judiciaires hallucinantes, de reportages de télévision honteusement truqués, de faux témoignages, à tel point que j'ai écrit *Les radis de la colère* (Ed. Louise Courteau), dans lequel je raconte leur histoire. Cet ouvrage mentionne, notamment une affaire que j'appelle « le vrai-faux tétanos », dans laquelle un hôpital, harcelé par la «psychose anti-sectes» qui sévissait à ce moment là, a diagnostiqué un tétanos, alors qu'il est clair que l'enfant avait simplement fait une grosse réaction allergique à une piqûre de tique, ce que nous avons réussi à démontrer scientifiquement un an plus tard. Et certains journalistes qui avaient écrit sans savoir, qu'un enfant «*était mort du tétanos dans la secte*», furent étonnés de le voir gambader par la suite dans les prés... Cette histoire sera évoquée en détails plus loin.

À cette occasion, je découvris que l'acte vaccinal était controversé, mais qu'en plus l'existence même de cette controverse était totalement occultée, et totalement absent de tous les débats en matière de Santé Publique.

Des dizaines d'ouvrages étaient accessibles à tous dans les librairies ou les FNAC, et un silence total recouvrait notre pays, comme si ce sujet était interdit. Alors je décidais de mettre les pieds dans le plat, en rassemblant des citations de ces ouvrages et d'articles de presse. Sachez que je n'ai rien inventé. Je me suis contenté de rassembler une grande partie de ce qui a été écrit sur ce sujet par des professionnels de la santé. Vous verrez que finalement, ce sont eux qui mettent les pieds dans le plat. Quoique...

J'ai toujours mis les pieds dans le plat, lors de ma scolarité : je ne le faisais pas exprès, mais je répondais naïvement aux reproches, et ce que je disais déclenchait souvent la consternation, voire la colère.

Un jour le médecin scolaire, voyant que je n'étais pas vacciné contre la polio (je n'ai eu qu'un seul vaccin dans ma vie : l'antivariolique) me dit : «*...Libre à toi de te suicider, mais ce qui est grave est que tu risques de contaminer tes camarades...*».

Alors très naïvement, je lui répondis : « *Mais comment puis je les contaminer puisqu'ils sont vaccinés ?* ».

Ce n'est pas la paire de claques que je reçus à ce moment là qui me marqua le plus, mais son air consterné, presque effrayé, surtout l'année suivante, lorsqu'il regarda de nouveau mon dossier, ne me posa alors plus la moindre question, et dit simplement « *Tout va bien, au suivant...* ».

Toutefois il me fallut 40 ans pour comprendre pourquoi certains de mes camarades qui ont eu la polio étaient vaccinés, et pourquoi je ne l'ai pas eue, alors que je n'avais pas de vaccin.

Quand j'étais en Première, au Lycée de Guebwiller, un prof d'Histoire-Géo, un comme n'en trouve plus de nos jours, un qui nous faisait réellement aimer ce qu'il enseignait, nous précisa un jour :

«*De nombreuses vérités sont fausses, mais ceux qui le disent sont pourchassés, même en démocratie...*».

Et il ajouta «*Au tout début du vingtième siècle, l'académie de médecine déclarait qu'au-delà de 100km/h. un organisme humain ne résisterait pas. C'était une Vérité, et tout étudiant en médecine prétendant seulement qu'il se pourrait que ce postulat soit faux, était recalé...*».

Et il ajouta de plus belle: «*l'académie des sciences indiquait également que le plus lourd que l'air ne pourrait jamais voler. Il était donc inutile de donner des crédits pour la recherche sur les «aéroplanes» (futurs avions). L'avenir était les ballons et les dirigeables. Enfin l'électricité ne serait qu'un lamentable gadget et ne servirait jamais à rien...*».

Et il conclut «*...Souvenez vous de cela, et sachez que ces imbéciles ont aujourd'hui des successeurs aux mêmes postes, et qui ont le même talent...*».

Aujourd'hui, des lois spéciales interdisent de parler de tel ou tel sujet, ou de remettre en cause certains évènements historiques. Pourquoi avoir eu besoin de textes, alors qu'une démocratie devrait savoir gérer l'expression de toutes les opinions?

Peut être que dans le futur, l'on n'aura plus le droit de remettre en cause les vaccins, les antibiotiques, l'on n'aura plus le droit de parler des bienfaits des médecines naturelles. Le Parlement a voulu écrire l'Histoire. Il écrira aussi la science. Mais n'y aurait-il pas des personnages au dessus de la science, au dessus des politiques, donnant des ordres à tout le monde?

Dans cette hypothèse, le ministre le plus important sera alors le ministre de la propagande...

Ce jour là, et très paradoxalement, j'irai demander l'asile politique en R.F.A. (ce qui devrait m'être accordé facilement, vu que mon grand-père fut sujet allemand jusqu'en 1918, année ou la France récupéra l'Alsace-Lorraine), ou bien en république d'Haïti, pays magnifique, où, lors de mon bref séjour, une délégation d'étudiants et d'animateurs de radios privées, me dirent «*...La différence entre nos républiques que vous appelez bananières, et les vôtres, est que chez nous le principe est: «ferme la, tu n'as pas le droit de parler», ce qui a le mérite d'être clair, et chez vous le principe est: «cause toujours...*».

Le présent ouvrage sera donc divisé en 4 parties :

Ire PARTIE

LA DECEPTION DU JURISTE QUI PENSAIT QU'IL ETAIT NORMAL QUE DES VACCINS SOIENT OBLIGATOIRES, CAR IL CROYAIT QU'ILS NOUS PROTEGEAIENT DES MALADIES ET ETAIENT SANS DANGER

IIe PARTIE

2020 : « L'HYSTERIE COVIDIQUE » : QUAND UN MENSONGE EST TELLEMENT GROS QUE TOUT LE MONDE Y CROIT

IIIe PARTIE

COMMENT REAGISSENT LES SCIENTIFIQUES, LA JUSTICE, ET LES POLITIQUES EN MATIERE DE VACCINATION ?

IVe PARTIE

MAINTENANT QUE NOUS AVONS COMPRIS QUE L'ON NOUS MENT, COMMENT PROTEGER NOS ENFANTS ?

Introduction

Cet ouvrage se contente de rassembler des dizaines de citations de scientifiques et professionnels de la santé. Aucun d'entre eux, ne faisant partie de la moindre secte, ce livre ne contient ni procédé hypnotique, ni virus décérébrant.

Il peut donc être lu sans crainte...

De graves interrogations

Depuis plusieurs années, nous tremblons périodiquement à l'annonce d'un nouveau risque d'épidémie qui, si l'on en croit les media, va terrasser un grand nombre d'entre nous.

Et quand nous apprenons que, contre cette nouvelle menace, « *il n'y a pas de vaccins* », nous sommes glacés de terreur, et prêts à vivre à la cave avec des stocks d'eau et de boites de conserves.

Mais il semble que le danger de la maladie de la vache folle soit passé, sans vaccins : seules quelques dizaines de personnes auraient été touchées.

Il semble également que la pneumopathie atypique, qui, toujours selon les media, devait nous décimer, n'ait touché que quelques centaines de personnes dans le monde, et aujourd'hui, plus personne n'en parle. Pourtant il n'y avait pas de vaccins non plus. (Peut être est-ce pour cela qu'on n'en parle plus).

La grippe aviaire aurait dû engendrer une catastrophe planétaire, et n'a pas fait les milliers de victimes annoncées. Quant à la grippe H1N1, n'en parlons pas tout de suite, car nous ne sommes pas encore à la rubrique humoristique, rubrique qui s'alimentera de la crise sanitaire et de la soi-disant pandémie.

Enfin, la crise que nous traversons en 2020, comporte tellement d'incohérences, de contradictions, d'omissions, que tout citoyen de bon sens est contraint de constater que l'on nous prend pour des imbéciles.

L'humanité peut elle survivre sans vaccins ?

Au Moyen-Âge, tout comme les nouvelles maladies que nous connaissons aujourd'hui, la peste, le choléra, la suette picarde, se sont arrêtées brusquement, sans vaccins, après avoir fait, beaucoup de victimes, il est vrai.

L'épidémie de grippe espagnole en 1918, s'est aussi brusquement arrêtée, après avoir fait entre 20 et 50 millions de victimes dans le monde.

Les victimes auraient-elles été moins nombreuses, ou plus nombreuses, s'il y avait eu des vaccins ?

La question parait absurde ? Et pourtant…

PREMIÈRE PARTIE

La déception du Juriste qui croyait que les vaccins nous protégeaient des maladies, et étaient sans danger. Donc, il était normal qu'ils soient obligatoires.

1re déception : les adjuvants

Selon les fabricants, pour qu'un vaccin soit efficace et « désinfecté », il faut, en plus du virus atténué, ajouter un produit appelé « adjuvant de l'immunité ».

Ce produit est :

- soit, de l'hydroxyde d'aluminium à des doses parfois 30 fois supérieures au seuil toxique,
- soit des dérivés du mercure, notamment le Thimerosal (appelé en France Thiomersal),
- soit du formaldéhyde ou formol, utilisé pour conserver les cadavres, et classé en 2004, comme cancérigène par le Centre international de recherche sur le cancer,

parfois également :

- des cellules cancérisées,
- des éthers de glycol,
- de la glycérine, toxique pour les reins et le foie,
- du plomb,
- du cadmium,
- etc.

En outre, ils sont cultivés sur des tissus animaux ou humains (reins de singe ou de chien, embryons de poulet, sérum de veau, sang de porc, sang de cheval, cervelle de lapin, etc.).

Exemple : dans le dictionnaire médical « *VIDAL* » édition 2000, on peut lire p. 2131 « *Vaccin DTCP PASTEUR : vaccin diphtérique, tétanique, coquelucheux, poliomyélitique inactivé absorbé…*

Excipients : ***hydroxyde d'aluminium, formaldéhyde, phénoxyéthanol,*** *polysorbate 80, milieu 199 Hanks, qsp. 0,5ml…* ».

Quelques lignes plus bas, dans la liste des effets indésirables, on peut lire « *...Exceptionnellement, choc anaphylactique, encéphalopathies aiguës...* ».

Autre exemple : même ouvrage p. 2133 :

« *VACCIN ENGERIX nourrisson et enfant : vaccin de l'hépatite B recombinant...* **Excipients : *hydroxyde d'aluminium***, *chlorure de sodium, phosphate disodique dihydraté, eau ppi.* **Conservateur : *thiomersal***... ».

Certains vaccins, selon Sylvie SIMON, pourraient aussi contenir de la Tdt, qui est un enzyme au pouvoir mutagène. Mais les effets mutagènes peuvent mettre des années avant de déclencher un cancer. Qui pensera à ce moment là, au lien de causalité ?

Ces produits toxiques sont nécessaires, selon les fabricants, qui indiquent que sans eux, ils seraient inefficaces.

Ainsi, pour nous protéger d'une maladie, on nous injecte un produit qui peut en déclencher une autre !

Il est d'ailleurs intéressant de noter que ces adjuvants sont appelés modestement « excipients ».

L'excipient, dans un médicament, est en général une substance neutre, sans aucun effet, ayant pour but de contenir l'élément actif (ex. de l'eau).

Ainsi, l'on se méfie rarement des excipients...

Certes nos experts (ceux qu'on voit tout le temps à la télé et qui ont des liens d'intérêts avec les labos) essayent de justifier cette aberration en disant que les doses d'aluminium (adjuvant nécessaire, faute de quoi le vaccin «ne serait pas efficace») sont faibles. Ils ajoutent que l'OMS (devenue une sorte de Vatican de la Santé) a donné le seuil au delà duquel l'aluminium devient toxique dans le corps humain : 1mg par jour et par kilo.

Ex. Un enfant de 15 kg ne doit pas recevoir plus de 15 mg en une journée. Donc, par exemple, dans l'Infanrix Hexa (produit actuellement le plus courant contenant 6 vaccins d'un coup) il n'y a que 0,82mg.

Ainsi, apparemment, tout va bien.

Seulement, il y a un « lézard » :

Dans une communication récente, le professeur Jean-Bernard FOURTILLAN, professeur honoraire de chimie thérapeutique et pharmaco-cinétique, expert pharmacologue, toxicologue, spécialisé en pharmaco-cinétique auprès de l'AFSSAPS (devenu ANSM), rappelle que l'OMS en 1996 indique bien que le seuil toxique de l'aluminium par voie orale est de 1 mg par kilo de poids corporel et par jour. Ce seuil a été confirmé par 4 membres de l'académie de médecine dans un article du bulletin de l'académie nationale de médecine du 26 juin 2012.

Mais le professeur FOURTILLAN attire notre attention sur le fait que cette dose concerne l'aluminium ingéré **par voie orale**.

Or, nous explique-t-il, les barrières du système digestif et notamment intestinal font que cet aluminium est éliminé à 99 %.

Or, dans un vaccin, l'aluminium est **injecté directement dans le sang**. Il n'est donc pas éliminé du tout, puisqu'il va franchir toutes les barrières, ce qui fait que dans le cas d'une injection, le seuil toxique est en réalité 100 fois plus élevé, à savoir 0,01 mg par kilo de poids corporel.

Ainsi, dans le cas d'une injection, le seuil toxique serait de : 1 mg / 100, soit 0,01 mg. par kg. Donc, pour un enfant de 15 kg :

Seuil toxique par voie orale : 15 mg.

Seuil toxique par injection : 15 mg / 100 = 0,15 mg

La seule injection de l'Infanrix Hexa qui contient 0,82 mg correspond à 5,4 fois le seuil toxique !

Les vaccins, selon de nombreux scientifiques, sont responsables de milliers de maladies neurologiques graves, scléroses en plaques, encéphalites, morts subites du nourrisson… Le personnel des hôpitaux, les rares fois où il fait la relation de cause à effet entre le vaccin et la maladie, aurait la consigne, soit de ne rien dire aux familles, soit de les culpabiliser en disant par exemple « *…Son organisme n'a pas supporté le vaccin…* ». Dans certains hôpitaux psychiatriques, il existe des pavillons entiers, peuplés de malades, hospitalisés à vie avec le discret diagnostic d'« encéphalite post-vaccinale »…

Depuis 1994, les substances d'origine bovine sont interdites dans les produits pharmaceutiques.

Or le BCG est fabriqué à partir de la bile de bœuf. Ainsi la Loi nous a obligé, jusqu'en juillet 2007, à administrer à nos enfants des produits qu'elle interdisait par ailleurs !

L'on trouve aujourd'hui dans les vaccins bien d'autres produits, mais surtout du **glyphosate** dans le R.O.R., le MMR II Merck, l'ingrédient de l'herbicide ROUNDUP de Monsanto apporté par la **gélatine de porc.**

On en trouve également dans ADACEL (DTCoq SANOFI PASTEUR), ENGERIX B (GSK), PNEUMOVAX (SANOFI PASTEUR MSD).

Les doses sont bien supérieures à ce qui est autorisé dans l'alimentation.

Mais en plus de cela, les vaccins récents contiennent des nanoparticules. La petite taille de ces particules fait qu'elles franchissent toutes les barrières jusqu'au cerveau.

Dans le Gardasil, vaccin censé protéger contre le cancer du col de l'utérus, l'on trouve du Borax utilisé comme conservateur. Ce produit fait partie de ce que l'on appelle « la mort-aux-rats ».

Voilà pourquoi deux médecins Canadiens, courant 2015, sont venus expliquer, lors d'une conférence dans les locaux de l'assemblée nationale, et en présence de Michèle RIVASI, Députée Européenne, qu'après une étude post-vaccinale concernant des centaines de jeunes filles vaccinées contre le cancer du col de l'utérus, ils avaient constaté un nombre important... de cancers du col de l'utérus, et un nombre alarmant de victimes gravement handicapées à vie.

Bien plus, la Loi oblige avant tout acte vaccinal, de prendre « toutes les précautions », c'est-à-dire de procéder à des examens destinés à dépister d'éventuels risques graves pour chaque individu. Mais seuls les vétérinaires le font pour les animaux !...

Ceci montre bien qu'en cette matière, nous sommes totalement bovinisés, chloroformés, et que, dans toutes les couches de la société, nous avons perdu tout sens critique, acceptant sans broncher des affirmations contradictoires, comme des disciples d'un gourou enseignant des dogmes ; les plus acharnés étant ceux-la même qui n'ont jamais vérifié ni dans la littérature médicale, ni surtout sur le terrain, l'efficacité des vaccins.

En effet, ceux qui font « cocorico » en allant vacciner des pauvres gens du tiers monde, restent- ils après sur place, pour contrôler ce qui se passe après les vaccinations ?

2e déception : l'inefficacité

Ces risques valent-ils la peine d'être courus ? Depuis un siècle, à chaque campagne de vaccination, tant en Europe qu'en Afrique ou en Asie, le nombre de cas de la maladie que l'on combattait s'est toujours multiplié par 4 voire par 6 dans les mois qui ont suivi la vaccination de masse. (variole aux Philippines au début du vingtième siècle, diphtérie en France en 1925, polio en France en 1956, récemment méningite en Afrique, etc.).

Pourquoi nous l'a-t-on caché en nous faisant croire le contraire ? Quand les épidémies s'arrêtent (comme elles l'ont toujours fait dans l'histoire de l'humanité), l'on crie alors victoire, en attribuant cela au vaccin.

Si au Moyen-Âge, au plus fort des épidémies de peste ou de choléra, un alchimiste avait distribué de la bave de crapaud à toute la population, tous ceux qui ne sont pas tombés malades, auraient cru avoir été sauvés grâce au produit, car ces épidémies se sont toujours arrêtées naturellement sans décimer toute l'humanité.

Le chien qui avait mordu le petit alsacien « sauvé » de la rage par Pasteur, avait aussi mordu plusieurs personnes du village, qui ne furent ni vaccinées, ni malades !

Mais alors, on nous aurait menti ? Mais pourquoi donc ? Quel hasard ! la France est un des plus gros pays producteurs de vaccins du monde !

Dans l'Europe de l'Ouest, seuls 5 pays (dont la France) ont gardé l'obligation vaccinale pour un seul ou plusieurs vaccins. En France on ne connaît même pas cette information. Il n'y a que dans l'ancien bloc Soviétique que de nombreux vaccins sont obligatoires.

Comme par hasard, chez nous le vaccin est une religion (ensemble de «vérités» que, par définition, l'on s'interdit de vérifier). François MITERRAND n'a-t-il pas dit « *La santé des français est une marchandise qui se vend* ».

Combien cette réflexion était pleine de bon sens ! Ainsi, par exemple, le journal « Alternative Santé » de mars 2006 dénonce : « ...***Après l'Académie de médecine, le Conseil National de la Pédiatrie réclame la suppression du BCG chez tous les enfants, en raison de ses effets secondaires. Le gouvernement fait la sourde oreille...*** ».

Or, faisait-il la sourde oreille, ou le faisait-il exprès ? (L'obligation vaccinale BCG n'a été suspendue qu'en juillet 2007).

Or, Il semblerait que l'arrêt des épidémies n'ait rien à voir avec les campagnes de vaccination.

Ainsi, 1200 personnes ont été victimes de la Polio en France, en 1956, année où la campagne de vaccination a débuté. Et, en 1957, la France a connu plus de 4000 cas... Aux Etats-Unis l'on est passé de 5987 cas avant la vaccination à 8531 après. Dans 2 Etats où le vaccin était obligatoire, il y eut une augmentation de 400 %.

Personne, d'ailleurs, n'est capable d'expliquer pourquoi les épidémies de peste et de choléra du Moyen-âge, de suette picarde (qui a sévi de 1718 à 1906), et plus récemment, de scarlatine, se sont arrêtées sans vaccin, et sans décimer toute l'humanité...

Personne n'explique non plus pourquoi l'on ne parle plus de « l'épidémie » de pneumopathie atypique qui, si l'on en croit les discours des experts, aurait du faire des centaines de milliers de victimes, alors qu'aucun vaccin n'a été découvert contre cette maladie.

Peut être le fait que les médecins chinois aient découvert que le meilleur traitement contre cette maladie était… le repos, était trop dérangeant pour ceux qui, une fois de plus, voulaient que nous nous précipitions dans les pharmacies.

Toutes les informations concernant les interrogations concernant les vaccins, sont extraites de nombreux articles de presse et d'une liste impressionnante d'ouvrages : N.B. : Nous ne donnons ici que les titres français, étant précisé qu'il en existe autant chez les Britanniques, les Américains, les Allemands, etc.

- "*Les vaccins n'ont pas fait reculer les épidémies*" (Pr. F. DELARUE),
- "*La mafia médicale*" (Dr. G. Lanctôt) Ed. Voici la Clé,
- "*La dictature médico-scientifique*" (Sylvie Simon) Ed. Filipacch,
- "***Vaccination, erreur médicale du siècle***" (Dr. L. De Brouwer) Ed. Louise Courteau,
- "*Danse avec le diable*" (G.Schwab) Ed. Courrier du livre,
- "*Les charlatans de la médecine*" (C.V. D'AUTREC) Ed. La table ronde,
- "*Dossiers sur le gouvernement mondial*" (A.Meurois-Givaudan) Ed. Amrita,
- "*La guerre des virus*" (L.Horowitz) Ed. Félix,
- "*Au coeur du vivant*" (J. Bousquet) Ed. St Michel,
- "*Le malade déchaîné*" (R. Bickel) Ed. ALTESS,
- "***Vaccinations : l'Overdose***" (Sylvie Simon) Ed. Déjà,
- "***Tétanos, le mirage de la vaccination***" (F. JOET) Ed. Alis,
- "*Pour en Finir avec Pasteur*" Dr Eric Ancelet (Ed Marco Pietteur),
- "*La Santé confisquée*" Mirko et Monique Beljanski (Ed Compagnie),
- "*La lumière médicale*" Dr Norbert Bensaïd (Ed Le Seuil),
- "*Mon enfant et les vaccins*" Dr F. Berthoud (Ed Soleil),
- "*On peut tuer ton enfant*" (Dr P. Chavanon) Ed Médicis,
- "*Les Vérités indésirables - Le cas Pasteur*" (archives Internationales Claude Bernard) Ed La Vieille Taupe 1989,
- "***L'intoxication vaccinale***" (F. Delarue) Ed Le Seuil 1977,
- "*La rançon des vaccinations*" (Simone Delarue) Ed LNPLV 6°Ed 1988,
- "*Le procès des vaccinations obligatoires*" (Dr. J. KALMAR – Me J. EYNARD, Avocat Grenoble 1961,
- "*Pour la liberté, contre l'obligation des vaccinations*" Marcel LEMAIRE (Préface de Me F. HOFFET, Avocat Strasbourg) 1961,
- "*La santé assassinée*" (Isabelle ROBARD Avocat Paris) Ed. de l'Ancre,
- "*L'intox, quelques vérités sur vos médicaments*" (Dr Bruno Donatini) Ed MIF
- "*Des lobbies contre la santé*" Roger Lenglet (Ed Syros),

- *"Des enfants sains même sans médecins"* (Dr R.Mendelsohn) Ed Soleil 1987
- *"La poliomyélite, quel vaccin ? quel risque ?"* (Dr Jean Pilette) Ed de l'Aronde 1997,
- *"**La catastrophe des vaccins obligatoires**"* (Pr. TISSOT) Ed. de l'Ouest 1950,
- *"Les dessous des vaccinations"* (Dr. SCOHY) Ed. Cheminements,
- *"Vaccinations : le droit de choisir"* (Dr. F. CHOFFAT) Ed. Jouvence,
- *"Vaccin Hépatite B : Les coulisses d'un scandale"* (Sylvie SIMON et Dr. Marc VERCOUTERE) Ed. Marco Pietteur,
- *"La santé publique en otage"* (Eric GIACOMETTI) Ed. Albin Michel,
- *"La médecine retrouvée"* (Dr. Jean ELMIGER) (Ed. Léa),
- *"**La faillite du BCG**"* Dr. Marcel FERRU,
- *"Déjà vacciné ? Comment s'en sortir ?"* (Sylvie SIMON),
- *"Vacciner nos enfants ?"* Dr. Françoise BERTHOUD (Ed. Soleil),
- *"Exercice illégal de la guérison"* Sylvie SIMON (Ed. Marco Pietteur),
- *"**Vaccinations, les vérités indésirables**"* (Pr. GEORGET) Ed. DANGLES : Préface du Pr. CORNILLOT, Doyen de la Fac. De Médecine de BOBIGNY. (*)
- *"Les vaccinations en question"* Me AUTERIVE, Avocat, Paris, G. BUCHWALD, J. CLEMENTS, B. DUNKBAR, K. GAUBLONNE, M. GEORGET, L. HESSEL, K. HOPPENBROUWERS, P. LANNOYE, D. MIEDICO, P. SHATTOK (Ed. Frison-Roche),
- *"Vaccination, la grande illusion"* (ouvrage sous forme de B.D.) René BICKEL 2003,
- *"Vaccinations, je ne serai plus complice"* (Dr. Jean MERIC) Ed. Résurgence 2004,
- *"Les vaccins sont des poisons"* (Dr. TAL SCHALLER) Ed. Vivez soleil, 2004,
- *"Les 10 plus gros mensonges sur les vaccins"* (Sylvie SIMON) Ed. DANGLES, 2005,
- *"Vaccins, l'avis d'un médecin holistique"* (Dr. TAL SCHALLER) Ed. Marco Piétteur Oct. 2006,
- *"Autisme et vaccination : responsable mais non coupable !"* (Sylvie SIMON) Ed. Trédaniel 2007,
- *"Vaccins, un génocide planétaire ?"* (Dr. Tal SCHALLER) Ed. Marco Pietteur 2009,
- *"Vaccins, abus de conscience"* (Dr. Alain PERRIER) Ed. Résurgence 2011,
- *"Les vaccins sont-ils une illusio ?"* (Tetyana OBUKHANYCH - Docteur en Immunologie Rockefeller University) Macro éd.,
- *"Analyse scientifique de la toxicité des vaccins"* Dr. Michel DE LORGERIL,

– *"Hystérie vaccinale - vaccin Gardasil et cancer : un paradoxe"* Nicole et Gérard Délépine (Fauves Ed.).

(*) L'ouvrage de Michel GEORGET, professeur agrégé de biologie, comporte plus de 700 références ! Nous avons assisté à plusieurs de ses conférences auxquelles assistaient des médecins, des biologistes, des infirmières. Nous n'avons jamais entendu la moindre contradiction sérieuse...

Aucun de ces ouvrages, largement diffusés tant en France qu'à l'étranger, n'a fait l'objet du moindre procès, ni même du moindre démenti.

Les médias n'ont jamais invité le Pr. GEORGET à des émissions concernant les vaccins, se contentant (bien sûr) d'inviter des « scientifiques » croulant sous les milliers d'euros versés par les laboratoires pharmaceutiques, ce qui est vérifiable, puisque les liens d'intérêts d'un professionnel de santé, les sommes qu'il a touchées de tel ou tel laboratoire, sont vérifiables sur un site Internet du Ministère de la Santé.

La lecture de simples citations extraites de ces ouvrages, conduit tout lecteur, à la conclusion incontournable, suivant laquelle nos enfants sont victimes d'un **empoisonnement collectif**, et qu'il est plus que temps de réagir.

En outre, à certaines époques, des médecins dénonçaient le fait que la quasi-totalité de leurs confrères étaient dans l'ignorance totale de ces informations, **car l'information médicale en France passe entièrement par les laboratoires pharmaceutiques**.

Ces médecins indiquaient également qu'une vaccination n'est pas un acte banal, et qu'un certain nombre de précautions devraient être prises.

Ils suggéraient que, préalablement à tout acte vaccinal, que le sujet fasse l'objet d'un bilan clinique et biologique, à savoir :

a) Ionogramme complet, dosage de l'urée,

b) Lipidogramme,

c) Bilan endocrinien,

d) Titrage de tous les anticorps spécifiques aux vaccinations éventuelles déjà subies,

e) Test de dépistage du Sida et des différentes hépatites,

f) Electrophorèse et immunophorèse des protéines sériques, de manière à avoir une image globale des capacités ou incapacités éventuelles de l'organisme à fabriquer les anticorps,

g) Bilan radiologique :

- Radiographie panoramique dentaire, ceci dés qu'il y a au moins une dent dévitalisée,
- Radiographie pulmonaire, pour éliminer toute image de tuberculose pulmonaire évolutive.

h) Détermination du type HLA.

Or, jamais un seul de ces tests n'est proposé aux enfants, ce qui procède d'une négligence grave.

Bien que ces éléments soient publics, et notoires depuis au moins 10 ans, aucun scientifique n'est encore venu les contredire, les vaccinalistes se contentant de répéter, comme une litanie religieuse, que les vaccins auraient enrayé les épidémies.

Déjà, le 5 décembre 1957, 101 Députés Socialistes déposaient une proposition de Loi tendant à abroger l'obligation vaccinale. Parmi eux MM DEFFERRE, CAPDEVILLE, PROVOST, SAVARY...

La France avait maintenu jusqu'en juillet 2007, 4 vaccins obligatoires. (l'obligation du BCG ayant été suspendue en juillet 2007). Nous sommes, comme par hasard, le pays qui compte le plus de cas de tuberculoses et de tétanos, mais nous sommes aussi **le 1er pays producteur de vaccins d'Europe**...

En janvier 2018, 11 vaccins deviennent obligatoires pour les enfants nés à partir du 1er janvier 2018.

L'on sait pourquoi aujourd'hui, lorsque les Américains ont entrepris, au début du vingtième siècle, de vacciner les habitants des Philippines contre la variole, le taux des personnes atteintes est alors passé de 10 % de la population, à 65 % en quelques mois...

L'on sait également (par les écrits des collaborateurs de Pasteur) que le chien qui avait mordu le petit Joseph Meister, vacciné par Pasteur, avait également mordu d'autres personnes du village, qui ne furent ni vaccinées, ni malades...

L'on sait enfin que lorsque les américains se sont rendus compte, dans les années 1960, que 75 % des gens atteints de la polio, étaient correctement vaccinés (Vaccin Salk), les symptômes officiels de la polio ont été modifiés, ce qui a fait que tous les nouveaux cas allaient être appelés : encéphalites, méningites, etc. Ce qui a donné l'illusion que le vaccin avait enrayé l'épidémie.

Nous ne pouvons donc plus nous contenter aujourd'hui de nous retrancher derrière des obligations de réserve, faute de quoi nous serions obligés de constater que le procès PAPON n'a servi à rien. Tout citoyen a, aujourd'hui, à partir du moment où il sait, le devoir de prendre une position.

Les conséquences que l'on peut tirer de l'ensemble de ces informations sont les suivantes :

a) Un vaccin est une substance « *préparée à partir de microbes, virus ou parasites qui, inoculés à un individu lui confère une immunité contre le germe correspondant…* ».

b) Les substances inoculées aux enfants contre leur gré et celui des parents, sont, de toute évidence, des substances qui ne confèrent pas l'immunité, puisque des scientifiques nous démontrent aujourd'hui que de nombreux enfants vaccinés, ont, néanmoins, contracté la maladie.

c) Ces substances, en outre, sont toxiques, puisqu'elles entraînent des effets secondaires graves, parfois mortels.

d) Ces substances ne sont donc pas des « vaccins », au sens scientifique du terme.

e) Le fait de refuser d'administrer des produits inefficaces et toxiques à des enfants ne peut donc s'assimiler à une privation de soins, ou une mise en danger de la vie d'autrui.

f) Bien au contraire, le fait d'imposer l'administration de produits toxiques inutiles à des enfants constitue le délit de mise en danger de la vie d'autrui, et peut, à long terme, constituer le crime d'empoisonnement ou administration de substances nuisibles.

« Une population malade rapporte plus d'argent au système dit de « santé publique » qu'une population en bonne santé… »

«…L'une des nouvelles religions en France est… le vaccin : En effet, bien que les français soient réputés cartésiens, et bien que tous les pays voisins aient progressivement abandonné l'obligation vaccinale, quiconque en France, se contente simplement de s'interroger sur l'efficacité des vaccins, déclenche des hurlements hystériques. Il s'agit donc bien d'une religion, dans laquelle des milliers de personnes se prétendant intellectuelles, ou même scientifiques, défendent des « vérités » qu'elles n'ont jamais vérifiées elles mêmes.
Quant à ceux qui font appliquer l'obligation légale vaccinale, il semble qu'aucun d'entre eux n'ait entendu parler du procès de Maurice Papon…».

La plupart des ouvrages dont sont extraits les nombreuses citations formant l'essentiel de ce document se trouvent très facilement en librairie, à la FNAC, etc.

Aucun d'entre eux n'a engendré le moindre procès, ni même le moindre démenti...

« Celui qui ne gueule pas la Vérité,
quand il connaît la Vérité,
se fait le complice des menteurs
et des faussaires ».

(Charles Péguy)

---

23 questions : 23 réponses sur les vaccins

1. De manière générale, est-il exact que les vaccins nous protègent des maladies et ont stoppé les épidémies ?
2. Les vaccins sont-ils dangereux ?
3. Mais alors, si les vaccins sont inefficaces et dangereux, pourquoi nous le cache-t-on et pourquoi continue-t-on ?
4. Oui, mais, en France, nous avons des vaccins obligatoires. Ceux-là ne sont tout de même pas inefficaces et dangereux puisque c'est la Loi qui nous oblige à les recevoir ? Mais tout d'abord quels étaient les vaccins obligatoires jusqu'en 2017, et pour qui ?
5. Le vaccin contre le tétanos est il efficace ?
6. Le vaccin antitétanique est il dangereux ?
7. Nous aurait-on caché quelque chose sur le tétanos ?
8. Pourquoi le vaccin antitétanique, par définition, ne peut être qu'inefficace ?
9. Le vaccin contre la diphtérie est-il efficace ?
10. Le vaccin antidiphtérique est-il dangereux ?
11. Le vaccin anti-polio est il efficace ?
12. Le vaccin anti-polio est il dangereux ?
13. Nous aurait-on caché quelque chose concernant la poliomyélite ?
14. Le B.C.G. est il efficace ?
15. Le BCG est-il dangereux ?
16. N'existerait-il pas une réalité encore plus effrayante, concernant le BCG, et (peut-être) tous les vaccins ?
17. Pourquoi avoir suspendu l'obligation vaccinale BCG en juillet 2007 ?
18. Les vaccins qui étaient simplement recommandés jusqu'en fin 2017 (hépatite B, coqueluche, rougeole, rubéole, méningite, etc.) sont ils, eux aussi, inefficaces et dangereux ?
19. **Mais alors, la théorie du vaccin serait une énorme erreur, voire une supercherie ?**
20. Depuis quand nous ment-on ?
21. Pourquoi le principe même de la vaccination est-il un non-sens pour de nombreux scientifiques ?
22. Comment nous ment-on ?
23. Mais alors, avec ces nouvelles maladies : pneumopathie atypique, sida, grippe aviaire, etc. Que faut-il faire pour ne pas tous y passer ?

CHAPITRE I

Des questions simples à la portée de tous sur les vaccins en général

Question n° 1

De manière générale, est il exact que les vaccins nous protègent des maladies et ont stoppé les épidémies ?

Réponse

Quelques déclarations de scientifiques ou quelques articles de presse sur l'efficacité des vaccins :

Sylvie SIMON : "*La Dictature Médico-scientifique*"

"Le taux de mortalité par la variole s'élevait à 10 % aux Philippines lorsque les U.S.A. prirent possession des îles en 1905. Entre 1905 et 1906, ***à la suite d'une campagne de vaccination massive,*** *une épidémie fit mourir 25 % de la population. Entre 1918 et 1920, alors que l'armée américaine venait d'obliger 95 % de la population à se faire vacciner une terrible épidémie emporta, cette fois, 54% de la population. Manille où le pourcentage de gens vaccinés était le plus fort (la presque totalité de la population), fut la plus touchée (65,3 %) alors que l'île de Mindanao ne fut touchée qu'à 11,4 %. Curieusement dans cette île, les indigènes avaient refusé de se faire vacciner..."*

Dr Robert Rendu, Fac de Médecine de Lyon "*La Presse Médicale*" 1949

"...Entre 1943 et 1947, 5 millions au moins d'enfants ont été vaccinés (contre le tétanos), soit plus de la moitié de la population âgée de un à 14 ans. Cette vaccination massive aurait dû entraîner une diminution considérable du nombre de décès, or les statistiques officielles montrent que le nombre de décès infantiles par tétanos n'a guère varié de 1943 à 1947 (Un décès en moyenne par département et par an)..."

Pr Michel REY : "*Impact Médecin Hebdo*" 13 octobre 1995

"...La protection conférée par la vaccination (antidiphtérique) dure moins longtemps que l'immunité naturelle et n'est plus que de 50 %, 10 ans après la

vaccination, alors que 90 % des adultes sont naturellement immunisés avant d'être vaccinés…"

Le Point, 23 janvier 1993, "*Tuberculeuses et pourtant vaccinées*"

Les quelques cent infirmières des Hôpitaux de l'Assistance Publique de Paris qui ont été contaminées ces cinq dernières années étaient vaccinées…"

Jean-Yves NAU "*Le Monde*" 2 février 1987

Importante épidémie de poliomyélite en Afrique de l'Ouest en 1986 :

"…Près de 200 des enfants que l'on croyait correctement vaccinés ont contracté la maladie. Certains sont morts. Les études épidémiologiques franco-américaines menées sur le terrain n'ont pas encore permis de comprendre les raisons exactes d'un tel phénomène…"

Dépêche AFP : 1er février 1997

"…La quasi totalité des cas de poliomyélite recensés aux U.S.A. de 1980 à 1994 ont été causés par l'administration du vaccin oral atténué…"

Sylvie SIMON : "*La Dictature Médico-scientifique*"

"…Grâce à l'amélioration des conditions d'hygiène, la poliomyélite avait disparu en Albanie, comme dans bien d'autres pays. Malheureusement le gouvernement et les autorités sanitaires de ce pays ont décidé de pratiquer une vaccination de masse dans le cadre d'une campagne de prévention. En Avril 1996, on a alors administré le vaccin Sabin à virus vivant "atténué" à la population de tout âge…" . Selon les statistiques officielles… on a enregistré 90 cas de polio, dont 12 mortels…"

The Lancet, 1er janvier 1994

"54 % des personnes atteintes par une toute récente poussée de poliomyélite en Namibie (Nov. 1983) étaient toutes vaccinées dans les règles contre la poliomyélite…"

"*L'Evénement du Jeudi*", 5 au 11 mars 1992

"Les américains, malgré une politique musclée de prévention contre la rougeole, voient l'une des plus agressives maladies infantiles augmenter régulièrement chez les nourrissons. Nés de mères vaccinées, les bébés hériteraient d'anticorps moins résistants que ceux provoqués par une rougeole naturelle…"

Dr. Louis DE BROUWER, ("*Vaccination erreur médicale du siècle*")

"Les français, manipulés et désinformés en sont venus à considérer l'acte vaccinal comme le baptême: hors vaccin pas de salut.
Or, il n'a jamais été prouvé scientifiquement que les vaccins étaient efficaces et sans danger… Le principe de la vaccination constitue la plus monstrueuse erreur médicale et scientifique du siècle et mène l'humanité à une disparition

prématurée. On ne compte plus aujourd'hui les cas de mort subite du nourrisson, sclérose en plaques, maladie d'Alzheimer, cancers, dermatoses, et d'affections nouvelles incurables dues aux vaccins... L'individu vacciné est devenu un véritable réservoir à virus...

Question n° 2

Les vaccins sont-ils dangereux?

Réponse

Quelques déclarations de scientifiques ou quelques articles de presse sur les effets des vaccins:

Le Concours Médical: 19/9/ 1987

"... La carte d'incidence maximale du SIDA en Afrique correspondrait à celle où l'ultime effort d'éradication de la variole aurait été accompli. C'est cette introduction massive du virus vaccinal au sein d'une population séropositive mais "dormante" qui pourrait avoir donné le coup d'envoi au phénomène SIDA..."

Pr Robert GALLO "*Le Times*"

"...J'ai toujours dit que l'usage de vaccins de virus vivants, comme l'on pratique en Afrique, peut activer un virus endormi comme celui du SIDA..."

Déclaration d'un conseiller auprès de l'OMS : "*TIMES*" 11 mai 1987

"...Maintenant je suis convaincu que la théorie mettant en cause la vaccination antivariolique est bien l'explication de l'explosion du SIDA..."

Biocontact, janvier 1996

"...Il semble donc hautement probable que ce vaccin polio buvable, le fameux Sabin, préparé par culture sur ces singes verts d'Afrique, était contaminé par le virus STLV3, et que ce virus était peut être le 1er chaînon évolutif expliquant l'apparition du virus VIH. Comment s'étonner par conséquent de l'extension incroyablement foudroyante de l'épidémie d'infection par le VIH, quand on connait la "qualité" de la couverture médicale vaccinale mondiale vis à vis de la poliomyélite..."

The Lancet, 1995 -1071-4

"...Une étude Britannique met en cause le vaccin antirougeoleux dans la fréquence des maladies de Crohn et recto-colites ulcéro-hémorragiques (qui sont des maladies auto-immunes) de façon irréfutable (2,5 À 3 fois plus de cas chez les vaccinés sur un groupe de 3545 personnes contre 22 000 sujets témoins -avec présence du virus de la rougeole dans les prélèvements intestinaux biopsiques)..."

Panorama du Médecin, 29 novembre 1994

Augmentation des cas de rougeole chez les personnes vaccinées : "...3 % en 1985 contre 27 % en 1994. Les maladies infantiles, bénignes chez l'enfant, sont de plus en plus fréquentes chez les adultes et les formes graves semblent s'accroître..."

Dr Odent, "*Guide des vaccinations*" Direction Générale de la Santé

"...fréquence de toutes maladies, particulièrement otites et crises d'asthme chez les enfants vaccinés... Les enfants non vaccinés sont en meilleure santé..."

La Recherche, avril 1995

"...Une trentaine de cas de **scléroses en plaques post-vaccinales** *sont soignées au service de neurologie de l'hôpital de la Salpêtrière à Paris..."*

Pr Olivier GOUT, Chef de Clinique, La Salpêtrière, "*VSD*", 14 novembre 1996

"...Effectivement nous soignons ces maladies et des recherches sont en cours sur l'imputabilité du vaccin. Il est trop tôt pour livrer des conclusions, mais il semble bien y avoir quelque chose..."

Sylvie SIMON, "*La Dictature Médico-scientifique*", p.184

"...La propagande abusive pour la vaccination contre l'Hépatite B a commencé dés le mois de Juillet 1994. Après avoir conclu un marché avec Smith Kline pour le vaccin Engerix, Philippe DOUSTE-BLAZY, alors Ministre de la Santé, a envoyé une circulaire aux recteurs d'Académie pour demander d'inscrire la vaccination des élèves de 6e et de 4e parmi les priorités pour l'année 1994-1995..."

Françoise Joët, "*Le Courrier d'Alis*"

"...Est ce que les enseignants français feraient désormais partie de la filière santé ? Quel est réellement le rôle de chacun ? D'aider à remplir les caisses de l'entreprise Smith Kline Beecham et de vider celles de la Sécurité Sociale ?..."

Dr Alain SCOHY

"...L'accumulation des vaccins de toute nature "tous azimuts" sans le moindre intérêt thérapeutique, curatif ou préventif, épuise et affole le système immunitaire, ce qui est la base indispensable à l'installation de la maladie Sida. Le nouveau vaccin contre l'Hépatite B risque fort d'être la goutte d'eau qui fera déborder le vase..." "...Le vaccin contre l'Hépatite B présente de réels dangers pour ceux qui le recevront..."

"...En plus de ce risque de contamination, soit par des prions (les cellules sont nourries avec du sérum de veau), soit par des virus inconnus à ce jour, ce vaccin inocule de façon absolument certaine des substances éventuellement

cancérigènes, et des résidus d'outils de manipulations génétiques qui pourraient bien être à l'origine de cas de tératogenèse. Par ailleurs ces vaccins sont à l'étude : on ne pourra en mesurer l'éventuelle efficacité comme la nocivité que dans 15 ou 20 ans, d'après leurs promoteurs, ce qui fait que toutes les personnes inoculées sont en fait, à leur insu, des cobayes !..."
"Tout ceci pour éviter une maladie complètement hypothétique qui a tendance à régresser spontanément dans nos pays, et qui guérit, sans traitement, dans 9 cas sur 10..."

Pr. Michel GEORGET, Agrégé de biologie, Professeur honoraire des classes préparatoires aux grandes écoles biologiques

"...Quand on sait que l'immunité accordée au vaccin est de courte durée et que l'Hépatite B se transmet essentiellement par les relations sexuelles et la toxicomanie intraveineuse, on imagine le "bénéfice" que les bambins vont retirer d'une telle opération... Les vaccinations de masse se font dans un contexte d'incertitude : des procédés de fabrication qui ne peuvent garantir des produits totalement purs, des individus tous différents, dont les capacités de défense ne sont jamais testées avant, ni vérifiées après la vaccination. Dans ces conditions, n'est il pas urgent de réfléchir aux conséquences à long terme des vaccinations ?..."

Mirko BELJANSKI, ancien Directeur de recherche au CNRS

"...Le vaccin contre l'Hépatite B issu du génie génétique, contient 10/15 fois plus d'activité dangereuse (TdT) que le vaccin traditionnel. Pourquoi tout ceci n'a-t-il pas été contrôlé avant la diffusion par les puissants laboratoires qui sont derrière ces vaccins ?..."

Françoise JOET, "*Courrier d'Alis*" n°13

"...Le plus extraordinaire est que l'on continue à prôner ce vaccin, que les campagnes de vaccination redoublent de zèle, pour inciter les individus à se faire vacciner, alors que pratiquement dés le début de son utilisation, on savait qu'il pouvait déclencher des scléroses en plaques, tout spécialement chez les personnes porteuses du gêne HLA DRE.
La mention de la sclérose en plaques figure parmi les effets indésirables de ce vaccin dans toutes les notices qui l'accompagnent. Comment laisser pratiquer ce jeu de roulette russe par des gens assez cyniques pour prétendre en toute connaissance des dangers liés à ce vaccin, qu'ils agissent pour le bien de l'humanité ?..."

Pr PARIENTE, "*Le Concours Médical*" 20 janvier 1974

"...Le système immunitaire s'avère particulièrement endommagé à la suite de vaccinations de routine..."
"...Le capital immunologique se trouve substantiellement amoindri chez les nombreux enfants soumis aux programmes vaccinaux courants..."

Le Quotidien du Médecin, 9 mai 1996

"...Une simulation antigénétique, en l'occurence un rappel de vaccin antitétanique, augmente transitoirement l'expression du VIH1 chez les personnes infectées, et rend plus susceptibles au virus les personnes non infectées..."

Dr Alain SCOHY, "*Celui qui vient*" p.143

"...La guerre du Golfe pendant l'hiver 1991, aurait dû nous servir de leçon. 50 000 GI américains environ sont envoyés là bas, et subissent au moins 4 vaccins..."
"...20 000 anciens soldats sont malades aujourd'hui. 2 000 sont décédés. Surtout il y a eu en 3 ans 2 000 naissances d'enfants gravement anormaux..."

Dr. Louis DE BROUWER (précité)

"...Du fait des vaccinations, les individus sont devenus de véritables réservoirs à virus, et leurs défenses immunitaires sont tellement amoindries que de nouvelles affections incurables et gravissimes apparaissent chaque jour..."

"L'IMPATIENT", juin 1996

"Hépatite B : LE SCANDALE"

"LE MONDE", 5 décembre 1996

"...Controverse sur l'inocuité du vaccin contre l'Hépatite B..."

SCIENCE ET AVENIR, janvier 1997

"...6 millions de français vaccinés abusivement. Coût pour la collectivité : 1 à 2 milliards de francs par an..."

LE PROGRES (Lyon), 11 février 1997

"...Hépatite B : les victimes veulent la vérité sur le vaccin.." **Dr Robert Janiak** : *"...Je n'aurai jamais dû être vacciné. 4 % des gens possèdent le même typage HLA que moi, et au total 17 % ont un phénotype à risque. Pour eux la vaccination est une loterie sordide..."*

———— • ————

«...La trace vaccinale est un grain de sable, stupidement glissé par des apprentis sorciers dans la belle mécanique de la vie : elle sème la zizanie dans les sphères très subtiles où s'entrecroisent toutes les chaînes de commandement de nos systèmes neuro-psycho-glandulaires.
Elle induit à coup sûr la ruine insidieuse de notre santé...».

Dr Jean ELMIGER

Question n° 3

Mais alors, si les vaccins sont inefficaces et dangereux, pourquoi nous le cache-t-on et pourquoi continue-t-on ?

Réponse

Quelques déclarations de scientifiques ou quelques articles de presse sur les véritables raisons des campagnes de vaccinations :

"Le Courrier d'Alis" n°12

"... Les médecins doivent obéir aux diktats des experts du Ministère, conseillés par les marchands de vaccins, l'obtention de la couverture vaccinale étant le prétexte qui masque à merveille le mercantilisme de l'industrie pharmaceutique..."
"...Il est heureux qu'un nombre grandissant de praticiens découvre les manoeuvres de manipulation dont il est l'objet. Leur prise de conscience sera salutaire et permettra de redonner tout son sens à leur profession..."

Dr SCOHY

"...Les campagnes publicitaires en faveur des vaccins représentent un endoctrinement à type lavage de cerveau..."
"On utilise tout d'abord la désinformation, avec trucage des chiffres statistiques et amalgame savant de l'effet protecteur du vaccin avec d'autres affections et une annonce de possibilité de contagion totalement fantaisiste. Ensuite on sème la terreur, pour faire croire à l'ensemble de la population que telle maladie est effroyable, mettant au même rang de gravité une banale rougeole et une poliomyélite paralysante. Ensuite on procède à la banalisation de l'acte vaccinal..."

Dr Jacqueline BOUSQUET

"...Si les dogmes n'étaient pas aussi forts, on pourrait suggérer timidement que les divers virus sont peut être des effets et non des causes, ou du moins qu'ils agissent en réponse à une ou plusieurs causes situées en amont : dénutrition, et absence d'eau potable principalement, mais aussi endémies anciennes, et...campagnes de vaccinations massives dans le tiers monde.
Mais on n'a pas le droit, sous peine d'être qualifié d'hérétique. Beaucoup ont essayé depuis Pasteur, d'orienter la médecine sur d'autres voies. En vain..."

Sylvie SIMON *"La Dictature médico-scientifique"* p. 200

"...Le marché mondial des vaccins représente quinze milliards de francs, dont 6 milliards pour l'Europe..."
"...En 1984, Charles Mérieux proposa à Charles Hernu, alors Ministre de la Défense, la création d'une double structure : une Bioforce civile pour faire de l'humanitaire d'urgence, et une Bioforce militaire pour assurer l'intendance.

La première mission de cette Bioforce allait consister à vacciner 15 000 enfants à Madagascar, (Cf. L'EXPRESS 13 mai 1995). Cette action servit surtout à écouler les stocks de vaccins des Laboratoires Mérieux qui profitèrent ainsi de l'argent alloué à l'aide humanitaire pour faire d'énormes bénéfices. L'institut Pasteur et le Centre de Transfusion sanguine, celui du sang contaminé, étaient également partenaires…"

***Géo Magazine*, septembre 1994**

"…La première action de Bioforce fut d'entamer une campagne de vaccination sur une population exsangue, très exposée aux maladies infectieuses…"

***Le Point*, 20 janvier 1996**

"…En Inde, 80 millions d'enfants ont été vaccinés contre la polio en deux jours par le vaccin oral. Une campagne massive qui a nécessité 500 000 postes de vaccination. 2 millions d'agents et 10 millions de volontaires. 2 autres journées seront organisées en 1996 et 1997 pour le rappel…"

Dr Louis DE BROUWER

"…La vraie médecine a été remplacée par un système pharmacologique dont le seul objectif est le profit et non pas l'intérêt du malade…"

***LE PROGRES* (Lyon), Publicité :**

"…BIENVENUE DANS LE CAPITAL DE RHÔNE-POULENC. Quand Rhône-Poulenc vaccine 20 personnes par seconde dans le monde, c'est bien pour les actionnaires…"

***"Celui qui vient"*, p.117**

"…En 1977, la déclaration d'Alma Ata, donnait à l'O.M.S. (Organisation mondiale de la santé), le moyen d'étendre le Flexner Report non seulement à l'Amérique du Nord, mais au monde entier, au nom de la santé et du bien être des populations de la Terre…"

"…Qui contrôlait l'O.M.S. ? Là est la question et aussi la réponse : l'O.N.U., l'organisme des financiers mondiaux. De plus en plus subtilement les autorités médicales et politiques nous dépossèdent de nos biens et de nos droits et nous mutilent…C'est le régime de la terreur médicale. C'est un monopole mondial…"

Dr G. Lanctôt, *La Mafia Médicale*, p. 125

"…La vaccination engendre la violence sociale et le crime. Quelle meilleure façon de déstabiliser un pays… et de renforcer les contrôles policiers et militaires ?…"

"…La vaccination encourage la dépendance médicale et renforce la croyance de l'inefficacité de notre système immunitaire. Elle crée des assistés

permanents... Elle encourage la dépendance morale et financière des pays du Tiers monde vis à vis des pays occidentaux..."

Serge MONAST *(journaliste au Québec)*, ***"Les services secrets des vaccins"***

"...Un grand nombre d'infirmières et de médecins se sont demandés à juste titre par rapport à cette vaccination (méningite), comment il se faisait qu'un "protocole particulier" soit rendu nécessaire pour l'administrer, alors qu'ils avaient l'habitude d'administrer des vaccins. Ce protocole était d'ailleurs prévu par le gouvernement pour cette injection spécifique. Fait inusité, la manière dont il fallait incliner la seringue avec un angle particulier pour injecter ce vaccin, de même la pression très forte qu'il fallait appliquer pendant plusieurs secondes à l'endroit même où l'injection avait lieu, puis l'aiguille de la seringue qu'il fallait retirer très rapidement.

Ce fait, rattaché au "protocole spécial" est d'autant plus étrange dans l'administration d'un vaccin contre la méningite, qu'il ressemble en tous points à la manière dont doit être injecté un implant électronique servant à l'identification personnelle, et fabriqué, entre autres, par "Texas Instrument"..."

***"Panorama du Médecin"*, février 1996**

"...La dernière génération d'implants mammaires est à base d'huile de soja... le liquide de remplissage de cette prothèse qui porte le nom de Trilucent TM, se compose de triglycéride, substance naturelle dérivant du soja biocompatible avec l'organisme humain et résorbable par celui-ci... Trilucent TM est par ailleurs muni d'un système d'identification unique en son genre qui permet un suivi à long terme de l'implant. Ce dernier est en effet muni d'une micro-puce, renfermant un code individuel auquel on accède par un lecteur manuel..."

Lt Colonel John B. Alexander, *Military Review* (U.S.) décembre 1980

"...La possibilité de guérir ou de causer des maladies peut être transmise à distance, causant des maladies ou la mort sans cause apparente... D'autres techniques d'influence d'esprit à esprit sont considérées. Si elle est perfectionnée, cette capacité pourrait permettre le transfert direct de la pensée, via la télépathie, d'un esprit ou un groupe d'esprits, à un public ciblé choisi. Le facteur intéressant est que le récepteur ne sera pas conscient du fait que des pensées lui sont implantées de source externe. Il ou elle pensera que ses pensées lui sont propres..."

James W. Mc Connell *"Psychology Today: 1970"*

"...Nous devrions réformer de sorte que nous serions tous entraînés, dés la naissance, à faire exactement ce que la société exige de nous. Nous avons les techniques pour le faire... Personne n'est le détenteur de sa propre personnalité... Vous n'avez pas choisi la personnalité que vous avez, et il n'y

a pas de raison de croire que vous devriez avoir le droit de refuser de recevoir une nouvelle personnalité si l'ancienne est antisociale…

Namara, Ancien secrétaire d'Etat Américain, *("J'ai tout compris"* N° 2, février 1987)

"…Il faut prendre des mesures draconiennes de réduction démographique contre la volonté des populations. Réduire le taux de natalité s'est avéré impossible ou insuffisant. Il faut donc augmenter le taux de mortalité. Comment ? Par des moyens naturels, la famine et la maladie…"

Dr Guylaine Lanctôt : "*La Mafia Médicale*" p. 126

"…Au cours du procès intenté à la C.I.A., Le Dr. Gotlieb, cancérologue, a reconnu avoir déversé, en octobre 1960, une grande quantité de virus dans le fleuve Congo (au Zaïre), pour le polluer et contaminer les populations qui utilisaient son eau… Le Dr. Gotlieb a été nommé à la tête du National Cancer Institute…"

"…Il est évident que l'Afrique, surtout le centre et le sud, contient des ressources fabuleuses qui ont toujours suscité la convoitise des occidentaux. Malheur à ceux qui résistent !

Les colonies ont disparu mais pas le colonialisme…"

"… La vaccination décime les populations… Elle permet la sélection des populations à décimer. Elle facilite les génocides ciblés. Elle permet de tuer les gens d'une certaine race, d'un certain groupe, d'un certain pays…'

"…Prenons l'Afrique comme exemple, nous constatons la disparition presque complète (50 %) de certains peuples africains. Comme par hasard il y en a plusieurs dans la même région : Zaïre, Ouganda, extrême sud du Soudan…

"En 1967, à Marburg (RFA) 7 chercheurs travaillant sur des singes verts d'Afrique, sont mots, frappés d'une fièvre hémorragique inconnue. En 1969, comme par hasard la même maladie tue 1 000 personnes en Ouganda. En 1976 une nouvelle fièvre hémorragique inconnue tue dans le sud du Soudan… puis au Zaïre…

CHAPITRE II
Les vaccins obligatoires en France depuis des décennies

Question n° 4

Oui, mais, en France, nous avons des vaccins obligatoires. Ceux-là ne sont tout de même pas inefficaces et dangereux puisque c'est la Loi qui nous oblige à les recevoir ? Mais, tout d'abord quels sont les vaccins obligatoires et pour qui ?

Réponse

Rappel des textes applicables :

Nous avions l'obligation d'être vaccinés contre le tétanos, la diphtérie, la poliomyélite.

L'obligation concernant la tuberculose a été suspendue par Décret du 17 juillet 2007 pour les français en général.

Toutefois, pour les personnels de santé, le BCG restait obligatoire, ainsi que le vaccin contre l'hépatite B. Pendant quelques mois, courant 2006, les personnels de santé ont eu l'obligation de se faire vacciner contre la grippe. Mais cette obligation a été suspendue par Décret du 14 Octobre 2006.

Depuis 2018, la situation est devenue plus complexe : Il faut distinguer maintenant 2 catégories de sujets :

A - Les personnes nées avant le 1er janvier 2018

B - Les personnes nées après.

A - Les personnes nées avant le 1er janvier 2018

a) Dispositions générales pour les Français nés avant 2018, ce sont les anciens articles du Code de la Santé Publique qui sont applicables :

art. L 3111-2 du Code de la Santé Publique ancien : «*...Les vaccinations antidiphtérique et antitétanique par l'anatoxine sont obligatoires, sauf contre-indication médicale reconnue ; elles doivent être pratiquées simultanément...* »

Art. R 3111-2 ancien : « *...La vaccination antidiphtérique prévue à l'article L. 3111-1 est pratiquée avant l'âge de dix-huit mois...* »

Article R 3111-3 ancien : « *...La vaccination antipoliomyélitique prévue à l'article L. 3111-3 comporte une première vaccination, pratiquée avant l'âge de dix-huit mois, et des rappels de vaccination terminés avant l'âge de treize ans...* »

Art. R 3116-1 ancien : « *...L'âge limite de l'enfant prévu à l'article L. 3116-2 pour l'exercice de l'action publique en vue de poursuivre des infractions aux dispositions des articles L. 3111-1 à L. 3111-3 est fixé :*
– à dix ans pour les vaccinations antidiphtérique et antitétanique ;
– à quinze ans pour la vaccination antipolio-myélitique... »

Article R3116-2 ancien : « *...Est puni de l'amende prévue pour les contraventions de la 5e classe le fait, pour les personnes titulaires de l'autorité parentale ou qui ont la charge de la tutelle d'un mineur, de ne pas personnellement s'assurer que le mineur bénéficie :*
1° De la vaccination antidiphtérique et de la vaccination antitétanique par l'anatoxine selon les dispositions des articles L. 3111-1 et L. 3111-2 ;
2° De la vaccination antipoliomyélitique selon les dispositions de l'article L. 3111-3... ».

b) Dispositions particulières aux personnels de santé :

Les textes ont peu varié :

Article L3111-4 : « *...Une personne qui, dans un établissement ou organisme public ou privé de prévention de soins ou hébergeant des personnes âgées, exerce une activité professionnelle l'exposant à des risques de contamination doit être immunisée contre l'hépatite B, la diphtérie, le tétanos, la poliomyélite...*

Un arrêté des ministres chargés de la santé et du travail, pris après avis du Conseil supérieur d'hygiène publique de France, détermine les catégories d'établissements et organismes concernés.

Tout élève ou étudiant d'un établissement préparant à l'exercice des professions médicales et des autres professions de santé dont la liste est déterminée par arrêté du ministre chargé de la santé, qui est soumis à l'obligation d'effectuer une part de ses études dans un établissement ou organisme public ou privé de prévention ou de soins, doit être immunisé contre les maladies mentionnées à l'alinéa premier du présent article.

Les établissements ou organismes employeurs ou, pour les élèves et étudiants, les établissements ayant reçu leur inscription, prennent à leur charge les dépenses entraînées par ces vaccinations.

Les conditions de l'immunisation prévue au présent article sont fixées par arrêté du ministre chargé de la santé pris après avis du Conseil supérieur d'hygiène publique de France et compte tenu, en particulier, des contre-indications médicales... ».

Article R3116-3 : « ...Est puni de l'amende prévue pour les contraventions de la 5e classe le fait d'exercer une activité professionnelle :

1° Exposant à des risques de contamination dans un établissement ou organisme public ou privé de prévention ou de soins, sans être immunisé contre l'hépatite B, la diphtérie, le tétanos et la poliomyélite ;

2° Dans un laboratoire d'analyses de biologie médicale sans être immunisé contre la fièvre typhoïde... ».

Article R3116-4 : *« ...Est puni de l'amende prévue pour les contraventions de la 5eclasse le fait pour un élève ou étudiant mentionné à l'article L. 3111-4 de ne pas être immunisé contre les maladies mentionnées au premier alinéa dudit article... ».*

Article R3116-5 : *« ...Est puni de l'amende prévue pour les contraventions de la 5e classe le fait pour le responsable d'un établissement ou organisme mentionné à l'article L. 3111-4 de ne pas assurer la prise en charge par l'établissement ou l'organisme des dépenses entraînées par les vaccinations prévues audit article... ».*

Si l'on essaye de synthétiser ces textes (+ une multitude d'arrêtés Ministériels au fil des années) :

– **Pour l'ensemble de la population**, le vaccin antidiphtérique et antitétanique doivent être pratiqués en même temps. Ces deux vaccins, ainsi que le vaccin antipoliomyélitique doivent être pratiqués avant l'âge de 18 mois, et plus tôt si l'enfant entre en collectivité (crèche, école maternelle, etc.)

Pour ces 3 vaccins, la primo vaccination consiste en 3 injections espacées d'un mois, et une 4e injection dite « de rappel » un an après.

Aucun autre rappel n'est prévu. Ce qui veut dire que les français doivent recevoir ces 3 vaccins quand ils sont enfants, et c'est tout.

Ceci veut dire aussi que jusqu'en 2017, aucun autre vaccin n'était obligatoire (ni le R.O.R., ni le vaccin contre l'hépatite B, ni le vaccin contre la grippe...).

Si un enfant n'est pas vacciné, les parents peuvent être poursuivis jusqu'à ce qu'il ait 10 ans, pour les vaccins contre la diphtérie et le tétanos, et jusqu'à ce qu'il ait 15 ans, pour le vaccin contre la polio. En l'état actuel des textes, les peines prévues sont des peines d'amende.

Pour les personnels de santé, la situation est plus compliquée :

– Les 3 vaccins qui sont obligatoires pour l'ensemble de la population,

– Un rappel diphtérie tétanos et polio, tous les 10 ans,

– obligation d'avoir reçu le BCG (une seule injection).

– obligation d'être immunisé (et pas forcément vacciné) contre l'hépatite B.

B - Enfants nés à partir du 1er janvier 2018 : 11 vaccins obligatoires

« Les vaccinations suivantes sont obligatoires, sauf contre-indication médicale reconnue, dans des conditions d'âge déterminées par décret en Conseil d'Etat, pris après avis de la Haute Autorité de santé :

1° Antidiphtérique ;

2° Antitétanique ;

3° Antipoliomyélitique ;

4° Contre la coqueluche ;

5° Contre les infections invasives à Haemophilus influenzae de type b ;

6° Contre le virus de l'hépatite B ;

7° Contre les infections invasives à pneumocoque ;

8° Contre le méningocoque de sérogroupe C ;

9° Contre la rougeole ;

10° Contre les oreillons ;

11° Contre la rubéole... ».

Une fois les textes rappelés, prenons donc chaque vaccin l'un après l'autre, et examinons maintenant ce que disent certains scientifiques.

———— • ————

A - Le tétanos

Question n° 5

Le vaccin contre le tétanos est-il efficace ?

Sylvie SIMON, "*Vaccination, l'Overdose*"

"...Dans l'armée française, la plus vaccinée des armées alliées (Plus de 4 millions de vaccinations d'octobre 1936 à Juin 1940) le taux de morbidité tétanique par mille blessés est resté le même pendant la campagne de 1940 qu'avant ces vaccinations massives. Dans l'armée Grecque, non vaccinée, la fréquence du tétanos au cours de la dernière guerre a été 7 fois moindre que dans l'armée française..."

Fernand DELARUE, "*L'intoxication vaccinale*", le Seuil 1977

"...Dans l'armée américaine, pendant la 2e guerre mondiale, il y eut 10 millions de mobilisés, 500 000 blessés, et 12 cas de tétanos : 6 chez les non-vaccinés, 6 chez les vaccinés..."

Dr F. JOET, "*Tétanos: le mirage de la vaccination*"

"...En 1959 Edsall parlait déjà de l'échec du vaccin. Goulon en 1972 a vu 10 sur 64 patients immunisés contracter le tétanos. Même chose chez Berger en 1978 qui a noté diverses observations sur des patients bien vaccinés qui avaient malgré tout contracté le tétanos.
Passen et Andersen en 1986 citent le cas d'un homme de 35 ans qui avait contracté le tétanos malgré un taux d'anticorps 16 fois supérieur au seuil considéré comme protecteur. Il avait reçu tous les rappels dans son enfance et tous les rappels réguliers jusqu'à 4 ans avant l'accident. Crone et Reder en 1992 décrivent 3 patients qui ont contracté
un tétanos grave malgré un titrage d'anticorps élevé. Un de ces patients est mort. 2 d'entre eux avaient été vaccinés un an avant de contracter la maladie. L'un avait été délibérèment hypervacciné afin de produire commercialement des globulines antitétaniques..."
"...Très intéressante également cette constatation recueillie en Finlande : de 1969 à 1985, 106 cas de tétanos, ont été déclarés... 66 % étaient vaccinés... On constate que toutes les vaccinations, y compris la vaccination antitétanique sont susceptibles de provoquer des formes bâtardes de la maladie, avec des symptômes déroutants et un état pathologique de difficile description. Le vaccin a-t-il été la cause déclenchante ? Il est permis de le penser..."

Pr Michel GEORGET, "*Vaccinations, les vérités indésirables*" p. 210

"...Lors de la conférence de Léningrad (1987) Masar rappelait qu'en Slovaquie, près de 90% de la population était immunisée avec 3 doses de vaccin antitétanique. Malgré cela, un suivi de 1978 à 1986 a montré que sur 28 cas de tétanos, 20 étaient vaccinés, et 2 sont morts en dépit d'une dose de rappel..."

Sylvie SIMON, "*Vaccination, l'Overdose*"

"En résumé, ce sont les pays dans lesquels la vaccination est la moins pratiquée qui présentent le moins de cas de tétanos. Il se trouve que la France détient le record des cas de tétanos après le Portugal"

Dr Marc VERCOUTERE

"...Fâcheuse coïncidence, dans ces 2 pays cette vaccination est obligatoire..."

Question n° 6

Le vaccin antitétanique est-il dangereux ?

Réponse

Sylvie SIMON, "*Vaccination l'Overdose*" p. 99

"...Choc anaphylactique pouvant entraîner la mort dans les heures qui suivent la vaccination, urticaire généralisé, syndrome de Lyell, asthme,

encéphalite, paralysie des nerfs respiratoires, épilepsie, complications cardiaques (infarctus,etc.)

Dr. Kris GAUBLOMME

"...Ce n'est pas une pratique médicale sensée que de risquer sa vie en se soumettant à une intervention probablement inefficace, afin d'éviter une maladie qui ne surviendra vraisemblablement jamais..."

Question n° 7

Nous aurait-on caché quelque chose sur le tétanos ?

Réponse

"*Science et Vie*" n° 678, mars 1974

"...environ 50 % des malades guérissent spontanément..."

Dr F. JOET, "*Tétanos, Le mirage de la vaccination*"

"Le chlorure de magnésium est certainement le produit qui guérit avec le plus de succès le tétanos, ainsi que d'autres maladies infectieuses comme la diphtérie, la poliomyélite...
"En 1932, le Dr. NEVEU, élève du Pr. DELBET, guérit une petite fille atteinte de diphtérie avec du chlorure de magnésium. Enthousiasmé par les succès obtenus sur d'autres malades atteints de diphtérie et de tétanos, le Dr NEVEU désira faire présenter un rapport à l'Académie de médecine.
Le Pr DELBET lui même, membre de l'Académie de médecine tenta de présenter ce rapport devant cet auditoire. Il écrivit au Dr. NEVEU "La publication de ma communication est définitivement refusée. Le Conseil de l'Académie a trouvé, après 6 mois de réflexion, l'argument suivant : ***En faisant connaître un nouveau traitement de la diphtérie et du tétanos, on empêcherait les vaccinations...****"*
*"...**L'académie de Médecine a donc délibérément décidé d'étouffer un traitement qui aurait pu sauver des milliers de vies**, mais qui aurait risqué de concurrencer une vaccination. Cela prouve quels puissants intérêts dictent à l'Académie sa conduite !..."*

Pr Michel GEORGET "*Vaccinations, les vérités indésirables*" p. 211

"...Au début des années 50, le Dr Fumeron, médecin à l'hôpital de St Jean d'Angély, non loin du Breuil Magné, où exerçait le Dr Neveu, eut à traiter un cas de tétanos avancé. Ayant déjà expérimenté avec succès le chlorure de magnésium dans le traitement de la diphtérie, il eut l'idée de l'utiliser pour traiter un jardinier, déjà en « lame de ressort » lors de son arrivée dans le service (Chevreuil Cahiers de Biothérapie, 1973, t.10 (39) p. 221-223).

En raison de l'état de contracture du malade, Fumeron lui administra par voie intraveineuse, une solution de chlorure de magnésium à 25 %. 20 minutes plus tard, le malade était assis sur son lit et demandait à boire ! Après 4 injections à 12 h. d'intervalle, le malade était guéri. Le Dr. Fumeron guérit ainsi 8 cas de tétanos. Il précisait que les injections devaient être faites très lentement, surtout chez un malade cardiaque..."

Question n° 8

Pourquoi le vaccin antitétanique, par définition, ne peut être qu'inefficace ?

Réponse

Dr Jean MERIC, "*Vaccinations, je ne serai plus complice*", (Ed Résurgence) p. 34 à 37, explique pour quelles raisons le vaccin antitétanique ne peut pas être efficace, par définition :

"Les individus qui ont eu un tétanos n'ont pas d'anticorps après la maladie. De nombreux travaux le prouvent...Les partisans des vaccinations essayent d'expliquer cette absence d'anticorps après la maladie, en disant que la toxine est si puissante que la mort survient avant que la réponse immunitaire ait pu se faire, avant que les anticorps ne soient formés. Ceci serait défendable si la mort survenait à tous les coups, mais absolument pas chez les rescapés très nombreux du tétanos.
Chez les convalescents du tétanos, nous devrions avoir des anticorps, or il n'y en a jamais...
Le microbe du tétanos et sa toxine appartiennent à un monde anaérobie strict, et les anticorps appartiennent à un monde aérobie strict. Ils ne peuvent donc pas se rencontrer lors de la maladie. C'est pour cela d'ailleurs que le tétanos n'est pas une maladie immunisante... Le système immunitaire se trouve entièrement dans la circulation sanguine, dans le sang... Le transport des anticorps se fait entièrement et uniquement dans la circulation sanguine et lymphatique, c'est-à-dire en aérobiose. Les plaies tétanigènes sont nécessairement et obligatoirement anaérobies, donc les microbes et la toxine du tétanos et les anticorps antitoxines ne peuvent en aucun cas se rencontrer... car la toxine quitte la plaie en empruntant les voies nerveuses axonales... Elle emprunte des voies inaccessibles aux anticorps..."
"...Chez les malades nous constatons que de nombreux tétanos s'installent malgré des taux d'anticorps souvent très élevés. Comment ne pas se poser des questions, quand nous constations que des chevaux qui servaient autrefois à l'élaboration du sérum antitétanique, faisaient un tétanos après une blessure. Immunologiquement parlant, ces animaux étaient des sacs d'anticorps, ils auraient dus être protégés..."

B - Le vaccin anti-diphtérique

Question n° 9

Le vaccin contre la diphtérie est-il efficace ?

Réponse

Bulletin de l'Office intérieur d'hygiène Publique, Australie 1926

La diphtérie a autant régressé dans les localités non vaccinées, que dans celles où les vaccinations avaient été recommandées.

"*Lyon Médical*", 23 août 1953

"De l'effondrement de la diphtérie sans vaccination en Allemagne occidentale et au Japon..."

Fernand DELARUE "*L'intoxication vaccinale*"

"...En France de 1945 à 1950 les décès sont tombés de 1839 à 121 chez les enfants de 1 à 14 ans (vaccinés) et de 517 à 34 chez les moins de 1 an (non vaccinés), soit une baisse de 93% dans les 2 cas..."

Dr. Jean MERIC, "*Vaccinations, je ne serai plus complice*", (Ed Résurgence) p. 55 et suivantes :

«En France pendant 18 années de vaccinations, (10 ans de vaccinations facultatives, suivies de 8 ans de vaccinations obligatoires) le nombre de diphtéries n'a cessé d'augmenter, passant de 15000 cas en 1925 à 45000 en 1945. En Allemagne, c'est encore plus grave : le nombre de malades déclarés passe de 30000 cas en 1925, à 153000 cas en 1946. L'obligation de la vaccination fut, en Allemagne, totale et strictement respectée par le régime hitlérien» (NB : Le régime Nazi rend cette vaccination obligatoire en 1935)
«Après la guerre, constatant l'absence de résultat, l'Allemagne, pour des raisons économiques n'a plus vacciné. Oh ! miracle, elle est alors passée de 153000 cas en 1945 à 20952 cas en 1952 et quelques cas seulement en 1960 !...».
«En Norvège, entre 1919 et 1939, sans aucune vaccination, puisqu'elle n'existait pas encore, la diphtérie décroît fortement. Nous passons de 16000 cas en 1919 à 54 cas en 1939, soit une régression de 99,6%. En 1941, sous l'occupation allemande, la vaccination devient obligatoire, dés 1943 nous dénombrons 23000 cas, soit 400 fois plus !...».
«En Ecosse, sans aucune vaccination, la diphtérie a régressé... 10000 cas en 1945, 100 cas en 1960».
«Actuellement en Russie, 85% des diphtéries ont lieu chez des personnes vaccinées...».
« Le vaccin contre la diphtérie n'a pas fait ses preuves, ni épidémiologiquement, ni statistiquement, ni scientifiquement... Il n'y a pas de vaccination possible

contre une bactérie quand celle-ci rencontre les conditions locales favorables à son développement. Que l'on soit vacciné ou pas vacciné ne change absolument rien. Ce vaccin est totalement inefficace. Il est donc au minimum souhaitable de laisser le choix de sa santé à l'individu...»

Question n° 10

Le vaccin antidiphtérique est-il dangereux ?

Réponse

Dr. TORCH, Université du Nevada (Neurology, 1982)

2/3 des 103 enfants décédés de la mort subite du nourrisson avaient reçu le vaccin DTP dans les 3 semaines précédant la mort. Certains même étaient morts le lendemain.

Intervention de René PLARD, Député Maire de TROYES, 15 février 1939, Paris, salle Wagram

"...Nous avons eu à TROYES une épidémie de diphtérie qui a pris naissance dans une colonie scolaire... J'ai demandé le secours d'un délégué du ministère qui a préconisé la vaccination. Or il se produisit une chose terrible : A la suite des piqûres, des enfants jusqu'ici sains furent contaminés. Il y eut des morts...."

Le 24 nov. 1940, le Maréchal PETAIN, sur avis conforme de l'académie de Médecine, fit de cette obligation vaccinale une Loi d'Etat...

Sylvie SIMON, "*Vaccination l'Overdose*", p.108

"...Vers la fin des années 40, on dénombra en Angleterre de nombreux cas de polio, après l'injection du vaccin antidiphtérique : 50 enfants furent admis au Guy Hospital de Londres, 65 dans les Midlands, et 40 à St Pancras, ce qui amena à **interdire le vaccin dans ce pays en 1950**. *Sur 1.308 cas de paralysie survenus en Angleterre et au Pays de Galles à cette époque chez des enfants âgés de 6 mois à 2 ans, 170 cas étaient liés à une injection antidiphtérique..." "...Parlant des vaccins contre la diphtérie et la variole, le Dr B. DUPERRAT de l'Hôpital St Louis à PARIS, a déclaré " qu'ils provoquaient une explosion de leucémie..."*

Dr Jean PILETTE, "*La poliomyélite : Quel vaccin ? Quels risques ?*" (Ed. de l'Aronde 1997)

"...Le vaccin anticoquelucheux et le vaccin antidiphtérique sont capables de provoquer une poliomyélite située préférentiellement dans le membre inoculé..."

Dr Jean MERIC, "*Vaccinations, je ne serai plus complice*", (Ed Résurgence) p. 64

« Ce vaccin agit probablement en synergie avec le vaccin anti-coquelucheux et entraîne la mort subite du nourrisson (Hutcheson R «Follow-up on DTP vaccination and sudden infant deaths» , Torch «DTP immunisation : A potential cause of the sudden infant death syndrom», Baraff «Possible temporal association between DTP vaccination and sudden infant death syndrom» ...)...»
«...Bien sûr, la médecine vous affirmera que la mort subite du nourrisson n'est pas due à la vaccination. Nous pouvons constater que les Japonais, à la suite de quelques décès consécutifs à la vaccination anticoquelucheuse, ont fait passer l'âge des premières vaccinations à deux ans. Ce seul changement dans le calendrier vaccinal a fait pratiquement disparaître les morts subites du nourrisson. Actuellement, grâce à cette mesure, c'est le Japon qui a le plus faible taux de morts subites du nourrisson au monde !...»

C - Le vaccin anti- polio

Question n° 11

Le vaccin anti-polio est il efficace ?

Réponse

Sylvie SIMON, "*Vaccination l'Overdose*" p. 114

"...En Californie en avril 1955, 400 000 enfants ont reçu ce vaccin, inoculé dans les écoles primaires. Au cours des 2 mois qui suivirent il y eut 94 cas de polio paralytique chez les vaccinés, 126 cas dans les familles de vaccinés, et 40 cas dans le reste de la communauté en contact avec les vaccinés..."

Dr Morton KLEIN (Philadelphie)

"...95% des gens sont naturellement immunisés contre la polio..."

Pr Michel GEORGET, "*Vaccinations, les vérités indésirables*" p. 230

En 1956, Le vaccin anti-polio est mis sur le marché. la France a environ 1200 cas de polio, cette année là. En 1957, le nombre de cas passe à 4.109 «...Toutefois, après une chute spectaculaire en 1958, le nombre de cas s'accroissait de 60% l'année suivante (1 600 à 2 600), malgré l'extension des vaccinations. Un peu comme à Niamey, 30 ans plus tard, on voyait la polio s'étendre dans une population vaccinée.
Cette remontée de 1959 a dû ***gêner nos autorités sanitaires qui l'ont camouflée...»***

Dr Jean MERIC, "*Vaccinations, je ne serai plus complice*", (Ed. Résurgence) p. 93

« Dans JIM (journal d'immunologie médicale) nous pouvons lire : « Que ce soit en Azerbaïdjan, au Soudan, ou au Pakistan, le virus présent dans

les zones où l'eau est saumâtre, et où la population n'a pas de pratiques d'hygiène suffisantes, la vaccination ne modifie en rien les résultats, tant que les données environnementales demeurent inchangées»...

«Ayons le courage de dire : **vacciner ne sert à rien** *» p.113 et suivantes : «...En Finlande, le vaccin Salk a été inutile lors de l'épidémie de polios de 1984. Sur les 10 individus qui ont attrapé la polio, nous avions 8 malades parfaitement vaccinés. Lors de l'épidémie de polio de Budapest, en Hongrie, de 1959, qui a fait 713 victimes, nous constatons que 380 malades étaient parfaitement vaccinés («Uber die zusammenhänge zwischen der Salk Vakzination und Klinschen verhaus Poliomyelitis» Münich, Med. Wschr. 4 août 1961 T103)...*

«Les statistiques françaises montrent à l'évidence l'inutilité de cette vaccination. Avant l'emploi de ce vaccin (1956), la moyenne annuelle des cas de polios était de 4,04 cas pour 100000 habitants. Après l'utilisation exclusive du vaccin Salk, c'est-à-dire entre 1956 et 1962, la moyenne des cas est passée à 4,36 pour 100.000 habitants...»

«Le vaccin VPO, dit Vaccin Sabin, dit vaccin vivant n'entraîne-t-il pas des méningites aseptiques? Remplacer un virus polio sauvage par un virus à méningites aseptiques, ne permet-il pas de présenter des résultats honorables pour la médecine?... La R.F.A. par exemple, recense 8 cas de méningites aseptiques pour 100000 habitants dans les années 80 et zéro polio. Dans les années 50 nous avions 7 polios pour 100000 habitants et très peu de méningites aseptiques...

«Los Angeles, les polios passent de 273 cas en 1955, à 5 cas en 1966, mais parallèlement, les méningites aseptiques passent de 50 cas en 1955 à 256 cas en 1966....»

William F. KOCH, scientifique de renommée mondiale dans le domaine de la recherche sur le cancer et le virus, indique qu'au Canada :

- A Montréal, moins de 100 cas de polio avaient été recensés avant la campagne de vaccination, 521 cas, dont 27 morts, après.
- A Ottawa : 64 cas dont 7 morts avant la vaccination, 455 cas dont 41 morts après.

Aux Etats-Unis :

- A Detroit, 226 cas avant, 697 cas après.

Sur tout le sol américain, 5987 cas dont 3090 paralysés avant, contre 8531 cas dont 5661 paralysés après.

Il précise «*...En Caroline du Nord et au Tennessee, où la vaccination était obligatoire, il y eut une augmentation de 400%...*»

« ***Le Courrier d'Alis*** » de Juin 2012 nous indique que des médecins Indiens, les Dr. Jacob Puliyel et Neetu VASHIHST, pédiatres à l'hôpital St Stephens de NEW DELHI, ont qualifié les campagnes de vaccinations de «plaidoyer contraire à l'éthique» «*...Car au lieu de faire disparaître la maladie, elles ont exposé la population à de nouveaux facteurs de risque. La polio revient en* *force sous une forme virulente impossible à éradiquer, la vaccination étant inefficace et coûteuse...»*

Question n° 12

Le vaccin anti-polio est-il dangereux ?

Réponse :

Sylvie SIMON, "*Vaccination l'Overdose*" p.115

"...Dés 1973 aux Etats Unis, le Dr. HEINONEN a effectué des recherches sur le taux de cancers des enfants dont les mères avaient été vaccinées contre la polio au cours de leur grossesse entre 1965 et 1965. Il a découvert que le taux de tumeurs cérébrales était 13 fois plus élevé chez le enfants nés de mères vaccinées que chez les autres..."

"*Science et Vie*", décembre 1996

"Une équipe médicale du Baylor College à Houston a retrouvé le virus SV 40 dans les tissus de patients souffrant de tumeurs du cerveau et de mésothéliomes. Ce virus, reconnu cancérigène, a ainsi été injecté à 30 millions de personnes à travers le monde par le vaccin contre la polio..."
"Vous et votre Santé" n°4 Spécial vaccinations : Une enquête réalisée par l'OMS et concernant 8 pays entre 1970 et 1974, révèle que sur 360 cas de polio à forme paralytique, 205 étaient indubitablement associés à la vaccination "... Ceci constitue une réponse à ceux qui accusent les non vaccinés d'être des dangers pour la société puisque c'est l'inverse qui se produit, la contamination venant des vaccinés. cette observation n'est d'ailleurs pas unique, elle est valable pour tous les vaccins à virus vivants...."

Dr Yves COUZIGOU

"...Les vaccinés, loin de constituer un barrage protecteur vis à vis des non-vaccinés, sont au contraire dangereux et peuvent contaminer le reste de la population, puisqu'il est prouvé qu'ils peuvent être porteurs et transmetteurs de virus poliomyélitiques par voie intestinale, et peut-être par d'autres voies..."

BIOCONTACT

"...En inoculant le vaccin antipolio contenant le STLV", a-t-on introduit dans l'organisme humain un rétrovirus capable, éventuellement, de se transformer en HTLV3, responsable du Sida ?..."

Courant juin 2020, l'agence Britannique «***Associated Press***» publie l'article suivant :

«LONDRES (AP) – L'Organisation mondiale de la santé a déclaré qu'une nouvelle épidémie de polio au Soudan est liée à ***une épidémie déclenchée***

***par la vaccination au Tchad** – une semaine après que l'agence de santé des Nations Unies a déclaré le continent africain exempt du virus de la polio sauvage.»*

«Dans un communiqué cette semaine, l'OMS a déclaré que deux enfants au Soudan — l'un de l'État du Darfour du Sud et l'autre de l'État de Gedarif, près de la frontière avec l'Éthiopie et l'Érythrée — ont été paralysés en mars et avril. ***Tous deux avaient été récemment vaccinés contre la polio.*** *L'OMS a déclaré que les enquêtes initiales sur la flambée montrent que les cas sont liés à* ***une flambée dérivée d'un vaccin en cours au Tchad*** *qui a été détectée pour la première fois l'année dernière et se propage maintenant au Tchad et au Cameroun.* «Il y a une circulation locale au Soudan et un partage continu de la transmission avec le Tchad», *a déclaré l'agence des Nations Unies, ajoutant que le séquençage génétique avait confirmé de nombreuses introductions du virus au Soudan depuis le Tchad.»*

*«**L'OMS a déclaré qu'elle avait trouvé 11 autres cas de polio d'origine vaccinale au Soudan** et que le virus avait également été identifié dans des échantillons environnementaux. Il y a généralement beaucoup plus de cas non signalés pour chaque patient confirmé de poliomyélite. La maladie hautement infectieuse peut se propager rapidement dans l'eau contaminée et frappe le plus souvent les enfants de moins de 5 ans.* ***Dans de rares cas, le virus de la polio vivant dans le vaccin oral peut muter sous une forme capable de déclencher de nouvelles flambées.*** *»*

«La semaine dernière, l'OMS et ses partenaires **ont déclaré que le continent africain était exempt du virus de la polio sauvage**, le qualifiant de «journée incroyable et émouvante». Lundi, l'OMS a averti que le risque de propagation de la polio dérivée du vaccin à travers l'Afrique centrale et la Corne de l'Afrique était «**élevé**», notant les mouvements de population à grande échelle dans la région. Plus d'une douzaine de pays africains luttent actuellement contre des épidémies de polio causées par le virus, notamment l'Angola, le Congo, le Nigéria et la Zambie».

«Au milieu de la pandémie de coronavirus, bon nombre des campagnes de vaccination à grande échelle nécessaires pour éradiquer la polio ont été interrompues à travers l'Afrique et ailleurs, laissant des millions d'enfants vulnérables à l'infection».

«Avril, l'OMS et ses partenaires ont recommandé à contrecœur un arrêt temporaire des campagnes de vaccination de masse contre la polio, reconnaissant que cette décision ***pourrait conduire à une résurgence de la maladie.*** *En mai, ils ont signalé que 46 campagnes de vaccination des enfants contre la polio avaient été suspendues dans 38 pays, principalement en Afrique, en raison de la pandémie de coronavirus».*

«Certaines des campagnes ont récemment été relancées, mais les agents de santé doivent vacciner plus de 90% des enfants dans leurs efforts pour éradiquer la maladie paralytique. Les responsables de la santé avaient

initialement visé à éradiquer la polio d'ici 2000, date limite repoussée à plusieurs reprises et manquée. La polio sauvage reste endémique en Afghanistan et au Pakistan ; **les deux pays luttent également pour contenir les flambées de poliomyélite d'origine vaccinale...***».*

Question n° 13 :

Nous aurait-on caché quelque chose concernant la poliomyélite ?

Réponse :

Dr Jean PILETTE, "*La poliomyélite : Quels vaccins ? Quels risques ?*" (Ed. de l'Aronde 1997)

"...Le virus se reproduit aux environs de 37 à 37,5°, mais il est détruit autour de 39 à 40°. Or, en cas d'infection, la température monte brutalement et, si on laisse faire, aucune séquelle ne subsistera. En revanche, si l'on s'évertue à faire tomber la température grâce aux nombreux produits chimiques dont nous disposons, le virus se développera et envahira le système nerveux central..."

Sylvie SIMON, "*Vaccination l'Overdose*" p. 123

"...Le virus de la polio a été exacerbé par la vaccination antidiphtérique, provoquant des vagues épidémiques en Afrique et en Asie, dans les zones à hygiène précaire où circulent encore des virus sauvages (surtout dans l'eau). Ailleurs, seuls les virus vaccinaux sont à l'origine de la maladie. Voilà qui devrait suffire à mettre fin à la vaccination. On avait abandonné en 1979 la vaccination antivariolique car ses effets secondaires étaient plus graves et plus nombreux que la maladie elle même. Qu'attend-on pour en faire autant de la polio ?
Quant à ceux qui ont "peur" de la maladie, signalons que le traitement à base de chlorure de magnésium est très efficace, comme le prouvent les témoignages du Dr. NEVEU..."

Senta DEPUYDT, Journaliste scientifique, écrit sur le site "*Initiative citoyenne*", le 25 août 2017

«L'éradication de la polio», un succès marketing et un désastre médical.

«L'éradication de la polio par les vaccins est un bel exemple de supercherie. Le premier vaccin par injection «Salk» a transmis la polio et provoqué des centaines de décès car il n'était pas correctement inactivé. Le vaccin oral fit bien pire. En 1966, le Pr Lépine de l'Institut Pasteur relevait que «24 des 34 pays utilisant le vaccin polio oral ont vu l'incidence de la polio augmenter en flèche, le nombre global de polio pour 70 pays ayant tout simplement triplé». Plus récemment, en Inde, l'OMS, la GAVI (Alliance globale pour les vaccins

et l'immunisation) et la fondation Bill-et-Melinda-Gates ont expérimenté une vaccination intensive, certains enfants recevant jusqu'à 50 doses d'un nouveau vaccin polio oral. Mais ce programme «Pulse» fut un désastre: plus on vaccinait et plus le nombre de paralysies augmentait! Il y eut près de 60 000 cas de « paralysie flasque aiguë qualifiée de non-polio ». La charge virale exceptionnelle de virus polio avait manifestement entraîné la prolifération de virus voisins tels que les virus Cocksakie et Guillain-Barré. Officiellement, la polio est donc éradiquée en Inde mais les paralysies ont augmenté et les virus vaccinaux instables risquent de se réactiver dans une épidémie d'origine vaccinale. Comment ose-t-on crier victoire?...
Avant l'introduction des vaccins, à peu près tous les cas de paralysies non accidentels étaient diagnostiqués comme «poliomyélite».

Après la vaccination, il fallut apporter la preuve de la détection de poliovirus dans les selles ou les analyses sanguines. Les «polios» actuelles sont: la myélite transverse, la myélite flasque, la paralysie flasque aiguë, la méningite aseptique et le syndrome de Guillain-Barré. En France, on a noté 9.391 cas de cette maladie en six ans, le rapport précisant que « ces données doivent être prises en compte dans la conception d'études pharmaco-épidémiologiques portant sur la sécurité vaccinale».

En outre, seuls de 1 % à 10 % des effets secondaires sont signalés, selon les données mêmes de l'Agence européenne du médicament. On trouvera en effet des milliers de témoignages sur le groupe Facebook Info Vaccin Prevenar ou sur la chaîne YouTube de Vaxxed TV attestant que les effets secondaires survenus n'ont pas été reconnus et signalés...

D - Le cas particulier du B.C.G.

Obligatoire en France, jusqu'en juillet 2007

Par décret du 17 juillet 2007, le gouvernement suspendait l'obligation vaccinale pour le BCG, en ce qui concerne les enfants. L'obligation, par contre, a été maintenue pour les professionnels de la santé.

Question n° 14

Le B.C.G. est il efficace?

Réponse

Bulletin statistique du Ministère de la Santé n° 1, 1974

"...En 1945 la Hollande était le pays d'Europe le plus touché par le fléau tuberculeux. En 1974, sans jamais avoir eu recours au BCG, la maladie y était

totalement éradiquée. A l'inverse le fléau tuberculeux reprenait de la vigueur partout où le BCG est encore pratiqué..."

Sylvie SIMON, "*Vaccination l'Overdose*" p. 129

"...Déjà à New York en 1812, le taux de mortalité par la tuberculose était de 700 pour 100 000. En 1882, il était tombé à 370. En 1904 il avait encore chuté à 180, et après la seconde guerre mondiale, il n'était plus que de 48 pour 100 000. **Cette régression du mal ne s'accompagnant d'aucun vaccin..."**

"...En 1973 la RFA supprimait ce vaccin..."

Dr F. Freerksen, Directeur de l'Institut de Biologie expérimentale Allemand, "*Le Concours Médical*", 20 avril 1974

"...On assiste en Europe à une régression de la tuberculose depuis environ 100 ans, donc bien avant l'introduction du BCG. le dogme de l'absence de méningite tuberculeuse chez les vaccinés doit être abandonné (entre 1964 et 1968 à Vienne, sur 4 méningites tuberculeuses, 2 se sont produites chez des sujets vaccinés). Devant le doute existant en ce qui concerne son efficacité, il est difficile de continuer à préconiser la vaccination systématique en Allemagne..."

Bulletin n° 57 de 1979 de l'OMS

Etude dans la région de Madras (Inde) sur les vaccinations BCG de 1958 à 1971 administrés à 260.000 sujets (vaccins préparés à partir de souches française et danoises) :

"...Les résultats de cette étude démontrent que le BCG n'a pas donné une protection efficace au cours des 7 1ères années après la vaccination..."

Pr. Chrétien, Hôpital Laënnec, "*Le Panorama du Médecin n°4290*"

"...La vaccination antituberculeuse n'est qu'approximative et ne peut en aucun cas éliminer l'endémie qui sévit actuellement en France"...

Pr Rey, "*Thérapeutiques : janvier 1996*"

"...Le BCG ne fera pas disparaître la maladie. A la limite le BCG gêne la lutte contre la tuberculose"...

"*Le Monde*" 8 août 1996

"...Le retour de la tuberculose pousse le BCG à la retraite..."

Dr. Jean MERIC, "*Vaccinations, je ne serai plus complice*", (Ed. Résurgence) p. 72 et suivantes

«...Une étude en Inde (sous l'égide de l'O.M.S.) en milieu tuberculeux, a concerné un énorme échantillon de population, le plus gros échantillon jamais étudié,un groupe de villages, au total 209 villages, soit un échantillon de population de 260 000 personnes. De plus, ces habitants ont été suivis

pendant une très, très longue période, exactement 7 ans et demi. C'est l'étude la plus vaste et la plus longue jamais réalisée en foyer infecté. Non seulement cette étude n'a montré aucune protection pour les vaccinés par le BCG, mais au contraire, les tuberculoses chez les vaccinés ont été plus graves, tuberculoses miliaires... Les Anglais ont abandonné, à cause de son inefficacité, le BCG et pourtant n'ont-ils pas, eux aussi, une forte population d'immigrés venant de pays hautement contaminés (Inde, Bengladesh)

Professeur Chrétien (*Concours Médical* T 107, 1985)

«...Dans 5 ou 7 ans, on devrait supprimer l'obligation d'être vacciné par le BCG... La vaccination n'est qu'approximative, et ne peut en aucun cas éliminer l'endémie qui sévit en France...»

Bulletin Epid. Hebd. n° spécial février 1997

«...7594 cas de tuberculose déclarés en France en 1996... «Parmi les 293 enfants de moins de 15 ans atteints de tuberculose, dont le statut vaccinal est connu, 70% ont été vaccinés par le BCG...
«108 méningites tuberculeuses ont été déclarées dont 5 chez des enfants de moins de 15 ans. Parmi les 2 enfants de moins de 15 ans présentant une forme méningée, un seul était vacciné. Les 3 enfants âgés de 6 à 15 ans étaient vaccinés...».

Prof. Rey Consultant OMS, CHU CLERMONT-FERRAND, (Thérapeutique n°1, janvier 1996)

«...Le BCG ne fera pas disparaître la maladie, à la limite,le BCG gêne la lutte contre la tuberculose car les gens infectés ne peuvent être distingués des gens vaccinés...»

O.M.S. *Cahier de Santé publique* n°8, 1962 :

«...Le BCG ne semble pas permettre d'éviter ni une primo-infection par mycobactérium tuberculosis, ni un nombre appréciable de tuberculoses infectieuses...Rien n'indique de manière définitive qu'une vaccination répétée confère une protection supplémentaire contre la tuberculose...».
Ainsi, l'Organisation Mondiale de la Santé, déjà en 1962, nous dit clairement que le BCG est inutile.
En juillet 2000, le bureau d'information de l'OMS, en vue d'une réunion du G8, publie «...Il n'existe aucun vaccin efficace permettant d'éviter l'infection chez l'enfant ou l'adulte...».
Ce qui fait dire au Dr. Jean Méric (alors que tous les pays d'Europe et les U.S.A. l'ont abandonné) : ***«...L'isolement de la France montre clairement l'incompétence de nos dirigeants en la matière...»***

Question n° 15

Le BCG est-il dangereux ?

Réponse :

Sylvie SIMON "*Vaccination l'Overdose*" p.137

"...Le BCG bovin a été interdit en 1955 après 20 ans d'utilisation, en raison d'une tuberculinisation rendant la viande impropre à la consommation. Il reste cependant obligatoire en France pour les humains. Aurait-on moins d'égard envers nos enfants qu'envers nos vaches ?..."

Dr TUBERY, "*Vous et votre santé*" 4° Trimestre 1996

"...La tuberculose reste en France un phénomène marginal. En outre cette maladie se soigne bien. Par contre on est certain que de nombreux enfants deviendront des bronchitiques, des asthmatiques, des allergiques de toutes sortes, à la suite de cette agression sauvage du système immunitaire...Combien deviendront allergiques à cause de ce vaccin ? Des dizaines de milliers tous les ans. Et n'oublions pas que l'asthme aussi peut tuer. Le rapport qualité-prix dans ce cas ?... Le français moyen aura droit par contre aux publicités télévisées sur le vaccin contre la grippe ou contre les oreillons, avec une argumentation d'un niveau intellectuel et moral aussi pitoyable que celui de la pub pour les voitures de luxe ou les boîtes de conserve...".
"Le Parisien" 25 Février 1998 : "...Des vaccins ont pu transmettre la maladie de la vache folle, suite à la découverte par des chercheurs britanniques que la contamination pourrait bien se faire par le biais des produits sanguins entrant dans la composition des vaccins...".

"Science et Vie", octobre 1996

"...La préparation de vaccins contre les maladies virales passe obligatoirement par des cellules de cultures animales ou humaine. Il n'est pas exclu qu'un sérum puisse être contaminé par un virus qu'on n'a pas spécifiquement recherché..."

"*Profil*" 13 juillet 1989

"...Le Pr. Costil de l'hôpital Trousseau à Paris, avait pu observer 8 cas de méningite tuberculeuse survenus entre 1978 et 1988 chez des enfants vaccinés avec le BCG. Parmi ces 8 cas il y avait eu 2 décès, 3 cas avec de graves séquelles neurologiques, et seulement 3 guérisons..."

Dr F. Freerksen, Directeur de l'Institut de Biologie expérimentale Allemand, "*Le Concours Médical*" 20 avril 1974

"...La vaccination par le BCG sans indication particulière n'a que des inconvénients et présente des dangers..."

Pr GRANDGEORGE "*Le quotidien du Médecin*", 9 sept. 1992 "*BCG et Sida*"

"...A chaque vaccin on essaime dans la population 240 000 bacilles de tuberculose bovine. Est ce encore licite dans une société où les maladies

déprimant l'immunité, tel le Sida, se développent à grands pas ? Reprenons le Vidal de 1992 : le BCG est déconseillé en cas de séroposivité VIH. Or aucun médecin vaccinateur en milieu scolaire ne semble s'inquiéter de la séroposivité des enfants qu'il soumet au BCG. Lorsque j'ai soulevé cette question, le médecin responsable de la DISS de mon département m'a répondu "nous prenons des risques, mais ils sont faibles et on ne peut pas faire d'omelette sans casser des œufs...".

Dr Jean ELMIGER, "*La médecine retrouvée*", (Ed. Léa, 1984), p. 128

«...Le Lancement du BCG est un modèle de gangstérisme économique, une gigantesque opération commerciale. Rien ne manque au scénario : un inventeur farfelu, des expériences de laboratoires truqués, un vernis pseudo-scientifique, des statistiques tronquées, une publicité éhontée, l'appui acheté des mandarins, et, suprême astuce, la gratuité du produit...financé par le contribuable !

Tout cela ne sort pas de l'ordinaire; le public français est habitué aux scandales. Mais ce qui est propre au BCG, et qui atteint les sommets du machiavélisme, c'est l'ultime manœuvre, réussie, de coercition diabolique imaginée par les promoteurs. Car CHAVANON révèle que les 20 familles qui tiennent la santé en otage (entendez : son enseignement, ses laboratoires, ses temples... et son commerce) ont réussi le tour de force de faire voter en 1949, à la sauvette, par l'Assemblée Nationale, et par le Conseil de la République, l'obligation vaccinale pour le BCG.

Quand un car dégringole un ravin avec 40 écoliers à son bord, le drame fait la une des journaux dans le monde entier.

Les centaines d'enfants tués chaque année par le BCG, restent anonymes... La poule aux œufs d'or de l'Institut P... finirait en court-bouillon ! Le corps médical ne doit en aucun cas être informé...».

P. 129 :

«...Apprenez ici une vérité terrible : chaque fois que vous entendez parler d'une affreuse mort d'enfant, terrassé dans les premières semaines de sa vie, par une «méningite virale», vous êtes en droit de suspecter le BCG, même si l'autopsie a confirmé le diagnostic classique d'encéphalite virale foudroyante...».

«...Si le médecin responsable d'une telle horreur est conscient du rapport de cause à effet, il est un criminel éclairé, et un lâche pour n'avoir pas parlé. S'il ne saisit pas le rapport, il est un dangereux imbécile prêt à la récidive...».

Question n° 16

N'existerait-il pas une réalité encore plus effrayante, concernant le BCG, et (peut-être) tous les vaccins ?

Réponse

Dr Jean ELMIGER, *"La Médecine retrouvée"* p. 147

«...En 1964, je fonctionnais quelques semaines comme officier sanitaire en conseil de révision. Les épreuves du recrutement comportent en Suisse un petit test des facultés intellectuelles : Les jeunes gens doivent rédiger une sorte de composition. Les 2 derniers districts examinés étaient rigoureusement identiques sur le plan démographique : même race, même langue, même religion, même vocation rurale, mêmes taux de consanguinité et d'atavisme alcoolique. Bref, des sosies. Dans l'un pourtant, la, qualité des copies remises nous consterna, révélant une nette infériorité intellectuelle. Pourquoi pareille différence ?
Je ne m'expliquai le phénomène que bien des années plus tard, en découvrant à mon tour la médecine retrouvée. Dans ce district, malheureux, tous les garçons étaient nés dans la même maternité. Par les quelques malades qui me vinrent ultérieurement de cette région, j'appris que le médecin-chef de cet hôpital était connu depuis des lustres comme ardent partisan de la prophylaxie antituberculeuse.
Ce fanatique avait donné des ordres stricts. Aucun bébé ne sortait de sa clinique, que les parents en soient avertis ou non, sans avoir subi le BCG ! Je ne sais s'il vit encore, mais toute une délicieuse partie de ce pays d'éleveurs lui doit, ô ironie, un handicap incalculable : la dégradation la plus cruelle, celle de la race !...»

P. 145 :

«...Les végétariens prétendent depuis toujours que l'ingestion de la chair des animaux introduit petit à petit chez l'homme, la bestialité de l'animal abattu. Jésus-Christ l'a souvent soutenu lui aussi dans l'enseignement sanitaire qu'il se plaisait à prodiguer, lui, sans conteste le plus grand médecin de l'ère bimillénaire des poissons.
Qui parle ici d'ingestion ? Le BCG n'est pas mangé ni bu. Il est injecté à travers la peau, échappant à son contrôle...
Les compères C. et G. (Calmette et Guérin) n'ont pas pris l'animal au hasard. Ils ont choisi la vache. Ce paisible bovidé devient lentement mais sûrement le lien analogique et quasi parental de la grande famille des français...».
«...Le seul moyen qui soit donné au médecin de lutter préventivement contre la terrible maladie est encore une fois du ressort de l'homéopathie...».
«...Je sais de quoi je parle, ayant passé moi-même 20 mois de ma vie de jeune interne dans un grand sanatorium de montagne. Les rares tuberculeux incurables que nous avons perdus avaient tous reçu le BCG avant de tomber malades...».

Question n° 17

Pourquoi avoir suspendu l'obligation vaccinale BCG en juillet 2007 ?

Réponse

La question est peut-être mal posée. Il aurait fallu plutôt demander : Pourquoi avoir attendu juillet 2007 pour suspendre l'obligation ?

Rappelons en effet ce que nous avons écrit dans la réponse à la question n° 14 (Le BCG est-il efficace?)

O.M.S. *Cahier de Santé publique* n° 8, 1962

«...Le BCG ne semble pas permettre d'éviter ni une primo-infection par mycobactérium tuberculosis, ni un nombre appréciable de tuberculoses infectieuses...Rien n'indique de manière définitive qu'une vaccination répétée confère une protection supplémentaire contre la tuberculose...»

Ainsi, l'Organisation Mondiale de la Santé, déjà en 1962, nous dit clairement que le BCG est inutile.

En juillet 2000, le bureau d'information de l'OMS, en vue d'une réunion du G8, publie «...Il n'existe aucun vaccin efficace permettant d'éviter l'infection chez l'enfant ou l'adulte...»

Rappelons également cette enquête de l'O.M.S. en Inde, dans laquelle 260000 personnes ayant reçu le BCG ont été suivies pendant 7 ans, pour laquelle le Dr. jean MERIC écrit :

«...Non seulement cette étude n'a montré aucune protection pour les vaccinés par le BCG, mais au contraire, les tuberculoses chez les vaccinés ont été plus graves, tuberculoses miliaires... Les Anglais ont abandonné, à cause de son inefficacité, le BCG et pourtant n'ont-ils pas, eux aussi, une forte population d'immigrés venant de pays hautement contaminés (Inde, Bengladesh)...».

Les conclusions de cette enquête sont publiées en 1979 ! Donc depuis 1979 au moins, le monde scientifique sait que le BCG est inefficace !!

Rappelons que le journal «*Alternative Santé*» de mars 2006 dénonce: «*...Après l'Académie de médecine, le Conseil National de la Pédiatrie réclame la suppression du BCG chez tous les enfants, en raison de ses effets secondaires. Le gouvernement fait la sourde oreille...*»

En novembre 2006, à l'initiative de la Société française de santé publique (SFSP), eut lieu au siège de la Caisse Nationale d'Assurance Maladie, un colloque sur le thème «Faut-il supprimer l'obligation vaccinale BCG ?». Jean-Marie MORA, Président de la Ligue Nationale pour la liberté des vaccinations, fut l'un des rares intervenants à dénoncer clairement l'inefficacité et la dangerosité du BCG, la plupart des autres intervenants se contentant d'évoquer timidement le «peu d'efficacité» de ce vaccin. Une fois de plus, dans ce parterre de plusieurs centaines de scientifiques, nous fûmes consternés par la force des dogmes religieux pesant sur nos « experts », et leur totale absence d'esprit critique concernant ce sujet.

Malgré cela, l'évidence était là : Dans les pays à haut risque tuberculeux, les vaccinations n'avaient pas changé grand-chose. En Europe, des pays qui n'avaient jamais utilisé le BCG (Pays Bas) ou qui ne l'utilisaient plus depuis des décennies (R.F.A.) avaient moins de cas de tuberculose que la France.

Le colloque conclut donc à la suppression de l'obligation.

Mais il fallut attendre encore 8 mois pour que cette obligation soit suspendue.

L'obligation de recevoir un vaccin inefficace et dangereux, est néanmoins maintenue pour les personnels de santé !

Cela veut dire en clair qu'en France l'on oblige le personnel de santé à recevoir un vaccin que l'on sait inefficace et dangereux !

Que peut-on déduire d'autre, sinon qu'il faut croire qu'il reste des stocks de vaccins à écouler…

S'agissant d'un vaccin obligatoire, il est évidemment gratuit (pour celui qui le reçoit, pas pour celui qui le fabrique qui, lui, est rémunéré… par le contribuable)

Nos « experts » le font-ils exprès ou sont-ils, comme disent les jeunes dans les cités « vraiment graves » ?

CHAPITRE III

Les vaccins simplement « recommandés » jusqu'en fin 2017

(sauf pour certaines professions)

Et maintenant obligatoires pour nos enfants

Hépatite-B, Grippe, Coqueluche, R.O.R. méningite, pneumocoque...

Pour les professionnels de santé, et certaines professions, en plus des vaccins obligatoires pour tout le monde, figuraient le vaccin contre l'hépatite B et le BCG.

Quant aux vaccins contre la Coqueluche, et au vaccin contre la rougeole et la rubéole, ils étaient simplement «conseillés»

Question n° 18

Ces vaccins sont ils eux aussi inefficaces et dangereux ?

Réponses

1 - Vaccin contre l'hépatite B: La lutte difficile du pot de terre contre le pot de vin

Qui d'entre nous n'a jamais eu «une bonne crève» ?
Nous attrapons presque tous un rhume en hiver qui dure quelques jours et qui guérit sans séquelles.

L'on dit souvent que si on le soigne, il guérit en 8 jours, et si on ne le soigne pas, il guérit en une semaine...

Qui prendrait le risque de se retrouver handicapé à vie par une injection destinée à le protéger de ces 8 jours de «crève» ?

Or, pour arriver à nous vendre du vaccin, on prétend aujourd'hui que des maladies (autrefois bénignes), sont graves, et qu'il faut absolument un vaccin.

Tout médecin généraliste **non obtus** sait que l'hépatite B est une maladie qui guérit spontanément dans plus de 9 cas sur 10.

D'autre part, selon l'INSERM, la France avait:

– 50.000 cas par an, en 1978,

– 21.600 cas par an en 1985,

– 9.000 cas par an en 1991.

Selon le Dr. Jean MERIC, en 1994, «*...Nous avions moins de 3.000 cas d'hépatite B sérologiquement contrôlés...*»

«3 000 hépatites B par an entraînent 300 hépatites B chroniques, soit dans le futur, 30 cirrhoses et cancers du foie... 30 personnes à sauver par an, est-ce un problème de santé publique ? Les seuls effets secondaires des médicaments entraînent 18 000 victimes par an. A-t-on pris des mesures sérieuses contre ce fléau ?...
«Nous apprenons d'après une étude que le traitement des malades revient nettement moins cher que la vaccination (Médecine Science T11, 1995) 20 fois moins cher...»

À la suite de ce vaccin, plusieurs milliers de personnes ont été atteintes de maladies neurologiques graves.

L'hypocrisie de notre système est telle que, malgré le fait que plusieurs centaines de personnes aient déposé des plaintes pénales, qui sont actuellement instruites par un juge d'instruction du Tribunal de Paris, les pouvoirs publics continuent de prétendre que le lien de causalité entre le vaccin et les maladies survenues, parfois quelques heures seulement après l'injection, n'est pas scientifiquement prouvé.

Leur mauvaise foi me fait penser que si un jour, un membre de la famille d'un des malades, explose de colère devant cette attitude hypocrite de certains «experts», et porte à l'un d'entre eux, un violent coup de poing, et qu'en tombant sous l'effet du coup, il se blesse gravement, peut être, l'avocat de l'agresseur adoptera-t-il la même mauvaise foi, en plaidant que le lien de causalité entre le coup de poing et la chute n'est pas scientifiquement prouvé, car la chute peut effectivement, être une coïncidence...

Les responsables de la santé publique, ont d'ailleurs bien de la chance d'avoir en face d'eux, une population complètement bovinisée, puisqu'elle ne réagit même pas à leurs contradictions.

Ainsi, ils nous disent qu'il n'y a aucun risque de sclérose en plaques, mais parallèlement, le Ministre de la Santé depuis 1998, à ceux qui demandent pourquoi vacciner les nouveaux-nés, car, quel est le risque pour eux, de contracter cette maladie, qui se transmet par le sang et les relations sexuelles, répond que c'est pour éviter tout risque de sclérose en plaques, car la myéline des bébés étant immature, ils ne risquent pas les maladies auto-immunes lors de la vaccination. Donc cela voudrait dire que ce risque existerait quand l'enfant grandit ?

Alternative Santé Mars 2006 :

L'étude du Dr. Hernan, médecin épidémiologiste à Harvard (U.S.A.) a conclu «*…Le risque de sclérose en plaques chez les sujets vaccinés contre l'hépatite B , dans les 3 années qui suivent cette vaccination, est 3,1 fois plus fort que chez les sujets non vaccinés…*»

Déjà en France, rappelons des faits :

La Recherche Avril 1995 :

"…Une trentaine de cas de ***scléroses en plaques post-vaccinales*** *sont soignées au service de neurologie de l'hôpital de la Salpétrière à Paris…"*

Pr Olivier GOUT, Chef de Clinique, La Salpétrière, "*VSD*" 14 novembre 1996

"…Effectivement nous soignons ces maladies et des recherches sont en cours sur l'imputabilité du vaccin. Il est trop tôt pour livrer des conclusions, mais il semble bien y avoir quelque chose…"

Depuis, de nombreux ouvrages, et d'innombrables articles de presse, dénoncent un gros problème de santé publique :

Ainsi par exemple :

- *« Vaccin Hépatite B : Les coulisses d'un scandale » (Sylvie SIMON et Dr. Marc VERCOUTERE) Ed. Marco Pietteur,*
- *« La santé publique en otage » (Eric GIACOMETTI) Ed. Albin Michel,*
- *« Vaccinations, les vérités indésirables » (Pr. GEORGET) Ed. DANGLES.*

D'autre part, plusieurs centaines de personnes atteintes de maladies neurologiques graves (certaines sont mortes, d'autres en fauteuil à vie), ont, soit directement, soit par l'intermédiaire de leur famille, déposé des plaintes pénales, actuellement centralisées chez un juge d'instruction du tribunal de grande instance de Paris. Ce magistrat est seul pour instruire des centaines de dossiers…

Les choses paraissent évidentes, et l'obstination à vouloir dire que le lien de causalité n'est pas prouvé, procède d'une hypocrisie à faire vomir !

Le jeudi 31 janvier 2008, nous apprenions par des communiqués de presse, la mise en examen de 2 laboratoires pharmaceutiques, ayant mis au point et commercialisé le vaccin contre l'hépatite B, essentiellement entre 1994 et 1998, pour « tromperie aggravée et homicide involontaire ».

Cette mise en examen est une étape dans l'histoire française de la campagne de vaccination contre l'hépatite B, qui fut un modèle de mensonges, supercherie, arnaque, ayant abouti à la vaccination de 25 millions de français, et...à des morts, et des milliers de malades d'effets secondaires.

Une campagne injustifiée :

Rappelons que la France était passée, selon les chiffres de l'INSERM, de 50 000 cas d'hépatite B en 1978, à 9 000 cas en 1991, et à environ 3 000 cas en 1994. C'est-à-dire qu'***en près de 20 ans, et sans vaccination, le nombre de cas d'hépatite B avait diminué de plus de 90 % !***

1994 / 95 : une campagne « catastrophe » :

En 1994, Monsieur DOUSTE-BLAZY, alors ministre de la Santé, lance une campagne en vue de faire vacciner la population française contre l'hépatite B qui va être présentée comme un fléau national, puisque un des slogans publicitaires de l'époque nous indique « ...*L'hépatite B tue plus de personnes en un jour que le Sida en un an !...* »

Plongeant dans une hystérie collective, et sans aucun esprit critique, de nombreux chefs d'établissements scolaires font alors croire aux parents de collégiens et lycéens que ce vaccin est obligatoire. Des dizaines de milliers d'enfants vont alors être vaccinés.

Très vite, les effets « indésirables » de ce vaccin se font sentir :

Une infirmière, me confia il y a quelques années :

« ...*Dans la file d'attente pour la vaccination, à l'infirmerie du lycée, mon fils aîné eut la chance de ne pas être dans les premiers. Avant lui, un de ses camarades s'est écroulé quelques secondes après l'injection. Pris de panique, mon fils est parti et m'a dit qu'il avait eu peur et avait refusé le vaccin. Quelques années plus tard, il me déclara être content de ne pas m'avoir obéi quand je lui avais conseillé de se faire vacciner (A l'époque, j'ignorais tout), car plusieurs de ses camarades étaient atteints de sclérose en plaques. Quant à mes deux autres garçons, ils ne reçurent que la 1ère injection, et ne firent pas les rappels. Aujourd'hui, je constate que mes enfants ont peut être échappé de justesse à un grave handicap. En outre, à ma connaissance, les camarades de mon fils actuellement malades, n'ont intenté aucun procès...* »

Au travers de ce témoignage, apparaît une réalité dramatique : La plupart des victimes des vaccins, n'osent pas se lancer dans un combat judiciaire, tout comme de nombreux médecins refusent obstinément de faire le lien entre le vaccin et une maladie neurologique grave : Ils sont dans une religion. Le vaccin est comme un sacrement. Aux U.S.A. cela se passe un peu de la même manière, puisque l'institut américain de pharmacovigilance VA.E.R.S., estime que de manière générale, **un cas sur 100 seulement des accidents post vaccinaux, lui sont rapportés.**

Comment la psychose imbécile anti-sectes a entraîné des milliers de victimes du vaccin contre l'hépatite B :

Dés 1996, des dizaines de malades commencent à incriminer le vaccin.

La réaction des autorités est hallucinante ! Ceux qui osent critiquer le vaccin sont accusés d'être membres de sectes... Il fallait y penser !

Car, à la même époque, (incroyable coïncidence) le 22 décembre 1995 est publié au Journal Officiel le 1er rapport classant 172 mouvements classés sectes. L'on apprendra par la suite que l'assemblée nationale a ratifié ce rapport à l'unanimité... des 7 députés présents, (Journal « L'Humanité » : 11 janvier 1996) et que ce rapport a été rédigé par une commission qui a examiné 172 dossiers en... 50 minutes !

Le lendemain de cette publication, soit le 23 décembre 1995, 16 cadavres calcinés sont découverts dans le Vercors. Un psychiatre- expert, nationalement connu pour sa croisade anti-sectes, est présent sur les lieux du drame avant la presse, accueille les journalistes de toute l'Europe, et annonce péremptoirement qu'il s'agit d'un suicide collectif, orientant ainsi l'enquête.

Le 4 janvier 1996 sur une chaîne publique, à une heure de grande écoute, est diffusé :

– un reportage présentant un groupe de scientifiques devenus agriculteurs comme complètement loufoques et illuminés, grâce à des trucages habiles (dixit l'émission « Arrêt sur images ». Voir à ce sujet l'ouvrage « Les radis de la colère »)

– Un reportage sur le « suicide collectif » du Vercors.

La France entière est glacée de terreur.

Un procès public, plusieurs années plus tard, nous apprendra que les 16 cadavres du Vercors avaient en moyenne reçu chacun 3 balles provenant d'armes appartenant au Ministère de l'intérieur, et que les poignées de fagots ramassés dans la neige en décembre à 1.000m. d'altitude, n'avaient pas pu brûler aussi intensément les corps des victimes que ne le soutenait la thèse officielle, mais que la crémation des victimes n'avait pu être effectuée que par « *un instrument produisant une forte chaleur de manière unidirectionnelle* », dixit en audience publique, un expert en pyrotechnie. On est très proche de l'histoire de ce militant noir d'un Etat du sud des Etats-Unis, abattu par 17 balles de fusil dans le dos, et pour lequel le Shérif du Comté avait déclaré « *Quel horrible suicide !* »...

Le lendemain de l'émission, soit le 5 janvier 1996, à 6h. du matin, interventions de police et de gendarmerie dans de nombreuses minorités dans toute la France **sur commissions rogatoires**.

Les Juristes comprennent immédiatement qu'en l'absence de plaintes, pour déclencher un processus de visites domiciliaires sur l'ensemble du territoire national, ce système n'a pas pu se déclencher entre le 4 janvier 20h30 et le 5 au matin, mais cela prend plusieurs semaines, ce qui veut dire que la programmation de toutes ces interventions a forcément commencé **avant** qu'on ne découvre les cadavres du Vercors !...

Quelques mois plus tard, de nombreux médecins reçoivent des circulaires, les mettant en garde contre les homéopathes, les phytothérapeutes, et ceux qui critiquent les vaccins. « ...Tous sont des émanations des sectes... »

Quelques temps plus tard, Bernard KOUCHNER, alors secrétaire d'Etat à la Santé, déclare aux 1res victimes du vaccin hépatite B se plaignant du fait qu'il existerait un lien de causalité entre le vaccin et la sclérose en plaques, que ces informations proviennent des sectes !... Et oui ! Les français voient des sectes partout, ce qui fait que toute affirmation provenant des sectes est « obligatoirement » mensongère à 100 %.

Donc, dans l'immédiat, personne n'écoute les malades, et personne ne prend la moindre mesure. Et pendant ce temps, les doses de vaccins se vendent par centaines de milliers !

Ce n'est que bien plus tard que le même Bernard KOUCHNER, devant les centaines de protestations affluant de tous côtés, décide « en vertu du principe de précaution », l'arrêt de cette campagne de vaccination. Trop tard pour des milliers de victimes, tombées malades par la suite...

Voilà le résultat d'une psychose imbécile !

Les 1res plaintes

Progressivement, des dizaines de personnes vont alors déposer des plaintes pénales, tandis que d'autres saisissent les juridictions civiles, afin de demander réparation de leur préjudice.

Au pénal, c'est une juge d'instruction du Tribunal de Paris qui, progressivement, a regroupé toutes les plaintes. Mais cette dame, qui avait déjà instruit les affaires du sang contaminé et des hormones de croissance, était seule. Dans son ouvrage « La Santé publique en otage » (Ed. Albin Michel) Eric GIACOMETTI écrit :

« ...Elle travaille seule et dispose de moyens dérisoires. Résultat : ses instructions prennent des années... En mai 1999, le juge a adressé une lettre ouverte à Elisabeth GUIGOU pour dénoncer les conditions qui lui sont octroyées. La garde des Sceaux n'a pas daigné répondre... Curieux pays où les atteintes à l'intégrité physique comptent moins que celles portées au portefeuille... »

En matière civile, les choses sont beaucoup plus floues : Tout d'abord, les victimes ne sont pas toutes atteintes de sclérose en plaques. Certaines souffrent de myofaciite à macrophages, d'autres de maladies orphelines : Elles sont handicapées, marchent avec difficulté, ont des douleurs parfois incessantes, mais comme on n'arrive pas à identifier la nature exacte de la maladie, on affirme qu'il ne peut pas y avoir de lien de causalité avec le vaccin !

Cela s'est passé de cette manière pour cette dame d'origine japonaise dans son combat contre la Sécurité sociale contestant son taux d'incapacité. Aujourd'hui, elle se déplace en fauteuil roulant, et a vu une ribambelle de médecins : La plupart d'entre eux affirmaient qu'il n'y avait aucune relation entre son état et le vaccin, parlaient d'une sclérose en plaques « atypique ». D'autres, neurologues de renom, lui conseillèrent même de voir un psychiatre ! Car personne ne voulait l'écouter quand elle disait qu'elle avait toujours été en bonne santé, et que les symptômes avaient commencé dès le lendemain de la dernière injection... Comme aucun médecin n'arrivait à diagnostiquer exactement la nature de sa maladie, tous affirmaient de manière honteuse, qu'elle n'était pas malade, donc qu'elle était folle !...

L'attitude incroyable des « experts » français :

Mis à part le Dr. Marc GIRARD, expert en pharmacovigilance ayant eu le courage de déclarer dans des émissions de télévision que ce vaccin avait fait des « dizaines de milliers de victimes » (ce qui est également l'avis du Dr JAKUBOWICZ dans le n° 967 de « *Science et Vie* »), la plupart des autres ont une attitude incroyable :

Une théorie a d'abord été émise : Le lien de causalité ne serait reconnu que si les symptômes de la sclérose en plaques apparaissent moins de 2 mois après la vaccination ! Ceci fait que ceux qui ont résisté plus longtemps ou qui n'ont pas remarqué tout de suite les 1ers symptômes, ont été déboutés de leurs demandes d'indemnisation.

La Presse internationale (et française) publie alors un rapport du Dr HERNAN, de l'institut de Santé publique d'Harvard qui, après avoir analysé pendant 7 ans, toute une série de cas de scléroses en plaques survenus en Grande-Bretagne, conclut que le vaccin contre l'hépatite B multiplie par 3,1 le risque de contracter une sclérose en plaques.

Qu'ont fait alors nos brillants experts en France ?

En septembre 2003, eut lieu une « *réunion internationale de consensus sur la vaccination contre le virus de l'hépatite B* », à la faculté de Médecine de l'hôpital Bichat à PARIS.

Cette réunion n'eut « d'internationale » et de « consensus », que le nom :

Sur environ 30 experts, tous étaient français, à l'exception d'un américain, de deux suisses, et d'un belge… De plus, tous étaient d'acharnés partisans des vaccinations, soit par idéologie, soit par des liens d'intérêt les liant aux laboratoires pharmaceutiques.

Aucun des scientifiques ayant émis des doutes sur ce vaccin, ne fut évidemment invité. Ainsi le Pr. BEGAUD, vice-président de la commission nationale de pharmaco-vigilance, expert international, qui avait déclaré ***« Quand j'entends dire qu'il n'y a aucun risque avec ce vaccin c'est grotesque… »***, n'a évidemment pas été invité.

Un peu comme un congrès sur la laïcité dans lequel les participants seraient tous des évêques…

Personne n'évoqua l'importance des accidents post-vaccinaux, sauf Lucienne FOUCRAS, dont le mari décéda des suites de ce vaccin, et qui fut obligée d'entrer dans la salle par la ruse, et de prendre le micro, presque de force…

On ignora bien évidemment les 450 articles internationaux dénonçant le caractère dangereux de ce vaccin.

Cette « réunion de consensus » fut donc une réunion internationale de congratulations destinée à rassurer, et montrant ainsi qu'être expert de nos jours de veut plus dire grand-chose. Après tout, des experts n'avaient-ils pas affirmé que le nuage de Tchernobyl n'avait jamais franchi le Rhin ?

Et naturellement, il fut décidé de continuer la vaccination.

Un groupe d'infirmières me confia un jour « …*Compte tenu du niveau actuel de nos « experts », on se demande s'il ne vaut pas mieux, quand est malade, de se faire soigner par un vétérinaire plutôt que par un médecin…* »

Le Dr Marc GIRARD écrit sur son site Web : « …*Prétendre que la vaccination n'a occasionné aucune sclérose en plaques chez le nourrisson est* ***une ineptie doublée d'une mystification****… Qu'en sera-t-il quand leur myéline sera formée ? Une bombe qui n'explose pas quand on la pose, cela s'appelle généralement une bombe à retardement…* »

Le jeudi 31 janvier 2008, la presse française annonce la mise en examen des responsables du laboratoire SmithKline Beecham (aujourd'hui GlaxoSmithkline) et de Pasteur Mérieux MSD Aventis Pasteur (aujourd'hui Sanofi Pasteur MSD), pour tromperie aggravée. Le Laboratoire Pasteur Mérieux est également mis en examen pour homicide involontaire, suite au décès d'une personne vaccinée à l'âge de 28 ans, et dont les parents se sont constitués partie civile.

Certes, la mise en examen n'est pas la condamnation, et l'on aurait pu croire qu'on assistait à un grand pas vers l'effritement de la suffisance et de l'arrogance de toute cette caste de mandarins qui ne « veulent pas savoir ». Ou qui savent mais font semblant…

« …*L'ignorant a des excuses. Celui qui refuse de savoir n'en a pas...* »

Cicéron

Malheureusement, au bout du temps maximum au delà duquel un juge d'instruction doit changer de poste, cette dame a été remplacée, non pas par un autre juge, mais par un pole de 3 magistrats, apparemment bien choisis, puisque quelques mois plus tard une ordonnance de non-lieu était rendue. Cette dame quitta alors la magistrature pour s'inscrire au Barreau de PARIS...

Plus récemment, Dans un courrier du 6 juin 2012, adressé à une infirmière Bretonne, gravement atteinte suite à une vaccination contre l'hépatite B, et pour laquelle 4 brillants experts estimaient qu'il n'y avait pas de lien de causalité entre le vaccin et la pathologie, le Professeur AUTHIER, de l'hôpital Henri Mondor de CRETEIL, écrit :

«...Les manifestations cliniques que vous présentez correspondent au syndrome auto-immuns/inflammatoire induit par les adjuvants (ASIA) tel qu'il a été décrit récemment par un groupe d'immunologiste Israéliens (Shoenfeld Y, Agmon-Levin N.J. Autoimmun 2011...Ce nouveau syndrome a fait l'objet de nombreuses communications dans le cadre du 8ᵉ congrès International sur l'Autoimmunité qui s'est tenu à Grenade (Espagne) du 9 au 13 mai 2012...»

Bien sûr, aucun de ces 4 brillants experts n'avaient entendu parler de ce syndrome. Donc pour eux, cela n'existait pas.

Pourtant, dans une revue Internationale, «Journal of Autoimmunity» 2010 1-5, il est indiqué, notamment :

«...Le rôle de divers facteurs environnementaux dans la pathogenèse des maladies du système immunitaire est bien établi. Parmi ceux-là, les facteurs qui entraînent une activité d'un adjuvant de l'immunité comme les agents infectieux, la silicone, les sels d'aluminium, et d'autres encore ont été mis en cause dans des maladies du système immunitaire... Ces dernières annés, 4 affections, la siliconose, le syndrome de la guerre du Golfe, le syndrome de la myofasciite à macrophages, ***et les réactions post-vaccinales****, ont toutes été associées à une exposition antérieure à un adjuvant. De plus,*

*ces 4 maladies ont en commun un complexe similaire de signes et de symptômes qui confirme encore un dénominateur commun...Nous suggérons que l'on regroupe ces affections similaires sous un syndrome commun que l'on désignerait sous le nom de A.S.I.A. Autoimmune (Autoinflammatory) **S**yndrom **I**nduced by **A**djuvants...*

Auparavant, on pensait que les adjuvants ne présentaient que peu ou pas de danger particulier. Malheureusement, des études sur des modèles animaux et des humains ont démontré la capacité qu'ont par eux mêmes certains d'entre eux, de déclencher la réponse auto-immune et des maladies dysimmunitaires... L'adjuvant aluminique pourrait se trouver inclus dans ces complexes immunitaires produits suite à la vaccination...Les vaccins peuvent entraîner l'apparition d'auto-anticorps, d'état inflammatoire énigmatique et de maladie auto-immune manifeste...La maladie post-vaccinale la plus étudiée est peut être le syndrome de myofasciite à macrophages (MMF) pour lequel un lien de cause à effet a été clairement établi. La MMF est une maladie du système immunitaire signalée pour la 1ère fois en France par Gherardi et al. Elle est provoquée par un dépôt d'aluminium utilisé comme adjuvant dans différents vaccins...».

Comme par hasard ces travaux et cette conférence internationale restent inconnues de nos grands experts...

Ainsi cela fait des années que des scientifiques tirent la sonnette d'alarme concernant l'aluminium dans les vaccins, et au lieu d'en tenir compte, l'on harcèle ceux qui refusent d'empoisonner leurs enfants, car depuis 2008, le DTP qui ne contenait pas d'aluminium, a été retiré du marché, et « remplacé » par un produit contenant 6 vaccins, dont 3 non obligatoires, et bien sûr de l'aluminium...

Récemment, nous avons découvert le livre témoignage de Mme Bouchera Jaber, vaccinée il y a une quinzaine d'années hépatite B, et aujourd'hui paraplégique, aveugle, bougeant encore quelques doigts d'une main dans une chaise roulante. Elle écrit dans « *Vaccin - assassin* » :

«...Si je suis dans un tel état de décrépitude aujourd'hui, c'est à cause d'un vaccin ! Et c'est ma vérité, je la crie haut et fort. Si je vis une abominable dégénérescence, pareil à un crime, c'est à cause d'un vaccin. Lisez mon livre et propagez la vérité autour de vous, de génération en génération afin que chacun d'entre nous s'approprie ou se réapproprie ce qui lui appartient de plein droit, son corps en santé.

Chaque jour, de nouvelles injections du vaccin mettent en péril la vie de personnes saines, sans la moindre prédisposition à développer une maladie neurologique.

Les responsables se rendent-ils compte au moins que derrière cet état de déchéance totale se trouve une vie humaine ? Je suis une jeune femme d'une quarantaine d'années aujourd'hui, je parle à travers mon histoire au nom de toutes les victimes du vaccin recombinant, les victimes laissées en souffrance, les victimes pour qui le mal trop lourd a eu raison de leur vie.

Je n'en peux plus ! Je n'arrive pas à sortir de mon lit, vous vous rendez compte ! Comment vais-je faire ? Je marchais, ensuite j'ai utilisé des béquilles, puis je suis passée au fauteuil roulant. Maintenant, je ne peux même plus sortir de mon lit !

Quand est-ce que cela va s'arrêter ?! J'en ai vraiment marre de ce vaccin qu'on a introduit dans mon corps. C'est pire qu'une prison..... C'est horrible ce qu'il m'arrive, je ne sais pas quoi faire. Je vous jure, si vous saviez la haine que je ressens. J'ai envie de hurler.

Si ceux qui font ces lois et ces vaccins pouvaient être à ma place et ressentir ce que je ressens à cet instant même où je vous parle, ils réfléchiraient à deux fois avant de vendre ce poison vaccinal et détruire impunément des vies comme la mienne.

J'ai beau m'adapter, vivre en fauteuil roulant, mais il ne m'est pas possible d'encaisser docilement en permanence la pleine déchéance de mon corps. C'est ignoble !

Je suis fichue ! Et quoi de plus important, de plus précieux que la liberté, notre chère et tendre liberté. Adieu, ma liberté tant adorée, je peux m'asseoir dessus, on me l'a volée !

Personne ne peut comprendre, à moins de le vivre, personne. Mais est-ce qu'ils se rendent compte au moins de tout le mal qu'ils font subir à des innocents sous le couvert du rapport bénéfice-risque ! Et si ce risque soi-disant infinitésimal d'une vie brisée était tombé sur eux ? Ils ne supporteraient même pas de vivre une seule journée dans mon état !

Indignez-vous, battez-vous, car plus nombreux sont et seront les combats judiciaires, et plus le signal épidémiologique jugé comme « non significatif » au regard du nombre de vaccinés pourra être apprécié à sa juste valeur.
Moi je suis arrivée au bout du chemin, je n'en peux plus. Je n'attends plus rien de mon existence si ce n'est ma libération. À quand ma libération ?

2 - Le vaccin contre la coqueluche

Des chiffres :

Selon l'Annuaire statistique de la France, le nombre de décès dus à la coqueluche en France était d'environ 3 500 en 1906, un peu moins de 2 000 en 1946, environ 350 en 1958/59, lors de l'introduction du 1er vaccin. Il avait donc déjà baissé de 90 % quand on a commencé les vaccinations.
Depuis 1980, il y a moins de 10 décès par an.

Bulletin statistique du Ministère de la Santé 1974

« On serait tenté de porter à l'actif de la vaccination anticoquelucheuse de plus en plus répandue, la régression massive du nombre de cas déclarés, si la rougeole n'avait pas subi une évolution parallèle en l'absence de vaccination… »

Prof Michel GEORGET, "*Vaccinations les effets indésirables*" (Ed. DANGLES) p. 241

« …Le plus dangereux des vaccins depuis l'arrêt de la vaccination antivariolique… ».
« …On peut d'autant plus se poser la question que des épidémies se déclenchent dans des populations très bien vaccinées… »
« …En 1988-89, en Afrique du Sud, la ville du Cap a connu une épidémie de coqueluche provoquant 292 hospitalisations. La couverture vaccinale était estimée entre 91 et 91 %… Au Massassuchetts, fin 1992, 225 cas ont été identifiés dont 218 fréquentaient 2 établissements scolaires voisins. 214 d'entre eux étaient âgés de 10 à 19 ans…. 96 % des élèves avaient reçu au moins 4 doses de vaccin anticoquelucheux… ».

Le Prof. GEORGET évoque également un programme de surveillance mis en place dans la province Canadienne de la Nouvelle Ecosse, concernant la coqueluche: «*...91% des patients atteints de coqueluche avaient reçu au moins trois doses de vaccin...*»

Le Prof. GEORGET, après avoir estimé l'inefficacité de ce vaccin, évoque ses effets secondaires:

p.140: «*Aux Etats-Unis: encéphalopathies aiguës (jusqu'à 10,5 par million d'immunisations) anaphylaxie (6 pour 100.000 enfants ayant reçu 3 doses) cris persistants et inconsolables (de 100 à 6000 pour 100000 injections)*
En Grande Bretagne, encéphalopathies (1 pour 110000 enfants vaccinés [enquête nationale], 1 pour 50000 [autres enquêtes], 1 pour 25000 [dans le cadre des indemnisations]). Décès après vaccination anticoquelucheuse (1 pour 100000 enfants vaccinés)...
En Allemagne, 1 encéphalopathie pour 30000 doses de vaccin, soit 1 accident sur 10000 enfants vaccinés si la vaccination comporte 3 injections.
En Suède, 1 accident neurologique pour 3600 enfants vaccinés... Les taux de complications graves plus élevés en Suède s'expliquent par une surveillance centralisée très minutieuse qui n'existe pas dans les autre pays.
Rapportons ces chiffres à la France : pour environ 750000 naissances et un taux de vaccination de 90% on peut penser que la vaccination contre la coqueluche conduit chaque année à environ 200 accidents neurologiques, suivis de 6 à 7 décès et de 6 à 40 infirmités cérébrales...»

D'autre part, une enquête menée de 1963 à 1974 à l'hôpital des enfants malades de Paris, a montré que dans les 3/4 des cas, l'accident neurologique est survenu dans les 24 heures après la vaccination.

Dans la revue Américaine Clinical infectious diseases du 15 mars 2012, est publiée une étude portant sur 132 cas de coqueluche, survenus entre mars et octobre 2010 dans un hôpital de San Rafael en Californie:

- 81% des malades étaient correctement et complètement vaccinés contre la coqueluche,
- 11% n'avaient reçu qu'une seule injection,
- 8% n'avaient pas été vaccinés.

Barbara LOE FISHER, présidente du NVIC (National Vaccine Information Center) de l'Etat de Virginie, aux U.S.A. écrit «*Même avec une couverture vaccinale très élevée, comme c'est le cas en Amérique, au Canada, en Australie, aux Pays Bas, en Finlande, la coqueluche n'a pas été éradiquée*».

Le 4 septembre 2017 à 19h.30, sur la chaine de télévision Suisse RTS, l'on apprend que: «***...les cas de coqueluche se multiplient, même sur des personnes vaccinées...*** *Alors que le nombre de cas de coqueluche est à nouveau en augmentation depuis 2015 (voir le tableau ci-dessous), des chiffres de l'Office fédéral de la santé publique (OFSP) montrent qu'environ 90% des malades âgés de 16 à 20 ans étaient vaccinés conformément aux* *recommandations.... L'efficacité du vaccin contre la coqueluche est estimée entre 75 et 90%. Elle chute ensuite rapidement. Dans certains cas elle peut tomber à 10 % au bout de 3 ans à peine* », explique le Dr Pierre-Alex Crisinel, infectiologue et pédiatre au CHUV. Il n'y a donc aucune immunité à vie pour la coqueluche, que l'on soit vaccinés ou que l'on contracte la maladie.

Dans le « *Précis de Médecine infantile de 1975* », on peut lire :

« Il ne faut pas attribuer à la vaccination la baisse considérable de la mortalité [coquelucheuse] observée depuis quelques dizaines d'années. Un taux très bas était déjà obtenu avant la généralisation de la vaccination »

D'autre part, dans le «British medical journal» de 1981, on peut lire :

«...Le vaccin contre la coqueluche ***multiplie par 3,3*** *le risque qu'un bébé en pleine santé soit affecté d'encéphalites/encéphalopathies (inflammations du cerveau) et de convulsions prolongées*

Ce vaccin était associé à des convulsions dans 1 cas sur 1 750, l'inflammation du cerveau dans 1 cas sur 110 000... et des dommages irréversibles au cerveau dans 1 cas sur 310 000 ».

Voilà pourquoi la Suède a arrêté son programme de vaccination en 1979 !

Le Japon a été encore plus rapide, puisqu'il a décidé de cesser la vaccination anti-coqueluche en 1975.

Et ils ont bien fait : le simple fait de repousser le début de la vaccination de 3 à 24 mois a fait chuter le nombre d'accidents neurologiques graves de 80 % et celui des décès de 90 % !!

Les Britanniques ont refusé massivement de vacciner leurs enfants au début des années 1980, malgré les paroles rassurantes des autorités de l'époque !

Mais en France, on a continué la vaccination comme si de rien n'était, alors que ce vaccin « à germe entier » causait de nombreux cas d'encéphalites et de convulsions.

Dans le prestigieux "*Journal of Infectious Diseases*", on peut lire :

« Nos données suggèrent que le schéma actuel des injections de vaccin anti-coquelucheux acellulaire est insuffisant pour prévenir des épidémies de coqueluche. Nous avons noté un taux significativement accru de la maladie entre l'âge de 8 et 12 ans, proportionnel au taux écoulé depuis la dernière dose prévue de vaccin »

Le **Dr DE LORGERIL**, chercheur au CNRS, expert international en cardiologie et nutrition écrit :

«... ***un nouveau vaccin contre la coqueluche*** :

« Les vaccins actuels contre la coqueluche sont très critiqués quoiqu'on veuille les rendre obligatoires. C'est bizarre mais c'est comme ça. Surtout ne pas réfléchir, la réflexion est mauvaise conseillère par ces temps troubles. »

« Un nouveau vaccin serait bienvenu, selon les experts vaccinalistes; pour remplacer les anciens, peu efficaces et plutôt mal tolérés. »

[**Note de l'auteur:** Tiens donc! Quand nous disions qu'il n'était pas efficace et induisait des pathologies, nous étions des illuminés. Et le nouveau, il sera meilleur, comme le nouveau Lévothyrox ?]

« Nous n'en n'avons pas vraiment besoin; et surtout pas un qui serait obligatoire ! »

« Peu importe, le marché sera conciliant et lui fera bon accueil car depuis deux décennies, les experts nous disent que des épidémies de coqueluche récurrentes déciment les populations. »

« Puisqu'on vous le dit; c'est là... »

« Et voici que le miracle advînt: un nouveau et formidable vaccin est proposé; le produit d'une collaboration entre des institutions nationales et le secteur privé; c'est indiqué ci-dessous avec comme référence exacte pour le curieux: J Infect Dis *2017;216:117-124. »*

« Des essais sur les humains (des hommes jeunes) ont déjà été publiés ! »

« Bravo, c'est merveilleux, félicitations! Sauf que...Sauf que la bactérie modifiée (atténuée) qui sert de stimulus vaccinal a été génétiquement modifiée. C'est un OGM ! »

« Vous ne voulez pas d'OGM dans votre assiette, vous en aurez dans vos vaccins !... »

« D'un point de vue biologique, est-ce prudent ? »

« Selon les auteurs (très vaccinalistes) de l'article cité plus haut, la bactérie de la coqueluche a de mauvaises manières, par exemple celle de muter assez facilement; ce qui, selon eux, expliquerait en grande partie l'inefficacité des vaccins. Elle change cette bactérie, au gré du temps; et il y a grande chance pour que notre nouvel OGM mute (change) aussi et deviennent potentiellement dangereux, plus dangereux que son ancêtre sauvage. »

« Toutes les précautions ont-elles été prises ? »

« Réponse: non, à l'évidence ! »

« A t-on vraiment besoin de ces ouvrages d'apprenti-sorcier ? »

« Réponse: non probablement ! »

« Serions-nous sous la dépendance de médecins fous? Qu'est-ce qui les motive vraiment ? »

« Le progrès médical ? Le bonheur des peuples ? Protéger les bébés ? »

« Ou générer des profits substantiels avec la collaboration de l'industriel new-yorkais qui a probablement déjà beaucoup investi dans ce projet ? »

« Qui peut répondre ?»

« Qui peut évaluer l'intérêt de la dissémination de cet OGM ? »

3 - Le vaccin contre la rougeole

Pendant des décennies, la rougeole était une maladie infantile bénigne, que tout enfant devait avoir afin de mieux lutter plus tard contre les maladies des adultes.

Quand un enfant avait la rougeole, on le mettait souvent en contact avec tous les autres enfants de son quartier, pour qu'ils aient, eux aussi, la rougeole, car l'on savait que dans presque tous les cas, cette maladie était bien moins grave chez l'enfant que chez l'adulte.

D'ailleurs dans « *Le Concours Médical* » de 1976, le Pr. Bastin écrit : *« Il serait difficile de vacciner systématiquement chez nous où la maladie est bénigne puisque, sur 100 rougeoleux hospitalisés (donc des cas choisis pour leur sévérité), la mortalité est de 0,17... »*

Effectivement, entre 1906 et 1983 (année où la campagne de vaccination a été lancée), le nombre de morts de la rougeole est passé de 3 754 à 20, soit une baisse de plus de 99 %, alors que dans le même temps la population avait augmenté du 1/3.

Une fois de plus, on a lancé une campagne de vaccination, alors que le nombre de cas de la maladie s'était effondré... Et très curieusement nos éminents scientifiques nous affolent en nous apprenant que la rougeole est «devenue» une maladie grave, et (bien sûr) qu'il fallait vacciner.

Pourtant, récemment des épidémies de rougeole se sont produites aux U.S.A., y compris dans des communautés scolaires vaccinées à plus de 99 %.

A Harare, au Zimbabwe, une épidémie s'est produite alors que la couverture vaccinale était de 83%. Un tiers des cas ont du être hospitalisés, chose inhabituelle (Bull. de l'OMS T 69, 1991).

Dans le « *Relevé épidémiologique hebdomadaire* » (B.E.H.) n° 20 du 14 mai 1993, l'on découvre que lors d'une épidémie survenue au Niger en 1992, le taux de létalité fut de 20,4% chez les sujets vaccinés, contre 16,7% chez les non- vaccinés. En toute logique, l'on aurait pu s'attendre au contraire...

Le Prof. GEORGET commente: «...*En voulant substituer à l'immunité naturelle, solide et durable, une immunité vaccinale éphémère, les vaccinalistes ont mis le doigt dans un engrenage redoutable. Dès le départ, la réapparition de rougeoles graves chez les nourrissons et les adultes avaient été prédites. Elle se concrétise actuellement...*»

Dans une thèse développée à l'Université J.Fourier de GRENOBLE, en 2002, intitulée:

«*Souches Africaines du virus de la rougeole: Etude de l'interaction virus-cellule et analyses phylogénétique*», Madame Diane Ninkam NGHEMNING écrit:

p. 41 «...*Le virus de la rougeole peut circuler sans être détecté dans une population vaccinée...Une épidémie de rougeole s'est déclarée aux U.S.A. dans une population où 99% des enfants avaient été vaccinés...*».

p. 43 «...*L'infection* **naturelle** *par le virus de la rougeole confère une immunité à vie, comme il a été montré dans les iles Féroe, quand seuls les habitants ayant contracté la rougeole au cours d'une épidémie, 65 ans auparavant, ont échappé à l'infection (Panum 1940). Cependant l'hypothèse suivant laquelle le vaccin vivant atténué induirait une protection à vie a été remise en question après les épidémies de rougeole survenues chez des enfants ayant été vaccinés 15 ans auparavant (Gustafson et al.1987: Samb et al. 1995)...*».

Elle conclut p. 53: «...*Cette flexibilité de la réponse immunitaire est responsable de la circulation occulte du virus de la rougeole dans la population vaccinée...*»

Ainsi, lorsque l'on affirme que la vaccination des autres protège ceux qui ne sont pas vaccinés, et notamment les personnes ayant un déficit immunitaire que l'on ne peut vacciner, car le vaccin contre la rougeole est à virus vivant, cette affirmation semble être une grossière erreur, car la circulation occulte du virus ne peut être empêchée.

L'on ne peut que s'interroger quand on découvre ce qui se passe pour les animaux:

La vaccination contre la fièvre aphteuse est interdite pour le bétail, car «...*les animaux vaccinés peuvent transmettre le virus, ce qui le rendrait incontrôlable...*».
Ainsi, si les vaches pouvaient contracter la rougeole, le vaccin serait interdit pour elles !

Courant 2000, il y eut en France, un certain nombre de cas de fièvre aphteuse, qui venait de Grande-Bretagne. Certains éleveurs ont alors réclamé que l'on vaccine les vaches. Or les experts ont indiqué qu'il ne fallait surtout pas vacciner «...*car on perdrait tout le bénéfice de l'éradication acquise du virus des élevages français...*».

Ainsi, pour éradiquer un virus, il faut savoir où il se trouve, ce qui permet d'isoler les sujets atteints.

C'est comme cela que l'on arrête une épidémie.

La peste, le choléra, la suette picarde, la scarlatine, la pneumopathie atypique, la fièvre Ebola, se sont arrêtées sans vaccin.

Voilà pourquoi, alors qu'on n'a pas cessé de nous dire avec satisfaction que la couverture vaccinale concernant la coqueluche augmente progressivement depuis plusieurs années. Et brusquement, notre Ministre s'alarme, car elle indique que la coqueluche revient en France et qu'il faut vacciner. Cherchez l'erreur...

4 - le vaccin contre la rubéole

Dans « *La médecine praticienne* » n° 621 du 1er av.1976, on peut lire que 50 % des enfants de 10 ans possèdent des anticorps naturels protecteurs, ce pourcentage passant à 75 % à l'âge de 15 ans.
Vers 20 ans, 90 % des femmes sont naturellement immunisées.

Un article publié dans le « *New England Journal of medicine* t 283 15, 1970 » nous explique qu'une étude a montré que 80% des jeunes adultes récemment vaccinés étaient réinfectés au cours d'une épidémie de rubéole contre seulement 5% des personnes immunisées à l'état naturel.

En 1990, le Centre de surveillance des maladies transmissibles de Londres, indique que l'examen des individus présentant des anticorps et exposés à la rubéole au cours d'épidémies, a montré que 50 % des contacts ayant une immunité induite par vaccination ont été réinfectés contre seulement 5 % de ceux ayant une immunité naturelle. Cela devrait faire réfléchir (ceux qui en sont encore capables...).

5- Le vaccin contre les oreillons

Récemment, un médecin homéopathe dauphinois, très connu, et très efficace, (qui préfère garder l'anonymat) me confiait :

«... Un jour, lorsque j'étais interne à l'hôpital, je vis arriver en consultation, un homme qui présentait tous les symptômes des oreillons. C'était tellement évident que le diagnostic était facile à poser. Toutefois, quelques minutes plus tard, le chef de service, au moment de sa visite, vérifiant les travaux des étudiants et des internes, constatant que j'avais diagnostiqué les oreillons, me réprimanda très sèchement, m'indiquant que c'était impossible car ce monsieur avait été vacciné 3 semaines auparavant. Je fus obligé de modifier officiellement le diagnostic.
Je précise que le temps d'incubation de l'agent infectieux des oreillons est... de 3 semaines. Aujourd'hui, je sais que cet homme avait bien eu cette maladie, que lui avait donné le vaccin... ».

Cette anecdote résume à elle seule tout le problème, et nous montre que même un chef de service hospitalier peut perdre tout sens critique, et donc abandonner la démarche scientifique qu'il devrait avoir en permanence, ce qui est quand même inquiétant.

Là encore, le dogme religieux a supplanté la démarche scientifique…

6 - Le R.O.R. : les dangers de 3 vaccins en un seul

Le site Internet d'Initiative Citoyenne, nous indique qu'une recherche dans les données de l'institut Américain de pharmacovigilance : le VAERS (Vaccine Adverse Event Reporting System), montre qu'aux Etats-Unis 75.000 événements indésirables ont été rapportés pour la combinaison des vaccins contre la rougeole, les oreillons et la rubéole et plus particulièrement :

78 décès
85 cas de surdité
48 cas de diminution du contact oculaire
92 cas de retard de développement
855 cas d'autisme
116 cas de déficience intellectuelle
401 rapports ayant trait aux troubles de la parole
276 cas de perte de conscience
143 cas d'encéphalite
74 cas de méningite
111 cas du Syndrome de Guillain Barré
692 cas de troubles de la marche
748 cas d'hypokinésie
653 cas d'hypotonie (faible tonus musculaire)
4874 cas de convulsions, y compris des convulsions fébriles et crises tonico-cloniques
1576 cas de cellulite
147 cas de rougeole (maladie que le vaccin est sensé empêcher)
384 cas d'oreillons (maladie que le vaccin est sensé empêcher)
29 cas de rubéole (maladie que le vaccin est sensé empêcher).

«…Le nombre d'événements indésirables après la vaccination sont largement sous-estimés comme l'a d'ailleurs reconnu le CDC. Le Centre National d'Information sur les Vaccins (NVIC) estime que moins de 1 à 10% des effets indésirables des vaccins sont rapportés. ***La plupart des chiffres repris ci-dessus pourrait donc être multipliés par cent*** *pour déterminer l'importance des effets indésirables…»*

Cela donnerait donc 7800 décès, et 85500 cas d'autisme…

Et très curieusement, tous les bien-pensants ont fustigé le Pr. JOYEUX qui se contentait timidement de réclamer des vaccins sans aluminium, et qui a recueilli plus d'un million de signatures...

Ce qui s'est passé au Japon devrait nous faire réfléchir.

Le site Internet «*Initiative Citoyenne*» nous apprend que Le vaccin ROR a été introduit au Japon en avril 1989. Les parents qui refusaient le vaccin obligatoire étaient régulièrement condamnés à une amende. Après trois mois d'analyse, les responsables ont réalisé qu'un enfant sur 900 avait développé des réactions indésirables au vaccin, un taux 2 000 fois plus élevé que le taux attendu.

«...Les autorités avaient espéré résoudre le problème en adoptant une autre version du vaccin, mais la quantité excessive de réactions indésirables a persisté avec un enfant sur 1755 qui était affecté. L'analyse du liquide céphalo-rachidien chez 125 enfants a pu déterminer que les vaccins avaient pénétré dans le système nerveux d'un enfant. Il y eut deux autres cas suspects.

Quatre ans plus tard, soit en 1993, le gouvernement a supprimé l'obligation du vaccin ROR contre la rougeole et la rubéole. Un médecin du Ministère de la santé a admis que l'administration de doses séparées de la rougeole et de la rubéole coûtait deux fois plus cher. Il a défendu sa position en disant : «*mais nous croyons que cela en vaut la peine.*» en outre, un membre du Ministère de la santé a également déclaré que l'interdiction du vaccin n'a nullement entraîné une augmentation des décès dus à la rougeole

Les responsables japonais furent également préoccupés par le fait que le vaccin ROR provoquait des cas supplémentaires d'oreillons, ce qui était confirmé par plusieurs études parues dans The Lancet.

Il est à noter que les vaccins contre les oreillons et l'hépatite B ne font pas partie du programme national de vaccination au Japon.

Le Japon adopte aussi des mesures de protection à l'encontre d'autres vaccins

Le vaccin contre la grippe a également fait l'objet d'une controverse au Japon après que 100 décès se soient produits jusqu'à la fin de 2009. Le Ministère japonais de la Santé a été critiqué pour sa position prudente à l'encontre des vaccins, mais jusqu'à présent, les responsables gouvernementaux ont sagement défendu leur position, évoquant la santé publique comme une préoccupation primordiale.

Finalement, le gouvernement japonais a également pris une position de protection à l'encontre des vaccins destinés aux jeunes-filles en suspendant le vaccin contre le papillomavirus humain (HPV) en 2013, après que de nombreux effets indésirables graves aient été signalés. Dans un rapport qui reprenait 1968 effets indésirables du vaccin, 358 ont été classés « graves ».

En outre, depuis 2011, et selon les dossiers du Ministère de la Santé japonais, au moins 38 enfants sont morts après avoir été vaccinés contre l'Haemophilus Influenzae B et la pneumonie à streptocoque.

Ces chiffres nous montrent qu'il semblerait qu'au Japon les informations parviennent beaucoup mieux que chez nous à la pharmacovigilance.

Hiroko Mori, chercheur et expert dans le domaine des vaccins, ancien chef de la division des maladies infectieuses à l'Institut National de Santé Publique du Japon, a noté que le Japon avait l'un des plus faibles taux de mortalité infantile dans le monde et a plaidé pour que l'on utilise moins de vaccins. Il a davantage mis l'accent sur le fait que c'était surtout l'excellent assainissement et la bonne alimentation qui ont contribué à l'amélioration de la santé des enfants.

Il a fait remarquer :

« La médecine est sensée être centrée sur la guérison, mais les bébés qui ne savent pas parler reçoivent des ***vaccins inutiles parce que leurs parents sont dans la peur.*** *C'est ainsi que les enfants perdent leur* ***capacité à guérir naturellement****. Il y a tellement de personnes qui souffrent des effets secondaires des vaccins. Tout ce que nous demandons est* ***le droit de pouvoir dire « NON ». Le droit de choisir devrait être reconnu comme un droit fondamental.*** »

Tetsuo Nakayama Doyen de la « *Graduate School* » de l'Université Kitasato, « Division : contrôle des maladies infectieuses », indique :

« Il n'existe aucune garantie que votre enfant ne sera pas cet enfant sur mille ou sur un million. Il convient de comparer les risques des effets secondaires avec ce qui pourrait se produire si la personne était infectée naturellement par la maladie. »

Aujourd'hui, la décision de faire vacciner un enfant ou non est essentiellement laissée aux parents.

Masako Koga, ancien représentant de l'Union des consommateurs au Japon, a fait part de ses préoccupations au sujet des arrière-pensées qui motiveraient les programmes de vaccination de masse :

« Les vaccins ne devraient être administrés qu'aux personnes qui en ont besoin. Mais ce n'est pas comme cela que les choses se passent. Sur un plan mondial, l'industrie du vaccin est orchestrée par une stratégie qui favorise la vaccination des maladies transmissibles. Nous devons mettre un terme à tout cela. Les vaccins ont des liens étroits avec l'argent. Depuis le développement

d'un vaccin, leur application jusqu'à la recherche des effets secondaires, il y a beaucoup d'intérêts en jeu. »

Il a également résumé ce qui motive les décisions de nombreux parents à ne pas faire vacciner leurs enfants :

« *Personne ne sait qui est destiné à souffrir d'effets secondaires à la suite d'une vaccination.- Les partisans de la vaccination disent que le risque de souffrir d'effets secondaires d'un vaccin est de 1 sur un million. Pour les parents dont la santé est endommagée ce « un » est en fait TOUT !* »

Source : Vactruth

7 - Le vaccin contre la grippe

Prof. Michel GEORGET, "*Vaccinations les effets indésirables*" (Ed. DANGLES) p. 271

« *Pendant les semaines 47 à 50 de 1993, la C.P.A.M. de Nantes a étudié les dépenses de santé de 31 757 personnes non vaccinées et 8 381 personnes vaccinées, et toutes âgées de 60 à 69 ans.*
Les dépenses de santé ont été de 294F par personne non vaccinée, et 382F par personne vaccinée, soit 30 % de plus, surcoût auquel il faut ajouter le prix du vaccin.... Et tout cela pour aboutir au fait que 14 % des vaccinés ont présenté un état grippal contre 13 % des non-vaccinés... »

Dans le journal Britannique « *The Lancet infectious diseases* », de février 2005 (vol.165 n°3) intitulé :

"Impact of Influenza Vaccination on Seasonal Mortality in the US Elderly Population" Le Dr. SIMONSEN, (Université G. WASHINGTON) constate que l'augmentation massive des vaccinations contre la grippe aux U.S.A. n'a pas diminué la mortalité chez les gens âgés.

En 1980 la couverture vaccinale aux U.S.A. était de 15 % de la population. Aujourd'hui, elle est d'environ 65 %, et il n'y a aucune diminution des décès causés par la grippe.

Le rapport conclut : "*...We conclude that observational studies substantially overestimate vaccination benefit...*"

Dans le journal américain "*Vaccine*" du 5 avril 2006, un article nous apprend que dans la province canadienne de l'Ontario, en 1990, le nombre de cas de grippe avait augmenté d'environ 60% après le début d'une campagne de vaccination.

Sylvie SIMON nous apprend qu'avant 1976 au Japon, l'on dénombrait 5 cas de grippe pour 100 000 habitants. En 1976 la vaccination de masse des enfants est rendue obligatoire. Le taux est progressivement passé à 60 cas pour 100 000, soit une multiplication par 12 !!

L'on se souvient de cette maison de retraite de Meurthe et Moselle, dans laquelle au cours de l'hiver 2004/2005, 13 personnes, toutes vaccinées contre la grippe, sont mortes de la grippe, alors que, vérification faite, il semble que, parmi les pensionnaires ayant refusé le vaccin, personne n'ait eu la grippe.

Le plus extraordinaire est que cela n'interpelle personne. Car depuis, l'on revaccine !

En janvier 1998, 31 personnes sont décédées de la grippe dans un établissement médico-social de ZÜRICH. Elles avaient toutes été vaccinées à l'automne !

Ainsi, le vaccin contre la grippe est inefficace, mais en plus, dangereux.

Le British medical journal n° 3 de 1971, signale un certain nombre de pathologies neurologiques : encéphalites myélopathies, paraplégies, etc.

2009 : L'incroyable histoire du vaccin H1N1 : un scénario ressemblant étrangement à celui, 10 ans plus tard, du Coronavirus 2019/2020.

Fin avril début mai 2009, des nombreux articles de presse faisaient état de l'apparition de la grippe A dite « porcine » pour laquelle le virus H1N1 était identifié.

Très curieusement, alors qu'il faut en général, lors de l'apparition d'une maladie pouvant devenir une épidémie, plusieurs mois avant que l'on identifie le virus, responsable, en quelques jours, les autorités Mexicaines annoncent que les 1ers malades ont été infectés par le virus H1N1.

Très curieusement également, cette maladie va se propager, non seulement de manière « normale » (malades ayant été en contact avec des personnes de retour du Mexique), mais également d'une manière scientifiquement étrange, puisque des personnes n'ayant jamais été en contacts avec des voyageurs venant d'Amérique du Sud, l'ont contracté également dans divers coins de France, à peu près simultanément.

Alors que le recul du temps démontre que cette grippe fait 100 fois moins de victimes que la grippe saisonnière, tout un plan de lutte contre la pandémie et une médiatisation exceptionnelles se sont très vite mis en place, essentiellement en France, 1er pays producteur de vaccins d'Europe.

Cette maladie a été précédée d'un certain nombre de faits qui ne peuvent pas être des coïncidences.

Pour la bonne compréhension de nos explications, il est nécessaire de rappeler que :

1 – La grippe dite « porcine » est apparue pour la 1re fois aux .U.S.A. dans l'Etat du New Jersey. Après l'arrêt d'une campagne de vaccination car le vaccin faisait 20 fois plus de morts que la grippe, ce virus a progressivement disparu depuis 1976.

2 – Ce virus réapparait au Mexique : Il est décelé chez un enfant, le 2 avril 2009, dans le village de LA GLORIA.

3 – Le temps nécessaire à ce qu'une personne en contact avec un malade déclare les 1ers symptômes, varie entre 3 et 8 jours.

4 – Donc, au 15 mars 2009, aucun médecin au monde n'avait encore diagnostiqué le moindre cas de grippe A.

Pourtant, une dépêche de l'A.F.P. du 9 Mars 2009 nous annonce que *« ...Sanofi-aventis annonce aujourd'hui la signature d'un contrat avec les autorités mexicaines, pour la construction d'une usine de production de vaccin contre la grippe, représentant un investissement de 100 millions d'euros. » L'annonce a été faite au cours d'une cérémonie en présence de MM. Felipe Calderon, Président du Mexique et Nicolas Sarkozy, Président de la République Française, en visite officielle au Mexique.*

Cette usine sera construite et exploitée par sanofi pasteur, la division vaccins du Groupe sanofi-aventis, représenté par Chris Viehbacher, directeur général de sanofi-aventis.

« Avec la construction de cette usine, sanofi-aventis est fier de contribuer au renforcement des infrastructures de santé du Mexique et tient à souligner l'engagement exemplaire envers la santé publique de ce pays, à travers son programme de vaccination contre la grippe et de **préparation à la pandémie** *», a déclaré Chris Viehbacher. « Cet investissement démontre l'engagement local de sanofi-aventis pour la santé mondiale. Cette usine constituera un atout de santé publique, pour les Mexicains ainsi que pour l'Amérique Latine, dans le cadre de la préparation à la pandémie grippale ». La nouvelle usine de sanofi pasteur au Mexique sera construite selon les standards permettant à sanofi pasteur de basculer aisément de la production de vaccin contre la grippe saisonnière à celle* ***de vaccin contre la grippe pandémique, dans l'éventualité où une pandémie de grippe humaine vienne à être déclarée*** *et une fois la souche de virus grippal pandémique identifiée par l'Organisation Mondiale de la Santé (OMS).*

Dès l'apparition de la grippe porcine, le Ministère de la Santé, au lieu d'effectuer un appel d'offre pour la production d'un vaccin, comme cela se fait d'ordinaire, classe immédiatement le marché Secret défense, et passe commande à Sanofi Aventis, avant même que le vaccin ne soit fabriqué.

Ainsi, 2 mois avant l'apparition de la grippe A, certains semblaient déjà savoir que cette maladie apparaîtrait et avait déjà préparé le marché du vaccin !

Voilà pourquoi, dans une question écrite à Mme BACHELOT, publiée au Journal Officiel le 7 juillet, Monsieur François BROTTES, Député de l'Isère s'étonne « *des facultés prémonitoires des laboratoires pharmaceutiques...* », et Madame Annie DAVID, Sénatrice de l'Isère, dans un courrier adressé également au Ministre de la Santé le 8 juillet 2009, écrit « *...Cet étrange scénario inquiète un nombre important de nos concitoyens qui se demandent s'ils ne sont pas manipulés...* »

On connaît la suite : un fiasco. Peu de gens se sont fait vacciner et cela a coûté une fortune au contribuable. Nous avons entendu parler de nombreux cas d'effets secondaires, dus essentiellement à un adjuvant très toxique, le squaléne. Toutefois ces cas ne sont pas remontés jusqu'à l'organisme national de pharmacovigilance. Comme d'habitude, nos brillants scientifiques, devant un sujet malade quelques heures après l'injection, affirmaient péremptoirement que cela « ne pouvait pas venir du vaccin », et donc ne le signalaient pas...

Dans un chapitre ultérieur, nous évoquerons l'incroyable supercherie mondiale que nous vivons actuellement.

CHAPITRE IV
Mais alors, on nous aurait menti ?

Question n° 19

Mais alors, la théorie du vaccin serait une énorme erreur, voire une supercherie ?

Réponse

A - Naïveté ou absence totale de réflexion?

Le « vaccin miracle » contre le cancer du col de l'utérus:

A haut niveau, comme on le verra plus loin, il est fort possible que nous ayons affaire à des personnes très mal intentionnées, mais au niveau du « terrain », il y a des situations dans lesquelles l'importance de la naïveté, s'apparente à du « bovinisme » ou tout au moins à une totale absence d'esprit critique et de réflexion.

Nous allons énoncer un problème d'arithmétique que l'on pourrait donner à des élèves de CM2 :

Nous allons donc, avec les chiffres donnés par un journal médical français très connu, et par l'organisme américain de pharmacovigilance, appelé le V.A.E.R.S. (Vaccine adverse event reporting system) poser 2 questions d'arithmétique à nos élèves :

Le problème :

1 - Chiffres donnés par le journal français:

« Le Quotidien du médecin », dans son numéro de juin 2007, fait toute une éloge du Gardasil, le vaccin qui protège (soi-disant) du cancer du col de l'utérus. On nous explique en effet que ce cancer serait du aux papillomavirus HPV16 et HPV18, qui seraient « *responsables d'environ 70% des cancers du col de l'utérus* ».

Le même journal nous donne toute une série de chiffres (p. 2) : « ...*En France, 3 études sur le portage des 13 principaux HPV ont été réalisées, la principale à Reims sur 17 000 cas, les 2 autres à Amiens et Besançon. Les chiffres sont concordants: Le portage d'HPV à hauts risques concerne 14 à 15% de la population. Approximativement, sur un portage moyen de 15%, il y a 2 à 3% de portage d'HPV 16 ou 18. La vaccination va donc être proposée à toutes les filles de 14 ans....*

Celles qui le seront (vaccinées) ne seront protégées que contre 70% des virus à haut risque... »

« ...*L'acquisition d'HPV est rapide après le 1er rapport...Dans 90% des cas, ces infections s'éliminent spontanément dans l'année...* »

2 - chiffres donnés par le site américain V.A.E.R.S.

N'ayant pas pu obtenir des chiffres français, nous avons consulté le site américain :

Le V.A.E.R.S précise en permanence que seul 1% des effets indésirables des vaccins ne sont portés à sa connaissance. Il faut donc multiplier tous les chiffres par 100.

Le VAERS a recensé 5 décès (donc en fait, 500) et 3.000 effets indésirables (donc en fait 300.000).

Posons donc maintenant notre problème :

Deux questions :

1 - « Sachant que 400 000 filles naissent tous les ans en France, combien de femmes par an, serait-on censé protéger contre le cancer du col de l'utérus, si on vaccinait toutes les filles avec ce fameux vaccin miracle qui vient de sortir ? »

2- « A combien de décès et de maladies graves, dus aux effets secondaires, pourrait-on s'attendre en France, étant précisé qu'aux U.S.A. il y a eu 500 décès et 300 000 effets indésirables par an pour une population de 300 000 000 d'habitants ? »

Correction du problème : question 1 :

Si, sur 400 000 filles, « ...*le portage d'HPV à haut risque concerne 15 % de la population* » :

$$15\,\%\text{ de }400\,000 = \frac{400\,000 \times 15}{100} = 60\,000$$

Si sur ces 60.000 filles porteuses, « ...*2 à 3 % sont porteuses de HPV16 et 18* » prédisposant au cancer,

$$3\%\text{ de }60.000 = \frac{60.000 \times 3}{100} = 1.800$$

Si sur ces 1 800, «*...dans 90% des cas, ces infections s'éliminent spontanément dans l'année*»

$$90\% \text{ de } 1\,800 = \frac{1\,800 \times 90}{100} = 1\,620 \text{ filles.}$$

Il en reste donc 1 800 - 1 620 = **180 filles** risquant le cancer du col de l'utérus à cause du papillomavirus HPV 16 et 18.

Mais alors pourquoi, si 180 filles risquent le cancer du col de l'utérus, ce journal nous dit-il au début:

«... *Le cancer du col de l'utérus est encore responsable de près de 1.000 décès chaque année dans notre pays?...*»

Que dirait l'instituteur à l'élève ayant trouvé 1.000 ?

Car, si, comme le dit ce journal, ces virus sont responsables de 70% des cancers, cela veut dire qu'au maximum 180 cas représenteraient donc 70% de ces cancers, dont le nombre total serait donc de:

$$\frac{180 \times 100}{70} = 257.$$

Nous savons tous que les femmes atteintes par le cancer du col de l'utérus, n'en meurent pas toutes, heureusement. Alors s'il n'y a que 257 cancers par an au maximum, comment peut il y avoir 1.000 décès ?

Correction du problème: question 2:

Nous pouvons admettre que l'organisme français est peu différent de l'organisme américain.
C'est pour cette raison que, comme nous n'avons pas pu obtenir de chiffres français, nous avons consulté le site américain de pharmacovigilance, qui a publié récemment les chiffres que nous venons de mentionner.

Faisons donc de nouveau une opération arithmétique simple: La France a 60 millions d'habitants, c'est-à-dire 5 fois moins que les U.S.A.

S'il y a eu, aux U.S.A. 500 décès, et 300 000 effets indésirables, nous pouvons donc nous attendre, en France, «grâce» à ce vaccin, à 5 fois moins, soit: **100 décès et 60 000 maladies graves** (Selon le V.A.E.R.S.: paralysies, syndromes de Guillain Barré, crises d'épilepsie, attaques cardiaques, fausses couches), **pour protéger (soi-disant) 180 filles «risquant» un cancer...**

B - De la naïveté aux actes intentionnels:

Lorsque l'on refait les calculs à partir des propres chiffres donnés par «Le Quotidien du médecin», une seule question se pose:

«Le font-ils exprès, ou alors sont ils vraiment dans le seau ?»

Il est évident qu'ils le font exprès, et la campagne pour ce médicament est, une fois de plus, inutile, et surtout… mensongère !

De plus, on ne voit pas pourquoi ce vaccin serait plus efficace que les autres. Mais, par contre, on voit très bien qu'il est aussi dangereux que les autres.

Selon les documents publiés par « *Judicial Watch* », (journal américain) « *…Encore huit décès durant seulement les quelques derniers mois ont été reliés au Gardasil, le vaccin de Merck & Co qui cible le papillomavirus humain (HPV) sexuellement transmissible et que de nombreux États [des USA] envisagent de rendre obligatoire pour toutes les écolières. Il y a aussi eu encore 1.824 réactions indésirables au médicament, ce qui porte le nombre total des problèmes connus à 3.461, selon le groupe d'intérêt public qui enquête et poursuit la corruption gouvernementale…* »

« *… À la lumière de ces informations, il est inquiétant de constater que l'État et les gouvernements locaux puissent autoriser d'une façon ou d'une autre ce vaccin pour les jeunes filles…* » *a déclaré Tom Fitton, le président du groupe. Ces rapports de réactions indésirables suggèrent non seulement que le vaccin provoque de graves effets secondaires, mais pourrait même être fatal.*

Ainsi, une fois de plus, un vaccin dangereux et certainement pas plus efficace que les autres, est lancé, à grand renfort de publicité.

Quand on va sur Internet, et qu'on décortique la publicité pour le Gardasil, on lit la liste des principes actifs, et puis, un peu plus loin, on découvre qu'il existe, selon le fabricant lui même, des effets indésirables : « *Hypersensibilité aux substances actives ou à l'***un des excipients** *du vaccin…* ». Très curieusement, la liste des excipients n'est pas donnée.

Il faut alors consulter le dictionnaire Vidal, pour découvrir que, parmi les excipients, figure un produit appelé : « *…Sulfate d'hydroxyphosphate d'aluminium amorphe…* ».

Sans être chimiste, l'on a de bonnes raisons de s'inquiéter, lorsque l'on sait que les milliers de victimes du vaccin contre l'hépatite B, doivent leur état, pour beaucoup d'entre elles, à la présence, dans le vaccin, d'hydroxyde d'aluminium. C'est bien l'élément **aluminium** qui pose problème. Or, ici, ce n'est pas de l'hydroxyde d'aluminium, mais du sulfate d'hydroxyphosphate d'aluminium.

Bonjour la différence !

Le fait de vendre et faire de la publicité pour un produit inefficace et dangereux s'appelle :
– De la publicité mensongère,
– De la mise en danger de la vie ou de la santé d'autrui.

Rassurons-nous ! Aucun Parquet ne poursuivra !

Nos Magistrats sont bien trop occupés à poursuivre les petits dealers et les commerçants maghrébins vendant dans leur épicerie des yaourts ayant dépassé la date limite de vente, mais ils n'ont pas le temps de poursuivre un laboratoire qui, **on le sait d'avance**, met en vente un produit qui va rendre malade des milliers de jeunes filles, et même tuer certaines d'entre elles... pour rien...

Parfois je repense à ce que me disait mon grand-père :

« *...Nous, les Alsaciens-.Lorrains, avons-nous bien fait de nous battre pour être français ?* » (rappelons qu'en R.F.A. aucun vaccin n'est plus obligatoire depuis des décennies).

C - Lorsque l'intentionnel devient honteux

Rappelons ce qu'a écrit Françoise JOET, dans son ouvrage " Tétanos, Le mirage de la vaccination" :

«... En 1932, le Dr. NEVEU, élève du Pr. DELBET, guérit une petite fille atteinte de diphtérie avec du chlorure de magnésium. Enthousiasmé par les succès obtenus sur d'autres malades atteints de diphtérie et de tétanos, le Dr. NEVEU désira faire présenter un rapport à l'Académie de médecine.

Le Pr. DELBET lui même, membre de l'Académie de médecine tenta de présenter ce rapport devant cet auditoire. Il écrivit au Dr. NEVEU "La publication de ma communication est définitivement refusée. Le Conseil de l'Académie a trouvé, après 6 mois de réflexion, l'argument suivant : ***En faisant connaître un nouveau traitement de la diphtérie et du tétanos, on empêcherait les vaccinations...****"*

*"****...L'académie de Médecine a donc délibérément décidé d'étouffer un traitement qui aurait pu sauver des milliers de vies****, mais qui aurait risqué de concurrencer une vaccination. Cela prouve quels puissants intérêts dictent à l'Académie sa conduite!..."*

Dr. Henri QUIQUANDON, *"12 balles pour un véto"* (Ed. Agriculture et Vie 1978), p. 199

«...L'obligation de la vaccination anti-aphteuse (pour les animaux) avait été décidée en 1962, ce qui avait immédiatement abouti, avec des subventions de l'Etat, à la construction d'usines pour la fabrication dudit vaccin. Or quelques années auparavant, un bactériologiste R.BORDET avait mis au point un filtrat neutre stabilisé de culture d'Agrobacterium tumefaciens et d'une sélection de bactériacées du genre phytomonas. Il y avait en tout une vingtaine de souches. Le produit se conservait 2 ans, sans précautions spéciales. 2 injections intramusculaires à 48 h. d'intervalle suffisaient pour

assurer une guérison rapide, en quelques jours, juguler une épidémie, et ce, sans séquelles ni pertes économiques.
Les résultats ont été constatés par de nombreux vétérinaires, sur environ 20 000 têtes de bétail. Des essais ont également été effectués sur la maladie de Carré du chien, dans la peste porcine, et chez l'homme contre le zona avec des résultats rapides, des guérisons totales. Ce produit a été commercialisé une 1ère fois sous le nom d'Anavirus, 15 jours plus tard, il était interdit par le Ministère de l'Agriculture. BORDET le ressortit sous le nom de Paravirus. La même interdiction fut à nouveau formulée. Pierre BELLEMARE s'empara de l'affaire à Europe 1 et, dans une ferme de Normandie, devant 2 huissiers et 2 vétérinaires, si mes souvenirs sont exacts, fit injecter l'Anavirus aux 50 vaches normandes qui venaient d'être atteintes par l'épizootie aphteuse.
Une semaine plus tard, toujours en présence des huissiers et de mes 2 confrères, Pierre BELLEMARE dut se rendre à l'évidence : tous les animaux étaient parfaitement guéris, la production laitière atteignant son chiffre initial d'avant l'épizootie.
Mais les mérites du Paravirus ne s'arrêtent pas aux animaux. Catherine LANGEAIS que tous les téléspectateurs français connaissent, était devenue aveugle, et avait du abandonner son poste de speakerine à la Télévision. Elle a été totalement guérie par le Paravirus (Paris-Match n° 657, 1959, p.16)
Les grands laboratoires sont parvenus à étouffer l'affaire et même, sauf erreur, à encaisser une subvention importante destinée à BORDET, et votée par le Parlement. Un véritable scandale.
Le brevet de fabrication dort actuellement dans les tiroirs d'un grand Institut… Pendant ce temps, vaccinons, ça rapporte quand même d'avantage… »

Alternative Santé, mars 2006 :

« …À l'automne dernier, nous nous réjouissions du rapport dans lequel l'Académie de médecine, reconnaissant enfin que le BCG est un vaccin peu efficace et non dénué d'effets secondaires (y compris des décès), jugeait que ceux-ci devraient être réservés aux enfants des groupes à risque….

« Le 13 décembre, l'Académie revient à la charge avec une mise en garde sévère…

« …Le 19 décembre dernier, dans un communiqué virulent, **le Conseil National de la Pédiatrie**, *qui rassemble les 7 associations et syndicats nationaux des pédiatres hospitaliers et libéraux, est parti en* **guerre contre l'obligation vaccinale par le BCG** *chez tous les enfants de moins de 6 ans entrant en collectivité… »*

Ainsi, nos dirigeants SAVAIENT :

Le lecteur en déduira de lui-même la réponse à la question n° 22…

Mais, aujourd'hui, il y a plus :

« Quand le bateau coule,
les rats quittent le navire ».

Trois évènements devraient interpeller les partisans des vaccinations (tout au moins ceux qui sont intellectuellement honnêtes) :

1 – Lorsque vous ouvrez la boîte contenant le vaccin à administrer à votre enfant, depuis quelques temps, sur la notice (le petit papier que l'on trouve dans toutes les boites de médicaments), ne figurent plus la totalité des adjuvants (appelés d'ailleurs « excipients »), ce qui fait que la mère de famille inquiète parce qu'elle a appris la toxicité des adjuvants, est rassurée en croyant que tous les éléments toxiques ont disparu.

2 – Dans d'autres cas, l'on est surpris par la richesse du vocabulaire médical : L'un des excipients des vaccins actuels n'est plus l'hydroxyde d'aluminium, mais l'on trouve maintenant des formules telles que « *Excipient : oxyde d'aluminium hydraté...* »
L'oxyde d'aluminium hydraté ne serait-il pas très voisin de l'hydroxyde d'aluminium ?

3 – Depuis quelques temps, également, les médecins qui vaccinent, ne mettent plus sur le carnet de vaccination, le nom du produit et le numéro du lot.

Ceci fait qu'en cas de problème, on ne pourra plus se retourner contre le laboratoire...

Ces trois éléments seraient ils des coïncidences ?

Le 30 avril 2012, le Site Internet « *WORD PRESS* » publie un article intitulé « ***Les vaccins ont été basés sur une fraude médicale depuis plus de 100 ans.*** »

Voici quelques extraits du commentaire :

« ...Jenner était donc le premier professionnel de la santé à administrer des matières malades comme médicament à une personne en bonne santé et à recevoir une récompense financière substantielle. Il fut également le premier à dénoncer constamment les détracteurs de la vaccination avec succès. Il protégeait à la fois son ego et le Trésor public.

De nombreux professionnels de la santé tout au long du XIXe siècle savaient qu'il y avait eu plusieurs cas de variole parmi ceux ayant des antécédents du cowpox. Le principe de Jenner était erroné... ».

« ...En Angleterre les incidents de la variole après vaccination ont augmenté régulièrement, passant de 5 % au début à 95 % en 1895. Il y a même eu une épidémie grave autour de 1872, un an après que la vaccination contre la variole ait été décrétée obligatoire au Royaume-Uni. Le taux de mortalité parmi les victimes de la variole a aussi était multiplié par cinq à cette époque... ».

« ...Les tactiques des vaccinateurs pour supprimer les données scientifiques des professionnels concernés sont devenues dignes de la mafia. Les professionnels de la santé sincères qui inscrivent les problèmes de santé par rapport aux vaccins sont sévèrement punis et calomniés par les médias traditionnels appartenant à la mafia médicale... »

Question n° 20

Depuis quand nous ment-on ?

Réponse

Philippe DECOURT, *"Les Vérités Indésirables : Le cas Pasteur"*

"Le jeune Rouyer (12 ans) fut mordu le 8 Octobre 1886 par un chien inconnu. Pasteur lui inocula son vaccin par la méthode intensive. Le 26 Octobre l'enfant mourut. Une enquête judiciaire dont fut chargée le Pr Brouardel fut alors ouverte pour déterminer les causes de la mort, mais celui-ci haut personnage bardé de diplômes, était un ami de Pasteur. Dans le laboratoire d'Emile Roux, on inocula une partie du bulbe cervical de l'enfant à des cerveaux de lapins. Quelques jours plus tard les lapins moururent de la rage, mais Brouardel, en accord avec Roux, décida de porter un faux témoignage...Le rapport indiquait : "Les 2 lapins sont en bonne santé aujourd'hui..."
"Pasteur déclara que l'enfant était mort d'urémie..."

Sylvie SIMON *"Vaccination l'Overdose"* p. 31

"...En 1886, les morts connus à mettre au passif de la méthode Pasteur s'élevaient à 74... Certains sont morts en présentant les symptômes de la

rage ordinaire, d'autres ont succombé à une affection dénommée "rage des laboratoires..."

Ainsi, Pasteur a menti: de nombreux historiens dénoncent aujourd'hui ses mensonges, et ses mystifications que maintiennent le chauvinisme français et la Loi du profit:

Même le célèbre enfant, Joseph MEISTER, "sauvé" de la rage fait sourire ceux qui savent que personne n'a démontré que le chien ait été enragé, et personne n'explique pourquoi, on a "oublié" de nous dire que le chien, le même jour, avait mordu plusieurs personnes dans le village, qui ne s'en sont pas portées plus mal, sans vaccin !...

LA THEORIE VACCINALE DU MONDE ENTIER
EST PARTIE SUR CE CAS UNIQUE MENSONGER !

Les responsables de la santé Publique le savent depuis le début du siècle, mais ont laissé véhiculer ce mensonge, constatant qu'il existait là un marché potentiel fabuleux !

Le **Dr De BROUWER** écrit : *"...Le BCG prit rapidement un essor considérable et combla d'aise et d'argent l'institut Pasteur et un corps médical d'une incompétence et d'une naïveté redoutables. Les promoteurs de cette affaire machiavélique, une vingtaine de familles tenant la santé en otage : mandarins, enseignants, propriétaires de laboratoires, etc... firent voter en 1949, à la sauvette, par l'Assemblée nationale et le Conseil de la République, la vaccination obligatoire par le BCG, lequel BCG, gratuit, est en réalité financé par le contribuable français... Curieusement, en 1949, le Président du Sénat était le PDG de l'Institut Pasteur!.."*

Question n° 21

Pourquoi le principe même de la vaccination est-il un non-sens pour de nombreux scientifiques ?

Réponse

Pr TISSOT : *"Toute maladie causée par un microbe étranger présente 2 phases : une première phase aiguë avec fièvre durant laquelle le microbe se multiplie durant 8 à 15 ou 20 jours, comprenant l'incubation et la période d'état, et une 2ème phase chronique pouvant durer jusqu'à la mort et comportant les accidents les plus graves de la maladie, dont les uns surviennent tout au début de cette période, d'autres beaucoup plus tard. Pour se multiplier dans le sang, le microbe y fabrique lui même une substance nommée antitoxine qui agglutine ces éléments et les fait passer à l'état de moisissure, ce qui caractérise le début de la période chronique. Cette moisissure va se loger* *dans les organes où elle cause des troubles (paralysies, néphrites, etc...) en continuant à former l'antitoxine. Celle-ci est le corps immunisant, mais elle ne protège pas contre les troubles que cause la moisissure, puisque c'est celle-ci qui lui donne naissance. Le principe de l'immunité est donc faux :*

1 – Parce que l'antitoxine prétendue immunisante est fabriquée par le virus et assure son évolution et non sa destruction,

2 – Parce qu'un virus, devenu vaccin par atténuation, peut récupérer sa virulence originelle et provoquer la maladie avec toute sa gravité,

3 – Parce que le vaccin inocule à tous les vaccinés (100%) la maladie chronique,

4 – Parce que pratiquement, les vaccinations contre la fièvre typhoïde, la variole et la diphtérie, n'empêchent pas de contracter la maladie 6 mois ou un an après."

Récemment, un biologiste de haut niveau, me confia :

«... La grande erreur de notre siècle, est de n'avoir pas vu que la réponse immunitaire d'une personne, est indépendante de son taux d'anticorps. En d'autres termes, cela signifie que l'on peut très bien avoir 2 fois le taux d'anticorps officiellement nécessaire, et attraper la maladie quand même, tout comme l'on peut très bien ne pas avoir, au départ, d'anticorps contre une maladie, et ne jamais l'attraper... »

Question n° 22

Comment nous ment-on ?

Par quels stratagèmes nous a t on fait croire que les vaccins avaient enrayé les épidémies, alors que celles-ci, de toutes manières, se sont toujours éteintes naturellement, au fil des siècles ?

Réponse

Quelques exemples de mensonges :

Dr SCHEIBNER (Expert Australien.) "*Les astuces statistiques*"

"...Depuis 1957, l'OMS ne recense dans les statistiques que les formes paralytiques de poliomyélite, alors qu'avant la vaccination, toutes les formes de polio étaient incluses, ce qui permet de faire apparaître une régression des cas qui est loin d'être la vérité..."

Pr GREENBERG (Université de Caroline du Nord) : Audiences du Congrès Américain (HR 10541 1962)

"...Après l'échec retentissant du vaccin Salk (Au Massassuchets, 75% des cas paralytiques avaient pourtant reçu 3 doses ou d'avantage du vaccin), une

parade géniale fut trouvée pour sortir l'industrie du médicament du pétrin ("Life science"): on décida de nouvelles normes pour l'établissement du diagnostic de la polio. Une première exigence: Les symptômes devaient avoir persisté pendant 60 jours. Cette seule décision excluait la plupart des cas du diagnostic de polio, car les symptômes se maintiennent rarement aussi longtemps. Les symptômes qui auparavant avaient été diagnostiqués "polio" au cours des épidémies, devaient maintenant trouver une nouvelle étiquette, comme méningite virale, méningite spinale, sclérose en plaques ou autres. C'est ainsi, explique l'article de Life Science, que la polio a disparu, alors que d'autre maladies ont soudainement pris plus d'importance.

On a créé l'illusion que la vaccination avait éradiqué la polio..."

Pr TISSOT: *"...En 1925 une épidémie (de diphtérie) ayant éclaté dans l'armée du Rhin, on décida de pratiquer des vaccinations. Le médecin militaire Zoeller fit, à Mayence un 1er essai de contrôle. Il vaccina 305 recrues par 2 injections d'anatoxine diphtérique faites à 3 semaines d'intervalle. D'autres recrues non vaccinées servaient de témoins. 11 cas de diphtérie se déclarèrent chez les 305 vaccinés pendant les 3 semaines séparant les 2 injections. 1 seul cas survint sur environ 700 recrues non vaccinées...*

"...On prétendit que les diphtéries des vaccinés étaient survenues chez des hommes incomplètement immunisés, c'est à dire trop récemment vaccinés, et qu'elles devaient être retirées de la série des vaccinés pour être portées dans la série des non vaccinés..."

Pr Carlo RUALA (Université de Pérouse- Italie) : *"...Comment peut on dire qu'en Italie, il y a 3 000 guérisons de rage par année, quand dans l'Europe, il ne se produit en une année pas même 1 000 cas de rage ? Autrefois, avant l'invention des instituts antirabiques, quand un individu était mordu par un chien enragé, il courait chez le médecin se faire cautériser; maintenant au contraire, il va à l'institut antirabique. Mais combien y en a t il qui ont contracté la rage par la morsure ? La rage se transmet avec une extrême difficulté... En Italie, avant l'implantation des instituts antirabiques, on comptait environ 65 décès par an de la rage... N'est il pas curieux de voir que 358 personnes guérissent de la rage, rien qu'à Turin, chaque année ?...*
De nos jours, toutes les personnes mordues, ou simplement léchées par un animal suspect, sont considérées comme guéries de la rage quand, après avoir subi la cure antirabique, elles ne meurent pas de la rage... Mais le plus curieux, c'est que, avec toutes ces guérisons très nombreuses, le nombre de personnes mortes de la rage en Italie a notablement augmenté tout d'un coup après l'implantation des instituts antirabiques (85 en moyenne de 1887 à 1900 au lieu de 65 avant 1887) ... alors qu'en Angleterre, au contraire, sans tourmenter personne, sans rien dépenser, mais simplement en prenant de sévères dispositions sur l'usage de la muselière, on a diminué la mortalité de fait de la rage à tel point qu'on l'a réduite à zéro..."

Les événements incroyables de Pittsburgh et Kansas City en 1921 :

Une histoire ressemblant étrangement à :
- la grippe H1N1 de 2009/2010
- le coronavirus de 2019/2020

Ce qui va maintenant être raconté, résulte de documents officiels que chacun peut consulter, puisqu'un groupe de citoyens regroupés au sein du Avertiser's protective bureau, ce qui en français, signifie en gros, « le bureau lanceur d'alertes », a poursuivi en justice la société médicale Jackson, qui était une filiale de l'association médicale américaine créée quelques années auparavant par John D. ROCKFELLER, mais découvrons plutôt ce qu'a écrit le Dr A. True OTT, le 23 août 2009 :

*« ... À l'automne 1921, la santé des citoyens de la ville de KANSAS CITY était particulièrement bonne, mais pas tellement idéale pour les médecins. Les membres de la Société Médicale Jackson se réunirent et décidèrent de créer une épidémie dans la ville; selon les termes mêmes du rapport de cette réunion : « **Une motion fut décidée et appuyée en vue de recommander à la commission santé de déclarer une épidémie de variole dans la ville.** » (Les recherches ultérieures révélèrent qu'il n'y avait aucun signe d'épidémie à cette époque, ni dans la ville, ni dans la région, ni dans l'État!).*

« Une journée spéciale, appelée « La journée de la vaccination » fut décrétée. Au cours de cette journée de la vaccination, les médecins devaient

se présenter dans toutes les écoles, cliniques, bâtiments publics et hôpitaux pour vacciner « gratuitement ».

« il fut en outre recommandé d'avoir recours a la plus large publicité possible pour faire comprendre que la vaccination constituait une mesure préventive contre la variole en soulignant l'absolue nécessité qu'il y avait à vacciner chaque homme, chaque femme et chaque enfant de la ville. »

*« Le "Protective bureau" a pu prouver devant le tribunal **qu'aucune épidémie n'existait avant les vaccinations !!** »*

« Les rapports du tribunal montrent que la Société Médicale a fait fabriquer d'énormes quantités de posters, de tracts, publier des annonces dans les journaux avec d'horribles et atroces photos d'enfants malades couverts d'ulcères et de plaies ouvertes varioleuses. Le message paniquant était clair : VACCINER TOUT LE MONDE ou subir la menace d'une maladie mortelle. Il y avait, disait-on, une "épidémie ravageante" dans la ville; la maladie était "hautement contagieuse" et "frapperait tous ceux qui ne seraient pas vaccinés". Voilà le genre d'informations qui circulaient! »

« L'attaque éclair de la propagande médicale fut un succès : plus d'un million de citoyens américains qui étaient heureux et en bonne santé furent littéralement hypnotisés et terrorisés. C'est ainsi qu'ils acceptèrent de se laisser inoculer les toxines vaccinales dans le sang. Tous les enfants fréquentant les écoles publiques de la région furent vaccinés à l'école même! Les parents qui osaient se poser des questions sur la vaccination de leurs enfants furent vilipendés publiquement et rejetés. Les rapports du tribunal sur cette question sont très clairs :

« Au cours des semaines et des mois qui ont suivi les vaccinations de masse, tous les lits des hôpitaux de la région furent occupés par DES PERSONNES QUI AVAIENT CONTRACTÉ LA VARIOLE À LA SUITE DES VACCINATIONS! »

« Des dizaines de milliers de personnes devinrent malades, des centaines et des centaines d'innocents perdirent la vie et davantage encore de citoyens restèrent handicapés à vie!

Et, il fallait s'y attendre, LES JOURNAUX ne tarirent pas d'éloges quant à la sagesse dont avait fait preuve l'établissement médical en faisant la promotion des vaccins, précisant que le nombre des décès aurait été bien plus élevé s'il n'y avait pas eu la campagne de vaccinations !! »

« Des millions et des millions de dollars de profit furent engrangés au cours de cette énorme escroquerie médicale ».

« Grâce aux lanceurs d'alerte du "Protective Bureau", l'énorme escroquerie fut dénoncée et fut l'objet de poursuites judiciaires qui finirent par aboutir. »

« Au cours du procès, trois faits étonnants furent démontrés au-delà de « tout doute possible » :

« Fait n° 1. Les photos et les posters utilisés par les "médecins" et qui montraient des enfants malades ou mourants n'avaient rien à voir avec les cas de variole de l'endroit comme on aurait pu s'y attendre! Le "Protective Bureau" put établir et prouver qu'il s'agissait d'enfants anglais pour lesquels la justice s'était prononcée et qui avaient été victimes de l'empoisonnement vaccinal !! »

« Plusieurs jugements eurent lieu en Angleterre. Tous les détails, photos de ces affaires sont repris dans un ouvrage qui porte comme titre "HISTOIRE ET PATHOLOGIE DE LA VACCINATION" par Edgar M. Crookshank, M.D. professeur de bactériologie au Kings College, Londres. »

« Fait n° 2. Les vaccins contenant des VIRUS VIVANTS (atténués) provoquent généralement plus de maladies, que les vaccins pourraient éventuellement éviter. »

« Fait n° 3. Les maladies provoquées par les vaccinations représentent un outil socio-économique extrêmement efficace. Elles sont capables de générer des retombées économiques de millions de dollars, tout en modifiant les structures sociales de larges couches de population. »

« Alors que le "Protective Bureau" gagnait devant les tribunaux, le peuple américain perdait sur toute la ligne. Ces affaires auraient dû faire la une de tous les journaux du pays, dénonçant le Modus Operandi de certains "médecins" corrompus. Les journaux auraient dû expliquer comment ces gens firent des profits de millions et de millions de dollars par la tricherie, la tromperie, alors que des milliers d'Américains naïfs et confiants souffraient et mouraient.

Toute cette sordide affaire avec tous ses détails répugnants fut tue par la presse américaine. L'AMA (American Medical Association) de John D. Rockefeller s'en était assurée avec le pouvoir de ses millions de dollars d'influence! »

« Bien que des milliers de personnes soient mortes ou restées handicapées par ce massacre organisé, les médecins impliqués ne furent que dérisoirement inquiétés. Ils furent pénalisés d'une amende de pure forme. L'établissement médical en tant que tel ne fut pas le moins du monde inquiété par la révélation de ces faits et a continué à perpétrer les mêmes crimes contre l'humanité en provoquant des maladies dues aux vaccins. Ces médecins, ne furent nullement freinés dans leur zèle d'escroquer tout en escroquant les gens jusqu'à ce jour… »

« Les mêmes événements qu'à Kansas City se produisirent à Pittsburgh, à l'automne 1924. Comme à Kansas City, un groupe de lanceurs d'alerte

engagea une action en justice à l'encontre du Dr C.J. VOUX, directeur des services de santé à Pittsburgh et ses collaborateurs. Tout comme à Kansas City, les promoteurs du vaccin furent déclarés coupables. Le procès permit de mettre à jour le fait que plus d'un million de doses de vaccins furent "vendues" aux citoyens de Pennsylvanie, bien que pas un seul cas de variole ne fut déclaré dans toute la région. »

« Il fut clairement démontré que ce fut SEULEMENT APRÈS l'administration du million de vaccins que l'épidémie de variole se déclara. Cette "épidémie" fabriquée de toutes pièces de main d'hommes entraîna 330 décès et au minimum 1.680 cas graves de variole avec dommages et invalidité permanente pour les survivants. Cette "épidémie" coûta en outre à la ville la somme de 3.069.616 dollars! Bien que le Dr Voux et ses acolytes avaient engrangé plus de 10 millions de dollars (soins et hôpitaux), ils ne furent pas contraints, en guise de réparation, de payer pour les dommages causés. Comme pour l'affaire de Kansas City, une amende insignifiante fut infligée aux coupables et l'affaire ne fut jamais l'objet d'une large publication… »

Le vaccin anti polio aux U.S.A.

Poursuivant son historique, le Dr True OTT ajoute :

« Les premiers lots du vaccin Salk contre la polio provoquèrent des milliers de cas de poliomyélite chez les vaccinés (L'un de ceux-ci concerna le président Franklin D. Roosevelt qui fut frappé quelques semaines après avoir reçu le vaccin). Cette situation fut attribuée à une quantité trop élevée de virus vivants dans le vaccin. C'est alors, en 1958 que le Dr Sabin mit au point son vaccin "amélioré" avec des virus vivants, mais "affaiblis" ou "atténués".

"L'année suivante son vaccin fut rendu obligatoire pour tous les enfants en âge d'école dans de nombreux États. Le résultat : les cas de polio augmentèrent de 300 % dans ces États! À titre d'exemple : au Tennessee, on relevait 119 cas de polio en 1958. Après la vaccination on en dénombra 386…"

"En Ohio on relevait 17 cas de polio en 1958. Ce chiffre passa à 52 en 1959. Au Connecticut on passa de 45 cas en 1958 à 123 cas en 1959. En Caroline du Nord : 78 cas en 1958 contre 312 cas en 1959, tout cela APRÈS avoir rendu la vaccination obligatoire pour les enfants des écoles. Au cours des dernières années, les SEULS cas de polio enregistrés ont été la suite directe des vaccinations…"

L'apparition de la grippe H1N1 en 1976

Le **Dr. True OTT** conclut :

"C'est en 1976 qu'ont été perpétrés le fiasco et l'escroquerie de la 'grippe porcine'. Un soldat s'évanouit à Ft. Dix et meurt après avoir eu une réaction

à un vaccin 'expérimental', alors qu'il était sous l'effet d'un exercice physique intense, en l'occurrence une 'marche forcée'. Immédiatement le CDC entre en action et déclare que l'on peut s'attendre à UNE PANDÉMIE DE GRIPPE PORCINE À L'ÉCHELLE NATIONALE. L'heureux hasard a voulu que le CDC soit justement en possession d'un stock de plus de deux millions de doses de vaccins contre la grippe porcine préparés à partir de virus vivants atténués et d'ADJUVANTS expérimentaux..."

"40 millions de vaccins sont alors administrés à des cobayes humains naïfs. Quantité de maladies auto-immunes (Syndrome paralytique de Guillain Barré et lupus), de même que de nombreux décès sont immédiatement mis en relation avec le vaccin et... la campagne de vaccination massive est arrêtée..."

« En 1979 l'émission télévisée '60 minutes' consacre un documentaire à ce scandale. Contre toute attente et suite aux menaces de Big Pharma, ce programme parfaitement impartial ne sera diffusé QU'UNE SEULE FOIS. Il n'y eut aucune suite, aucune mise en accusation. Il n'y eut ni jugement, ni procès!... » Il est donc compréhensible que l'Amérique ait oublié ce scandale de la grippe porcine de 1976. »

2010 : U.S.A. Plainte concernant un mensonge sur le vaccin contre les oreillons :

Selon les sites Internet Naturalnews.com et CourthouseNews.com, deux chercheurs du laboratoire Merck ont déposé une plainte courant 2010, à l'encontre du fabricant de vaccins Merck, en vertu de la Loi sur les fausses déclarations, lui reprochant *« ...d'avoir sciemment falsifié les données de ses essais sur le vaccin des oreillons, trafiqué les échantillons sanguins avec des anticorps d'origine animale, vendu un vaccin qui en réalité, favorise les épidémies d'oreillons et de rougeole... Le vaccin frauduleux de Merck a, en réalité, contribué à pérenniser les oreillons en Amérique... »*

Toujours selon les mêmes sites, les services de santé de CHATOM (Alabama) poursuivent le même laboratoire, en vertu de la Loi anti-trust pour violation des lois sur la protection du consommateur, lui reprochant d'avoir falsifié et contrefait la véritable efficacité de son vaccin. Les plaignants allèguent que *« ...le vaccin frauduleux de Merck a contribué à l'épidémie d'oreillons de 2006 dans le Midwest, et à l'épidémie de 2009 ailleurs.... »*

Question n° 23

Mais alors, ces nouvelles maladies : vache folle, pneumopathie atypique, sida, grippe aviaire, coronavirus, etc... puisque les vaccins sont inefficaces, que faut-il faire pour ne pas tous y passer ?

Réponse

« Ils ne mourraient pas tous,
mais tous étaient frappés »
(Jean De La Fontaine)

En 2005, l'on nous a décrit en détail le scénario catastrophe avec la pneumopathie atypique qui devait décimer des millions de personnes.

Après quelques centaines de cas dans le monde entier, plus personne n'en parle.

Il faut dire qu'il n'y avait pas de vaccins. Donc il aurait été fort dérangeant d'annoncer que cette épidémie s'était arrêtée d'elle-même (comme toutes les épidémies) sans vaccin.

Surtout que même le « *Dauphiné Libéré* » qui n'a pas la réputation d'être un partisan acharné des médecines naturelles, a publié un article expliquant que les médecins chinois avaient découvert que le meilleur remède contre cette maladie était... de rester chez soi et de se reposer.

L'on constate de plus en plus que celui qui a une vie saine, une alimentation saine, échappe très souvent aux épidémies.

170 personnes ont été touchées par la grippe aviaire en Asie. A l'échelle des 2 milliards de personnes ayant pu être en contact avec des volatiles malades, cela représenterait 17 cas aux U.S.A. et 6 cas en France.

Combien de femmes accusées d'adultère sont assassinées dans le monde ? Beaucoup plus. Mais cette épidémie, personne ne songe à la combattre.

Au Moyen-Âge, le curé était souvent épargné par l'épidémie de peste. Cela mérite réflexion.

Examinons maintenant les dernières publications, concernant l'apparition de certaines des ces nouvelles maladies :

Selon Mark Purday et le Pr. BOUNIAS, « *il n'y aurait pas eu d'encéphalopathie spongiforme bovine et sa forme humaine, si n'était pas utilisé le Phosmet pesticide organo-phosphoré qui détruit le système nerveux des charançons, mais aussi le système nerveux des ruminants (à plus ou moins long terme) qui mangent les grains pollués...* »

En mars 2006, le Mouvement pour le Droit et le respect des générations futures (M.D.G.R.F.), à propos du chikungunia (maladie apparue à la Réunion, consécutive à des piqûres de moustiques), écrit :

« *Alors que depuis septembre 2005, le PCR et d'autres voix sur l'île préconisent l'usage du bacillus thurengensis (BTI) sur les larves (méthode*

employée au Pérou), en novembre, l'État privilégie la lutte contre les adultes avec des épandages massifs de produits chimiques. Un an a été perdu pour faire une réelle prévention au niveau de cette épidémie et on commence a utiliser du pirimiphos-méthyl (un insecticide organophosphoré neurotoxique). Cette lutte est inefficace »...
On pulvérise maintenant du Téméphos, et du Fénitrothion à tour de bras sur l'île ! Ces pesticides sont très dangereux pour l'environnement, jugez en plutôt :

FENITROTHION (BAYER) : *Il s'agit d'un insecticide organophosphoré, inhibiteur des acétycholine-stérases et donc neurotoxique, classé Xn (nocif) et « très toxique pour les organismes aquatiques, peut entraîner des effets néfastes à long terme pour l'environnement aquatique ». Il est suspecté d'être un perturbateur du système endocrinien... »*

« TEMEPHOS : *Le téméphos est une substance active radiée (non-inscrite dans l'Annexe I de la directive 91/414/CEE) sauf pour les préparations bénéficiant d'une autorisation de mise sur le marché pour une catégorie d'utilisation de type biocide et les produits utilisés en agriculture et destinés à la lutte contre les organismes animaux ou végétaux vecteurs de maladies humaines ou animales (autrement dit plus utilisée pour les usages purement agricoles, c'est un biocide, pas un produit de protection des plantes) Il s'agit d'un insecticide organophosphoré, inhibiteur des acétycholinesterases donc neurotoxique. Il est à ce titre classé comme toxique chronique du système neurologique par le Toxic Release Inventory au USA... »*

« ...Le résultat est là : depuis le début du traitement chimique autour de leur zone de travail, on observe la mort d'abeilles, de cardinaux, de guêpes et de nombreux insectes peut-être même les plus rares, de chiens de chats, de caméléons. Les écosystèmes sont menacés, et des crapauds (qui mangent 5 kilos d'insectes par an) ainsi que des endormis (qui gobent 150 grammes d'insectes par jour) disparaissent à leur tour...laissant le champ libre aux moustiques !!!
Des personnalités comme la sénatrice Gélita Hoarau militent pour le recours au bacillus thurengensis (BTI, moyen de lutte biologique) pour s'attaquer aux larves. Le BTI est utilisé depuis plus de 20 ans pour lutter contre le paludisme au Pérou par exemple. Il est possible de cultiver la souche de BT localement a peu de frais et de l'employer sans risque par la population elle même. Ces élus y voient là la possibilité de faire participer la population à la lutte anti-vectorielle et de prévenir les dégâts environnementaux.... »

« ...La Préfecture a finalement validé le protocole d'utilisation de 2 nouvelles molécules pour le traitement du moustique vecteur du chikungunya... mais la Deltaméthrine vient se substituer au Fénithrotion pour le traitement des moustiques adultes et le BTI au Téméphos pour celui des larves. La deltamethrine est cependant également très problématique :

DELTAMETHRINE : *Insecticide classé T (toxique aigu) et « très toxique pour les organismes aquatiques, peut entraîner des effets néfastes à long terme pour l'environnement aquatique » De plus la deltamethrine est classée perturbateur endocrinien selon l'Union Européenne... »*

« ...Aujourd'hui : ***157 000 personnes sont touchées*** *et il y a eu 77 morts pour près de 770 000 habitants. Cette épidémie est une catastrophe et nous ne pouvons qu'exprimer notre solidarité au peuple réunionnais dans l'épreuve.*

En réagissant assez tôt on aurait sans doute pu éviter cette catastrophe sanitaire qui se double maintenant d'une ***catastrophe écologique****. Des élus PCR de l'île interpellent les autorités. Ce n'est que 10 mois après le début de l'épidémie que la solution du Bti est appliquée, alors qu'en dépits des pulvérisations massives d'insecticides, les moustiques vecteurs sont toujours là. Les dégâts actuels dont on ne connaît pas encore toute l'ampleur auraient pu être évités.*

Il aurait fallu privilégier l'élimination des gîtes larvaires par des techniques mécaniques (enlèvement des déchets) et utilisation de Bti (produit biologique).

Il est encore temps pour réagir et privilégier ces méthodes efficaces aux méthodes chimiques massives qui vont ruiner la richesse écologique de cette île et n'ont pas réussi à juguler l'épidémie malgré 4 mois de pulvérisations intensives sur l'île.

Les autorités prétendent toujours que les produits utilisés ne sont pas dangereux...

Quand le journal le Monde pose la question de la dangerosité des pesticides employés au Président du Conseil Général de l'île, Paul Vergès, il a cette réponse : ***« On fait souvent les choses dans la précipitation, c'est un problème. On prétend que les insecticides utilisés ne sont pas nocifs, mais la population ne comprend pas pourquoi, alors, les services de désinsectisation se déplacent la nuit, demandent aux personnes de fermer leurs fenêtres, de ranger les jouets des enfants qui traînent dehors et de ne pas manger de fruits ou de légumes de leur jardin pendant quinze jours. » Sans commentaires...*** *»*

Ainsi, tant dans le cas de la maladie de la vache folle que du chikungunia, ce sont des « erreurs » rapportant des sommes fabuleuses à l'industrie agro-alimentaire, qui semblent être à l'origine du dérèglement de l'écosystème, et par la suite, du développement de maladies qui, vraisemblablement, auraient fait très de peu de victimes si ces « erreurs » n'avaient pas été commises...

Mais « curieusement », alors que l'on n'a pas encore trouvé de vaccin, en mars 2006, l'on nous annonce que le chikungunia est en régression.

Si nous étions 50 ans en arrière, il est fort probable que cette information n'aurait pas filtré, les téléphones portables et Internet n'existant pas.

L'on n'aurait rien dit, et l'on aurait attendu le soi-disant « médicament miracle » ou le vaccin, pour annoncer que grâce à lui, l'épidémie s'est arrêtée...

Et le sida ?

« Le sida, on l'attrape plus
dans les journaux que dans la rue »
(Coluche)

Les citoyens bovinisés que nous sommes devenus, gobant sans le moindre esprit critique, ce que nous disent les media, ne se sont jamais interrogés sur d'incroyables contradictions, de mensonges, et d'incohérences :

1 - Depuis 50 ans on nous rabat les oreilles en nous disant qu'il faut avoir des anticorps contre une maladie pour ne pas l'attraper, et c'est pour cela qu'on se vaccine. Or, dans le cas présent, avoir des anticorps contre le VIH, ce n'est pas bien, car cela veut dire que l'on risque fort d'attraper le sida ! Donc dans ce cas, pour ne pas attraper la maladie, il ne faut pas avoir d'anticorps contre le virus soi-disant responsable de la maladie...

2 - En 1992, la République d'Haïti faisait savoir que sur 360.000 personnes séropositives, 912 étaient atteintes du Sida, ce qui représentait un peu plus de 0,2%. D'après le Dr WILLNER (« L'escroquerie du Sida ») il faudrait donc près d'un millénaire pour que tous tombent malades...

3 - Dans le *Journal of american medical association* du 1er janvier 1988, il est indiqué qu'une étude faite sur 80 hommes mariés séropositifs, dont les femmes furent testées après avoir eu plusieurs centaines de rapports sexuels (non protégés) avec leur mari. Les résultats ont montré que seules 12 de ces femmes (15%) devinrent séropositives.

Selon Farber « ...*Plusieurs études ont montré qu'il faut entre 500 et 1000 rapports sexuels non protégés avant qu'un partenaire séronégatif devienne séropositif...* »

4 - Jean-Claude ROUSSEZ, dans « *Sida : supercherie scientifique et arnaque humanitaire* » (Ed. Résurgence) p. 73, écrit en 2004 : « *Etude réalisée dans le Nevada : sur 535 prostituées officielles, aucune séropositive. En revanche 6% des prostituées incarcérées dans les prisons de l'état, toutes toxicomanes, l'étaient...*

A Nuremberg, aucune séropositive parmi les 339 prostituées officielles. A Paris, également, aucune séropositive sur 56 prostituées, A Londres aucune séropositive parmi les 50 prostituées testées dans une clinique vénérologique. En Italie, enfin, sur 36 femmes s'adonnant à la prostitution, plus d'un tiers étaient séropositives, mais elles étaient toutes toxicomanes... »

5 - L'on nous a affirmé que l'AZT était le « *médicament miracle créé pour combattre le sida* ».
Nos brillants scientifiques français doivent souffrir du syndrome de « déficience de mémoire » : En effet, c'est aux alentours des années 60, à une époque où l'on croyait que le cancer était du à un rétrovirus, que le groupe Burroughs-

Wellcome met au point l'AZT, qui sera interdit quelques années plus tard, car il a fait plus de victimes que la thalidomide...

Le même laboratoire, 20 ans plus tard, le ressort en **connaissant à l'avance ses effets mortels...**

Ainsi il est difficile pour ces pauvres gens, à qui l'on a dit « *tu es séropositif, donc tu es foutu, mais si tu veux bénéficier d'un sursis, prends de l'AZT* » de s'en sortir.

Et sans aucune honte, nos brillants scientifiques nous disent aujourd'hui « *La Trithérapie cela marche mieux depuis quelques temps. Ils survivent un peu plus longtemps* »

Cher lecteur, savez-vous comment est-on arrivé à faire survivre plus longtemps un malade à qui on donne un produit mortel ?

Depuis qu'on a réduit les doses d'AZT...

Mais les incohérences ne s'arrêtent pas là :

Un groupe d'homéopathes français, il y a quelques années, constatent que de nombreux séropositifs depuis 20 ans, ne tombent pas malades, et, constatent également que l'on a diagnostiqué un sida pour des personnes qui, vraisemblablement sont séronégatives.

Ils ont alors l'idée de téléphoner dans tous les centres de toxicologie, afin d'avoir une copie du rapport scientifique établissant le lien de causalité entre le virus VIH et la maladie dite « sida ».

En effet, un tel battage sur cette maladie qui « *allait décimer une grande partie de l'humanité* » ne pouvait se justifier que si ce lien de causalité était scientifiquement prouvé.

Très naïvement, la plupart des hôpitaux, qui n'avait pas ce rapport, leur suggèrent de s'adresser à la « grande pointure nationale » le Pr. Luc MONTAGNIER.

Très curieusement, celui-ci ne l'avait pas non plus, mais leur dit à chacun « *Le lien de causalité ? Cher confrère, tout le monde le sait ! Cependant nous n'avons pas ce rapport scientifique. Le seul qui doit l'avoir est le spécialiste mondial, le Pr. GALLO aux Etats-Unis...* »

Poursuivant leur enquête, ils contactèrent le Pr. GALLO qui leur répondit, concernant le lien de causalité « *...Everybody knows that....* »,
et, concernant le rapport scientifique :

« *... Unfortunately, we don't have this report. Probably, Pr. MONTAGNIER in PARIS, will be able to give it to you...* »

Ainsi, ce rapport scientifique n'existait nulle part !

Mais il fallait bien que nos menteurs nationaux en rajoutent une couche pour justifier toutes les campagnes de préservatifs, et les milliards pour la « recherche ».

Un grand magazine français publie alors quelque chose d'inédit : la photo en couverture, du virus VIH que personne n'avait jamais vue.

Hélas, il s'agissait seulement d'un montage : une reconstitution de ce que l'on pensait qu'était ce virus, ce que reconnut par la suite, le journaliste interpellé par les mêmes homéopathes !

Ainsi il semble bien que l'on ait jamais réussi à voir ce virus : serait-ce un fantôme ?

Et il semble bien que le sida ne soit pas dû au virus et donc, ne soit pas contagieux.

Certains dirigeants d'Afrique du Sud ont aujourd'hui intégré cette information, et ont donc pris beaucoup de recul par rapport aux systèmes de santé occidentaux...

Le journal lyonnais « *Le Progrès* », publiait, aux alentours de 1999, une étude démontrant que le seul point commun que l'on avait trouvé chez les 1ers séropositifs américains qui étaient restés porteurs sains, est qu'ils n'avaient pas reçu le vaccin contre l'hépatite B, contrairement à tous ceux qui étaient tombés malades, qui eux, l'avaient reçu...

Je ne peux donc que conseiller à ceux qui seraient curieux d'en savoir plus, de lire « *Sida : supercherie scientifique et arnaque humanitaire* » (Ed. Résurgence) de Jean-Claude ROUSSEZ, et « *L'escroquerie du Sida* » du Dr. Robert WILLNER (Ed. Ecole Santé Soleil).

Et pour ceux qui auraient encore des doutes, qu'ils aillent dans les conférences des « grands pontes de la médecine » qui viennent nous alarmer sur le sida, et qu'ils posent les 3 questions suivantes :

« *Pourriez vous nous présenter* **un seul** *malade du sida qui n'aurait jamais dans sa vie, reçu le moindre vaccin, car nous en cherchons, en vain ?* »

Vous aurez alors l'impression du film « le jour d'après » : toute la tribune devenant pétrifiée, surgelée et immobile.

Pour décrisper l'atmosphère, posez alors la 2e question :

« *Est-ce une coïncidence, si la carte d'apparition du sida en Afrique, se superpose parfaitement à la carte des campagnes de vaccination polio et variole des années 70, et se superpose également à la carte des matières premières dans le sol (Zaïre, Ouganda, Sud du Soudan). C'est la même carte, dans les 3 cas ?*

Pour leur donner l'estocade, posez alors une dernière question :

« Si, une fois de plus, vous n'êtes pas en mesure de me présenter un seul malade du sida n'ayant jamais eu de vaccins dans sa vie, peut on supposer logiquement que quelqu'un qui n'a jamais eu de vaccins, ne risque pas d'attraper le sida ? »

Un conseil : enregistrez les réponses : Cela risque de ne pas être triste !!

Il y a plusieurs années, le Dr. WILLNER, devant un groupe de scientifiques, et en public, s'est inoculé le sang d'un séropositif, indiquant que cela ne lui ferait jamais rien.

À notre connaissance, il est toujours aujourd'hui en excellente santé...

Une telle absurdité scientifique n'est pas unique : rappelons nous ce qui s'est passé au Japon il y a quelques décennies, et que raconte Monique ALTMANN :

« ...Au cours des années 60, des affections musculaires et nerveuses grevées d'une forte mortalité apparurent massivement au Japon et furent considérées comme mystérieuses. Des virologues prétendirent bientôt avoir découvert un « nouveau virus », cause de la maladie, et cette théorie fut acceptée dans le monde entier et publiée dans tous les traités de médecine.
*Des années plus tard quelques médecins s'aperçurent que tous ces patients soi-disant infectés par un virus avaient été traités avec l'**Entérovioforme**, un produit du laboratoire suisse Ciba-Geigy. Après un procès en dommages et intérêts le produit fut retiré de la vente et la maladie disparut totalement. Le « nouveau virus » n'avait jamais existé. Ce médicament anti-parasitaire avait lui aussi,comme l'azathioprime, le Bactrim, les nitrites, etc., un profil de toxicité mitochondriale. »*

Mais alors, tous ces morts du SIDA ?...

Récemment une femme d'origine malgache, épouse d'un médecin me raconta l'histoire suivante :

« ...Cela faisait des années que je n'étais pas retournée à Madagascar, et j'étais inquiète, car dans mon village natal, les statistiques indiquaient qu'un pourcentage important de la population, était touché par cette maladie. Je me suis donc décidée et, avec mon mari, nous sommes allés passer les vacances là bas. La 1re chose qui me surprit en approchant de mon village, fut la rencontre avec un élu, au volant d'un magnifique 4/4 américain.

Quand on sait qu'un haut fonctionnaire à Madagascar a un salaire d'à peine 500 € par mois, je lui demandais :

– Mais comment t'es tu payé cette voiture ?
– Mais c'est grâce aux subventions du Sida ?
– Explique moi !

– Et bien voilà, me dit-il, pour toucher les subventions des fonds internationaux du Sida, il faut déclarer un nombre minimum de malades. Chez nous il n'y en a pas, mais il a fallu en déclarer. Et même après que j'ai rempli le formulaire, j'ai constaté que l'administration avait ajouté un zéro au chiffre (trop faible selon elle) que j'avais indiqué.
Nous touchons donc des subventions, et en contrepartie, les sociétés américaines s'installent chez nous. C'est très bien, car cela crée des emplois…

Devant mon air désapprobateur, il ajouta :

– Mais nous ne sommes pas les seuls ! Dans toute l'Afrique cela se passe aussi comme cela !... »

Ainsi Coluche était bien un précurseur…

Le Dr. Heinrich KREMMER, ancien directeur du service médico-social pour toxicomanes, délinquants sexuels, et déséquilibrés mentaux à BERLIN, membre du « Study group for nutrition and immunity (BERNE), publie en 2001 : « Die stille Revolution der Krebs und AIDS Medizin »

Monique ALTMANN, faisant un résumé de cet ouvrage, écrit :

« *Dans un premier temps tous les patients atteints du SIDA ont reçu du* **Bactrim**, *et d'autres produits immunotoxiques apparentés, à titre prophylactique contre l'infection pulmonaire à Pneumocystis PPC (chap. 18). Ensuite, à partir de 1987, ils ont tous été traités "contre le VIH" avec l'***AZT (azidothymidine)**. *Ce traitement à l'AZT fut étendu à partir de 1989 aux séropositifs asymptomatiques.Au cours des années 90 toute une série de substances apparentées à l'AZT plus d'autres drogues toxiques pour les mitochondries furent prescrites en "cocktail" ou "polythérapie" (bi-tri-tétra). En toute logique ces substances ont été tôt ou tôt ou tard la cause de cancers et de SIDA chez les patients. Il est évident qu'aucun de ces patients n'aurait accepté de participer à ces expérimentations s'il avait été informé que le but était de mettre l'immunité cellulaire hors circuit afin de vérifier la théorie du contrôle immunitaire du cancer. C'est seulement parcequ'on leur a inculqué la menace de mourir d'une "infection virale mortelle" que ces patients, ainsi que des parents de nouveaux nés et d'enfants séropositifs, coopérèrent et acceptèrent des* **traitements illimités** *avec de l'***AZT**, *du* **Bactrim**, *etc.Le* **Dr Kremer est le premier chercheur à expliquer le réel mécanisme d'action de l'AZT et du Bactrim** *en se fondant sur les résultats de la recherche internationale sur le* **monoxyde d'azote gazeux (nitric oxide, NO…)**. *Les études cliniques réalisées avec l'AZT, le Bactrim, etc. ont fait conclure le Dr Kremer que l'administration de ces substances à long terme est une agression organique dangereuse aux conséquences mortelles.*

*L'***AZT (azidothymidine)** *a le même mode d'action que l'azathioprine. Le* **groupement azido de l'AZT** *bloque la respiration cellulaire au niveau des mitochondries de la même manière que le* **groupement aza de l'azathioprine**

***et le groupement analogue de la triméthoprime**. Le résultat est un **haut risque de développer le SIDA ou un cancer, ou aussi une dégénérescence nerveuse et musculaire**, ce que des centaines d'études cliniques réalisées dans le cadre de l'hypothèse "VIH-SIDA" a confirmé sans le moindre doute.*

Et la grippe aviaire ?

Courant 2005, arriva une nouvelle maladie, concernant essentiellement les animaux, la grippe aviaire. Le virus est peu transmissible à l'être humain, mais l'on craignait une mutation qui le rendrait hautement transmissible, et hautement pathogène, et pourrait avoir pour effet de recréer une épidémie comparable à la grippe espagnole qui, en 1917/1918, a fait plus de morts que la grande guerre.

Cependant des anomalies existaient, concernant le déplacement vers l'Europe de cette maladie qui, en mars 2006, touchait essentiellement les volatiles. Les allemands d'ailleurs l'appelaient la « Vogelgrippe » (grippe de l'Oiseau)

L'association espagnole « GRAIN », après avoir recueilli l'avis de scientifiques de nombreux pays, écrit :

« La faiblesse principale de la théorie des oiseaux migrateurs est que la diffusion géographique de la maladie ne correspond pas avec les itinéraires et les saisons de migration. « Aucune espèce n'émigre de Qinghai, en Chine de l'Ouest, vers l'Europe de l'Est, » indique le Dr Richard Thomas de BirdLife.

« Le tracé des cas de contamination suit les itinéraires des routes principales et des voies de chemin de fer, pas les voies aériennes. Et il est difficile d'expliquer l'absence de cas en Afrique, en Asie du Sud et du Sud-Est et en Australasie cet automne, si les oiseaux sauvages sont les porteurs primaires. »

Si les oiseaux migrateurs transmettent la maladie, pourquoi la grippe aviaire n'a-t-elle pas frappé les Philippines ou la Birmanie, et pourquoi a-t-elle été confinée à quelques exploitations commerciales au Laos, quand chacun des trois pays est entouré par des pays infectés par la grippe aviaire ? (...)

En d'autres termes, le Laos (entouré par le Vietnam, la Thaïlande et la Birmanie, pays infectés, où la contamination à l'homme a fait des victimes, NDLR) abonde en poulets élevés en plein air, mêlés aux canards, aux cailles, aux dindes et aux oiseaux sauvages. Ce sont principalement des poulets indigènes, qui couvrent plus de 90 % de la production totale de volaille du Laos.

Si l'élevage en plein air et les oiseaux migrateurs sont responsables de la propagation de la grippe aviaire, on devrait s'attendre à ce que la maladie fasse rage à travers le pays.

Ceci ne s'est pas produit. En fait, les basses-cours familiales du pays ont été à peine touchées. Même s'il est possible que les oiseaux migrateurs transportent la maladie, comme les cas récents en Europe le suggèrent, il y a des vecteurs beaucoup plus significatifs de transmission qui devraient être au centre de l'attention. Il n'y a simplement aucune bonne raison à fermer les écoutilles et à obliger au confinement de la volaille.

(...) En ce qui concerne la grippe aviaire, l'aviculture diversifiée de petite taille est la solution, pas le problème.

(...) Dans des exploitations d'élevage de volaille surpeuplées, le virus bénin évolue rapidement vers des formes plus pathogènes et fortement transmissibles, capables de sauter les espèces et de se propager de nouveau chez les oiseaux sauvages, qui sont sans défense contre la nouvelle souche.

Dans ce sens, H5N1 est un virus de volaille tuant les oiseaux sauvages, et non le contraire.

Le même argument se tient pour la production de volaille à petite échelle. La grippe aviaire n'évolue pas vers des formes fortement pathogènes dans des élevages de volaille de basse-cour, où la faible densité et la diversité génétique maintiennent la charge virale à des niveaux bas.

Les volailles de basse-cour sont les victimes de souches de grippe aviaire qui leur sont apportées d'ailleurs.

Quand des fermes sont séparées de la source de la grippe aviaire fortement pathogène, le virus semble s'éteindre ou évoluer vers une forme moins pathogène.

La FAO et l'Organisation mondiale pour la santé des animaux (OIE) signalent qu'il est prouvé que le virus H5N1 s'adapte au poulet de village de la même manière qu'il s'est adapté aux canards domestiques et qu'il y a « de plus en plus de preuves que la survie du virus dans la volaille des petits exploitants dépend de la densité des volatiles ».]

C'est dans les exploitations de volaille industrielles surpeuplées et confinées que la grippe aviaire, comme d'autres maladies, évolue rapidement et se développe.

Rappelons que les média ont rapporté de nombreux commentaires affirmant qu'il y a doute sur l'origine de la contamination récente du Nigéria par des migrateurs. Ces commentaires considèrent comme plus probable qu'elle pourrait être due à des trafics internationaux de volailles vivantes, poussins d'un jour, etc.... »

Que nous apprend cette étude ?

Si les volailles continuaient de vivre sainement, et en plein air, contrairement à ce que l'on nous affirmait, elles étaient moins touchées que si on les confinait, car en cas de confinement, il suffit d'une seule « fuite » pour que des poulaillers entiers soient décimés en peu de temps.

Que peut-il se passer, en cas de mutation du virus ?

Il ne faut sûrement pas avoir peur : l'humanité a toujours survécu aux pires épidémies, autrefois d'ailleurs, dans des conditions d'alimentation et d'hygiène bien pires qu'aujourd'hui.

L'exemple des volailles du Laosest peut être une leçon que nous donne la Nature sur les rapports entre vie et alimentation saine, et santé.

Certes, si l'épidémie était arrivée chez nous, il aurait fallu prendre des mesures d'hygiène relativement draconiennes. Mais tant que le virus n'a pas encore muté, ne devrions nous pas déjà d'urgence, avoir une grande réflexion concernant notre alimentation, et notre mode de vieavant même que la maladie n'arrive ?

Car, en cas d'épidémie, nous savons que tout le monde ne contractera pas la maladie. N'est il pas permis de penser que ceux qui auront abusé de sucreries, matières grasses, tabac, alcool, drogues, etc... seront beaucoup plus touchés que les autres ? N'est il pas permis de penser que si l'épidémie se déclenchait chez l'être humain, après une mutation du virus, il serait alors un peu tard pour les « fêtards » de se mettre à ce moment là, au régime bio sans alcool ni drogue ni tabac, pour avoir des chances sérieuses de passer au travers ?

D'autre part, l'on dit souvent que lors des épidémies de Peste noire au Moyen-Âge, le curé du village était souvent parmi les survivants : y aurait-il une relation entre spiritualité et santé ?

Mais, maintenant que nous savons que nos dirigeants, en matière de santé publique, agissent dans l'intérêt de l'industrie pharmaceutique, souvent au détriment de la santé publique, nous sommes en droit de nous demander quelles auraient été les décisions politiques, en cas de mutation du virus :

En 2003, dans l'affaire dite de la « canicule », il n'y avait rien à vendre à nos vieux retraités. Comme par hasard, les décisions politiques sont intervenues très tardivement, devant l'indignation de l'opinion publique.

Ici, il y aurait eu forcément quelque chose à vendre : soit, un vaccin (sûrement pas plus efficace que les autres) soit le « médicament miracle ».

L'inconvénient psychologique du médicament est qu'on ne le prend que si l'on est déjà malade, alors qu'un vaccin se prend pour ne pas tomber malade.

Il est donc plus facile, et plus rentable de vendre un vaccin qu'un médicament, car le vaccin concerne l'intégralité de la population, et pas seulement les malades.

La grande difficulté est que, pour créer un vaccin soi-disant efficace, il faut attendre que le virus ait muté, ce qui fait que le produit ne sera mis au point que quelques mois plus tard, au moment où la courbe de l'épidémie commencera déjà à redescendre.

Dans le cas où l'épidémie se déclenche en une seule fois, et rapidement, nos dirigeants vont faire des grandes déclarations regrettant « *qu'il n'y ait pas encore de vaccin* », mais oublieront d'expliquer très clairement que même pour ceux qui croient en l'efficacité de la vaccination, le vaccin « normal » contre la grippe, ne protège pas du tout contre la grippe aviaire. Cet « oubli » a déjà existé, puisque, des français par milliers, dès l'annonce de l'arrivée de la grippe aviaire, s'étaient précipités dans les pharmacies pour acheter le vaccin contre la grippe.

Si à ce moment là, un vaccin avait été mis sur le marché, l'on aurait oublié de nous dire que le nombre de cas de la maladie avait déjà baissé, et on aurait crié victoire, au moment de la baisse du nombre de cas, en attribuant cette baisse au vaccin.

Et si d'aventure, le produit arrive plus vite que prévu, l'on sait déjà que dans les semaines qui suivront la vaccination de masse, le nombre de cas augmentera. Contrairement à 1956/57, on ne pourra pas le cacher. L'on fera donc probablement comme les américains ont fait pour la polio : tous les nouveaux cas seront appelés autrement. On parlera soit d'une nouvelle maladie, soit on diagnostiquera une maladie déjà connue, qu'on appellera autrement que la grippe...

En tout état de cause, n'ayons pas peur : vaccin ou pas, on aura une courbe montante puis descendante, en peu de temps.

Beaucoup de thérapeutes nous indiquent que la peur est une cause importante de la maladie. Faisons donc comme nos amis belges, lorsqu'ils nous disent « *La grippe aviaire ? Chez nous on a plutôt la grippe à bière...* »

DEUXIÈME PARTIE

«...La peur rend idiots les plus intelligents. On peut donc faire accepter n'importe quoi à une population qui a peur...»

Gruppenführer S.S. Kaltenbrunner

(propos recueillis par le Maréchal Rommel)

2020 : « L'hystérie Covidique »

Quand un mensonge est tellement gros que tout le monde y croit

Au printemps 2020, une hystérie gagne une grande partie de l'Europe : Un nouveau virus, arrivé de Chine, provoquerait des décès par milliers, les hôpitaux seraient submergés. La France entière plonge dans la terreur.

Néanmoins, au risque de voir certains me qualifier (avec la bouche en cul-de-poule) de « *complotiste* », je me dois de dire que la juxtaposition de certains éléments m'interpellent : D'abord, rappelons qu'en 1943, les rares qui disaient que les personnes arrêtées par la Gestapo ne reviendraient jamais, étaient qualifiés de « complotistes ».

Le cas très curieux du « bienfaiteur » Bill GATES

Bill GATES, est considéré comme un bienfaiteur, car « grâce » à lui, des milliers d'enfants sont vaccinés dans le monde entier.

Le 25 janvier 2016, le site Internet « Le nouveau paradigme » nous apprend :

« ...Si la Cour suprême de l'Inde a quelque chose à dire à ce sujet, il (Bill Gates) fera face aux conséquences de l'empoisonnement de millions d'enfants indiens avec des vaccins. Un récent rapport publié par Health Impact News *montre* ***que l'empire du vaccin construit sur le mensonge*** *ne peut pas perdurer si longtemps. Le rapport indique:*

« Alors que la fraude et la corruption sont révélées quasi quotidiennement maintenant dans l'industrie du vaccin, les grands médias étatsuniens continuent d'ignorer largement de telles histoires. Hors États-Unis, cependant, les empires de vaccins commencent à s'effriter, et les versions anglaises des nouvelles dans les médias grand public sont disponibles via l'Internet. »
« Un de ces pays est l'Inde, où la Fondation Bill & Melinda Gates et leur empire de vaccin sont sous le feu de la critique, et la cible d'une instance en cours actuellement à l'étude par la Cour suprême de l'Inde. »

Si vous n'êtes pas au courant des principaux acteurs dans le chaos des vaccins qui s'installe dans les pays africains, ils sont :

1. L'Organisation mondiale de la santé

2. La Fondation Bill & Melinda Gates

3. PATH (Program for Appropriate Technology in Health, financé par la fondation de Gates), et

4. GAVI (Alliance mondiale pour les vaccins et la vaccination, également financée par la fondation Gates) Ces quatre organisations seront désormais tenues de s'expliquer en raison d'une ordonnance de pétition à l'origine soumise à la Cour suprême de l'Inde en 2012, par Kalpana Mehta, Nalini Bhanot, et le Dr Rukmini Rao, qui a finalement été entendue par les tribunaux. Les pétitionnaires ont déclaré :

« Le BMGF, PATH et l'OMS ont été criminellement négligents en expérimentant des vaccins sur des administrateurs scolaires vulnérables, sans instruction et sous-informés, des étudiants et leurs parents qui n'avaient pas donné leur consentement éclairé ou qui n'avaient pas été informés d'effets indésirables potentiels ou qui devaient être surveillés après la vaccination. «

« En outre, une information absente de la plupart des médias traditionnels américains : l'Economic Times de l'Inde a publié son rapport en août 2014, indiquant que de jeunes filles avaient reçu les vaccins contre le VPH. Il ne s'agissait guerre d'une poignée d'enfants seulement, mais de 16 000 personnes dans l'Andhra Pradesh, en Inde, où ils ont reçu le vaccin Gardasil.

K.P Narayana Kumar a indiqué que dans le mois de la réception du vaccin, de nombreux enfants sont tombés malades, et en 2010, cinq d'entre eux étaient morts. Deux autres enfants ont péri à Vadodara, au Gujarat, et 14.000 autres enfants ont été vaccinés avec une autre marque de vaccin contre le VPH, Cervarix, fabriqué par GlaxoSmitheKline (GSK), qui d'ailleurs, a été accusé de déverser le virus de la polio dans un fleuve belge.

Les formulaires de consentement pour administrer le vaccin contre le VPH étaient « illégalement » signés par des gardiens d'auberges de jeunesse, montrant que les Gates ciblaient les indigents sans parents. Pour ceux qui avaient des parents, la plupart étaient analphabètes, et les vrais dangers potentiels des vaccins n'avaient pas été expliquées.

SAMA, une organisation en Inde qui favorise la santé des femmes avait découvert et rapporté cette mesquinerie; mais Gates et ses comparses auront à répondre de leurs méfaits seulement maintenant. Environ 120 filles avaient eu des crises d'épilepsie, de graves crampes d'estomac, des maux de tête, et des sautes d'humeur, parmi celles qui n'étaient pas mortes. D'autres filles ayant reçu le vaccin Gardasil ont connu l'infertilité.

The Economic Times a également signalé :

« D'après le rapport SAMA, il y avait également eu des cas d'apparition précoce de menstruations après la vaccination, des saignements abondants

et des crampes menstruelles graves chez de nombreux étudiants. Le comité permanent avait critiqué les gouvernements pour leur enquête bâclée sur ces décès. Il avait été troublé de constater que « les sept décès avaient été sommairement rejetés comme étant sans rapport avec les vaccinations, sans enquêtes approfondies... » les causes spéculatives étaient des suicides, des noyades accidentelles dans un puits (pourquoi pas un suicide ?), le paludisme, des infections virales, une hémorragie méningée (sans autopsie), etc. »

« Ce sont les mêmes sociétés qui nous vendent les produits qui empoisonnent la terre, les plantes, les animaux et les hommes, et qui nous vendent les médicaments censés nous guérir »

(Gunter Schwab)

A - La naissance du coronavirus

Courant 2008, un rapport de l'UNESCO de 256 pages (disponible sur UNESDOC) évoque la particularité troublante de certains vaccins, contenant des nano-puces et des cristaux liquides pouvant influer sur le comportement humain, sans souci d'éthique politique. Si l'on s'en réfère aux déclarations même des « décideurs » et de leurs « conseillers », l'objectif de l'opération pourrait bien être d'inoculer aux populations un vaccin très spécial. Ainsi la peur créée par la « pandémie » aurait pour objectif de rabattre les populations vers un « vaccin » contre lequel l'UNESCO met en garde et dont on sait qu'il comportera en réalité des nano-puces, vecteurs d'identification biométriques, et des cristaux liquides.

Lors de la conférence TED 2010, Bill Gates indique espérer réduire la population mondiale « *avec de bons résultats sur les nouveaux vaccins* ».

Courant 2017, après que Bill Gates ait versé des subventions importantes à l'O.M.S., (organisme créé par la famille Rockefeller) la faisant ainsi devenir progressivement, une organisation privée, Tedros Adhanom Ghebreyesus est nommé à sa tête.

Ce personnage fut membre du bureau politique du Tigray People Liberation Front (TPLF), une organisation inscrite dans la liste des organisations terroristes du U.S. Homeland Security. Il fut Ministre de la Santé en Ethiopie de 2005 à 2012, et est membre du Conseil d'administration de l'alliance pour la vaccination (GAVI) qui œuvre au profit de l'industrie pharmaceutique pour imposer la multi-vaccination avec des puces RFID à la terre entière.

On comprend dès lors, pourquoi l'O.M.S. préconisait de ne pas utiliser d'anti-inflammatoire contre le Covid 19, et n'a cessé d'affirmer qu'il n'existait pas de traitement, mais « *qu'un vaccin est à l'étude...* ».

Le 23 février 2017, Monsieur Bernard CAZENEUVE, premier ministre, prononce le discours à la cérémonie d'accréditation du laboratoire de haute sécurité biologique P4 à WUHAN, (République Populaire Chinoise), en présence, notamment, du mari (Président de l'Inserm) de Madame Agnès BUZIN, elle même aujourd'hui, présidente de la Haute Autorité de Santé (H.A.S.)

Le 21 septembre 2018, la société Microsoft Technology Licensing (fondée par Bill Gates) dépose aux USA un brevet intitulé CRYPTOCURRENCY SYSTEM USING BODY ACTIVITY DATA. Ce brevet ne sera publié que courant mars 2020 (WO2020/060606A1).

Il concerne des nanoparticules qui auraient la faculté, lorsqu'elles sont introduites dans le corps humain par des injections, d'être identifiées et localisées par n'importe quel ordinateur.

Pouvoir géo-localiser tous les citoyens, quel rêve !

Courant 2018, la Banque mondiale WITS (World integrated Trade Solution) publie sur son site, des millions de commandes émanant de nombreux pays, pour lesquelles on lit : « *COVID-19 Diagnostic-Test instruments and apparatus* ».

Dès que cette information a filtrée, la mention « Covid-19 » a été effacée, et devant l'indignation sur les réseaux sociaux, la WITS a déclaré que cette appellation était une coïncidence...

À l'automne 2019, a lieu aux U.S.A., sous la présidence du milliardaire, fondateur de la société Microsoft Technology Licensing, et finançant une grande partie du budget de l'O.M.S., une simulation d'une pandémie qui serait due à un coronavirus, sur la base d'un roman écrit en 1981 : « The eyes of darkness ».

Lors de la conférence ID2020 Sommet 2019, Bill Gates fait la promotion du vaccin contenant le *« marqueur » à nano-puce électronique, destiné à « marquer » et à contrôler 7 milliards d'humains.* (mais il ne fait pas vacciner ses enfants).

Les premiers cas de Covid 19 seraient apparus au marché de Wuhan, à 180m. du laboratoire inauguré par M. CAZENEUVE.

B - 1res anomalies et contradictions

On commence à en parler en France en fin décembre 2019, et en même temps, l'hydroxychloroquine est brusquement classée dans les substances interdites, par un arrêté ministériel signé en janvier 2020 par Mme BUZYN, dont le mari (encore lui) fut nommé en Octobre 2019, « Conseiller d'Etat en service extraordinaire », et quitta ses fonctions au moment du déconfinement. (« La Dépêche.fr » 22 mai 2020).

Pendant le confinement, presque tous les recours déposés au Conseil d'Etat par ceux qui critiquaient les textes liberticides, ou réclamaient simplement que l'on fasse connaître les thérapeutiques existantes, ont été rejetés...

Début mars, les scientifiques nous expliquaient sur les media, que le masque ne servait à rien et que l'idée d'un confinement aurait plus d'inconvénients que d'avantages.

En réalité, le recul, et les déclarations « Omertaïsées » de nombreux scientifiques, nous permettent d'affirmer :

– que ce jour là ils avaient raison,

– mais qu'une pensée unique s'est, juste après, brusquement introduite dans tous les milieux officiels et dans les media, ce qui fait que le discours officiel va brusquement changer.

15 jours plus tard, l'on va confiner, et, curieusement, alors que des traitements de cette nouvelle grippe étaient utilisés avec succès, personne n'en parle : Vitamine C en perfusion et à forte dose (100 % d'efficacité et sans effets indésirables sérieux dans les services des Pr. MARIK et VARON aux U.S.A.), Artemisia annua utilisée avec succès également en Afrique et à Madagascar);

Jusqu'à cette femme, médecin du Nord Isère, Sabine PALIARD-FRANCO, qui traita ses patients avec une méthode très originale ; aucun de ses patients ne dut être hospitalisé, mais la « communauté scientifique » la traita avec mépris. Mais surtout : aucun des grands medias n'en a parlé. La conséquence est qu'officiellement le Covid 19 ne disposait d'aucun traitement, et donc « *On attend le vaccin...* »

Pourtant, dans *Paris-Match*, du 9 au 15 av. 2020, le Pr. BRECHOT, ancien Directeur de l'institut Pasteur , Président du Global Virus Network, déclarait « ***...Aucun vaccin fiable n'a été mis au point contre un coronavirus...*** »

Pendant plusieurs semaines, nos grands « experts » nous ont bassiné tous les soirs sur nos écrans, pour égrener le nombre de décès du Covid-19.

Nous avions l'impression d'être en 14/18, où (à la Télé) les morts s'entassaient par centaines dans les hôpitaux, alors que les rares qui ont voulu rendre visite à ces hôpitaux nous indiquaient qu'ils avaient la même impression qu'en 2017, où les urgences étaient surchargées (comme en 2020) par les malades de la grippe. La différence était qu'en 2017, on n'en parlait pas.

Dans les quartiers sensibles, au plus fort du confinement, l'on apercevait des dizaines de jeunes sans masques, rassemblés, et vacant à leurs occupations, parfois à la limite de la légalité « stupéfiante »...

Sans doute, tout comme la Police qui n'entre plus dans les zones de non droit, le virus ne pénétrait-il pas dans ces mêmes zones, apparemment désinfectées, puisque malgré le non respect du confinement et les fêtes très locales, personne n'a été malade. Là aussi pas un mot dans les média.

Dans certaines rues, toujours en plein confinement, nous avons aperçu des séances de Karaoké en plein air, avec des images projetées sur la façade des immeubles. Des dizaines de personnes y participaient sans masques, sans gestes barrière. À ma connaissance, personne n'est tombé malade.

Je découvre actuellement des témoignages de médecins qui disent la même chose : certains rappellent même que chaque hiver, pendant des années, ils avaient traité des malades de la grippe et des tuberculeux, sans masque, et indiquent n'avoir jamais contracté ni la grippe ni la tuberculose.

Les masques bleus que nous devions tous porter dans les transports en commun, possèdent des pores (petits trous microscopiques) d'un diamètre d'environ 10 microns. (1/100° de millimètre ou 0,01 millimètre).

Or, le diamètre moyen d'un virus est de 0,00025 millimètre, ce qui veut dire qu'à travers chaque trou (pore) du masque, 40 virus peuvent passer en même temps. horizontalement, mais aussi verticalement.

Donc, comme il y a des centaines de petits trous dans ces masques (sinon l'on ne pourrait pas respirer), au fil de la journée, et **dans les 2 sens**, compte tenu du nombre de pores de ces masques, des milliers de virus ont pu passer, se reproduire au contact de l'air chaud et humide de notre respiration, et être projetés dans l'air.

Certes, les scientifiques, les seuls que l'on voyait à la télé, nous disaient que, s'agissant de corps microscopiques, ils restaient collés au masque par effet électrostatique. Oui, sauf qu'au bout d'un quart d'heure, la sueur et la salive en plein été, avait mouillé le masque, supprimant ainsi l'effet électrostatique. En période de forte chaleur, cela serait vrai si l'on changeait de masque tous les quarts d'heure...

Jean-François HUET, médecin anesthésiste réanimateur (qu'on ne verra évidemment pas sur les grands médias) écrit :

« ...Quant au masque grand public une heure dans la rue suffit à démontrer pourquoi c'est une calembredaine même à supposer qu'il puisse protéger d'un virus pulmonaire .Parler de l'usage professionnel pour le valider est tout simplement ridicule.

En milieu professionnel, on se lave les mains avant de mettre un masque et la deuxième fois qu'on le touche c'est pour le mettre à la poubelle.

Dans le public on met un torchon hors d'âge sur le nez pour rentrer dans un restaurant
- On l'enlève pour manger
- On le remet pour aller aux toilettes
- On l'enlève pour continuer son repas
- On le remet pour aller payer
- On l'enlève sur le parking du restaurant
- On le fourre dans sa poche dans son sac ou dans sa boîte à gants
- Dans la plupart des cas on recommence les mêmes cycles stupides avec la même « technique » dans un nombre indéterminé de cas.

Impossible à un professionnel de valider un tel cirque.

Moralité 99,99 % de ces torchons sont des passoires et des bouillons de culture ,ils contiennent des quantités invraisemblables de bactéries de virus sur les deux faces.... »

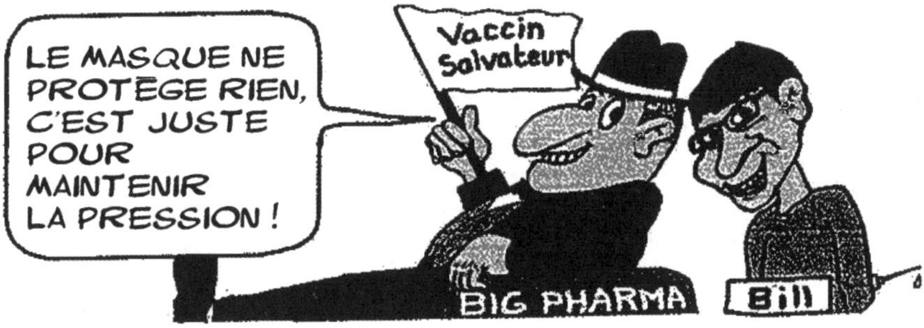

Ainsi, le bon sens aurait été de constater que ces masques ne nous protégeaient pas du tout, mais ne protégeaient pas non plus les autres. A l'origine, ils ont été créés pour barrer les bactéries (beaucoup plus grosses que les virus).

Début juillet 2020, Jean-Dominique MICHEL, expert en santé publique, indique : « *...Si le virus a déjà circulé, confiner des gens ensemble, potentiellement contaminés, contagieux, pas contagieux, ou potentiellement à risque, est la meilleure manière de faire flamber une épidémie...* »

Il prend l'exemple de la Suède qui n'a pas confiné, et indique que, mis à part les maisons de retraite où l'on a renoncé à soigner ou à hospitaliser les personnes infectées « *...dans le reste de la population, cela a été un pari gagnant...* » *Il conclut en indiquant que le confinement est « la moins efficace de toutes les mesures.* »

Le bon sens aurait du ainsi nous faire constater que tout ce cinéma de confinement et de masques était inutile, et qu'on avait bloqué toute l'économie des pays pour rien ; ou tout au moins, par pour les buts officiels.

Le 11 sept. 2020, un collectif international d'environ 70 professionnels de santé (médecins, chirurgiens, infirmières, psychothérapeutes, ostéopathes, dentistes, etc...) publie un communiqué sur le site internet de France-soir, en disant, notamment:

« *...Ce n'est pas la première fois que l'humanité fait face à un nouveau virus : elle a connu le H2N2 en 1957, le H3N2 en 1968, le SARS-CoV en 2003, le H5N1 en 2004, le H1N1 en 2009, le MERS-CoV en 2012 et fait face tous les ans au virus de la grippe saisonnière. Pourtant, aucune des mesures prises pour le SARS-CoV-2 n'a été prise pour ces virus-là. On nous dit :* « ***Mais, le SARS-CoV-2 est très contagieux*** » ***et nous répondons : C'EST FAUX****. Cette affirmation est d'ailleurs rejetée par des experts de renommée internationale. Une simple comparaison avec les autres virus permet de constater que la contagiosité du SARS-CoV-2 est modérée 2,3. Ce sont des maladies comme la rougeole qui peuvent être qualifiées de très contagieuses. Par exemple, une personne atteinte de rougeole peut infecter jusqu'à 20 personnes alors qu'une personne infectée par ce coronavirus n'en contamine que 2 ou 3, soit : 10 fois moins que la rougeole...* »

« ***...Mais, ce virus est beaucoup plus mortel*** » ***et nous répondons : C'EST FAUX****. Car rien que comparé à la grippe et si on prend en compte la période entre le 1er novembre et le 31 mars, il y a eu au niveau mondial – lorsque ces mesures ont été prises – : 860 000 cas et 40 000 morts alors que la grippe dans la même période de 5 mois infecte, en moyenne, 420 millions de personnes et en tue 270 000. De plus, le taux de létalité annoncé par l'OMS (3,4 %) était largement surestimé et était rejeté dès le début par d'éminents* *experts en épidémiologie. Mais, même en prenant ce taux de létalité, on constate que ce coronavirus est trois fois moins mortel que celui de 2003 (10 %) et 10 fois moins mortel que celui de 2012 (35 %).*

« ...**Mais, la COVID-19 est une maladie grave » et nous répondons : C'EST FAUX**. *Le SARS-CoV-2 est un virus bénin pour la population générale car il donne 85% de formes bénignes, 99% des sujets infectés guérissent, il ne constitue pas un danger pour les femmes enceintes ainsi que les enfants (contrairement à la grippe), il se propage moins rapidement que la grippe et 90 % des personnes décédées sont des personnes âgées (qui doivent, bien sûr, être protégées comme les autres populations à risque). C'est pour cela que des experts ont qualifié de « délire » l'affirmation que c'est une maladie grave et ont affirmé, le 19 août dernier, que « ce n'est pas pire que la grippe »*

« ...on ne dit pas, chaque année, aux sujets sains de porter des masques et on ne fait pas de distanciation sociale bien que le grippe infecte 1 milliard de personnes et en tue 650 000.... »

...Dans la grippe, 77 % des sujets infectés sont asymptomatiques et ils peuvent aussi transmettre le virus. Pourtant : on ne dit pas, chaque année, aux sujets sains de porter des masques et on ne fait pas de distanciation sociale malgré que le grippe infecte 1 milliard de personnes et en tue 650 000... »

« ...***Mais, ce virus entraîne une saturation des hôpitaux » et nous répondons : C'EST FAUX***. *La saturation ne concerne que quelques hôpitaux mais on fait croire aux gens que tout le système hospitalier est saturé ou que la saturation est imminente alors qu'il y a des milliers d'hôpitaux dans certains pays. Est-il raisonnable et vrai d'attribuer, par exemple, à 1 000 ou 2 000 hôpitaux une situation qui ne concerne que 4 ou 5 hôpitaux ?*

Rien d'étonnant, aussi, au fait que certains hôpitaux soient saturés car il s'agissait de foyers épidémiques (comme la Lombardie en Italie ou New-York aux USA).

Il ne faut pas oublier que les hôpitaux de beaucoup de pays ont été submergés (y compris les soins intensifs) lors de précédentes épidémies de grippe et qu'à cette époque, on parlait même de : « tsunami » de patients dans les hôpitaux, « d'hôpitaux saturés », de tentes érigées à l'extérieur des hôpitaux, de « zones de guerre », « d'hôpitaux effondrés » et d'un « état d'urgence ». Et pourtant : on n'a pas confiné les pays, on n'a pas bloqué l'économie mondiale, on n'a pas paralysé le système éducatif, on n'a pas fait de distanciation sociale et on n'a pas dit aux gens sains de porter des masques... ».

« ...***Nous disons : STOP à la censure des experts et des professionnels de santé pour leur empêcher de dire la vérité*** (surtout dans les pays qui se disent démocratiques)... »

*« ...**Nous partageons l'avis des experts qui dénoncent le fait qu'aucune distinction n'est faite entre les personnes mortes du virus et les personnes mortes avec le virus** (avec des co-morbidités), le fait que la cause du décès soit imputée au SARS-CoV-2 sans test ni autopsie et que des médecins soit mis sous pression pour que la COVID-19 soit marquée comme cause de décès, même si le patient est décédé d'autre chose. Ceci aboutit à une surestimation du nombre de morts et constitue une manipulation scandaleuse des chiffres car au cours des épidémies de grippe saisonnière par exemple, on ne travaille pas de cette façon. D'autant plus que 20 % des patients COVID sont co-infectés par d'autres virus respiratoires aussi... »*

Dans un article publié sur son site, le naturopathe Michel DOGNA, écrit en septembre 2020 :

Maltraitance des enfants dans les écoles, maladies liées au port du masque permanent obligatoire en classe :

« ...des médecins généralistes donnent l'alerte sur le fait que 25% des pathologies actuellement rencontrées en cabinet sont les conséquences dues au port du masque... »

« ...Bronchites sévères, Conjonctivites graves (cause expirs rejetés vers le haut), Furonculoses, Grande fatigue, Herpès labiaux, Impétigo, Staphylococcies sur les lèvres et les joues, Streptocoques...

***on entretient derrière le masque une mini atmosphère chaude très humide.** Or tout le monde sait que dans les pays chauds humides les maladies infectieuses prolifèrent allègrement... »*

« ...En quelques semaines, vous allez faire de l'hyperventilation, vous allez tousser et avoir mal à la gorge, vous allez avoir d'énormes soucis de bronches car vous allez développer un champignon interne dû à la respiration de la moisissure, champignons des bactéries.

*Voici comment ils vont créer la « deuxième vague Covid 19 » promise : ils diront que c'est une nouvelle épidémie respiratoire. Il est logique que si tout le monde porte un masque, **une nouvelle vague va arriver ; or, elle ne sera pas due à un virus grippal, mais le résultat d'une infection bactériologique des bronches, due à une respiration constante dans un cloaque de « cuvette de WC** ».*

« ...j'ai vu personnellement des personnes que je connais autour de moi qui portaient continuellement le masque, être victimes d'une bronchite épouvantable alors qu'elles sont – au départ – dotées d'une santé robuste et travaillent en plein air... »

*« Nous venons d'assister en Allemagne en Angleterre, au Canada, en Espagne, aux USA, etc. à de gigantesques rassemblements de **1 à 2 millions de personnes NON MASQUÉES** et agglutinées durant des heures pour contester la dictature anti santé, anti humaniste, anti sociale, et anti économique.*

Et que dire des ambiances délirantes des matchs de foot en promiscuité totale, des concerts en plein air où les masques se font rares ?

Et alors ? Quelles ont été les conséquences catastrophiques de ces mélanges rapprochés ? AUCUNE les amis ! AUCUNE !.. »

« ...Alors sachez que la dernière chance, pour provoquer cette foutue deuxième vague et pouvoir imposer le faux vaccin, c'est de maintenir l'obligation du port du masque afin de déclencher les dégâts conséquents cités plus haut qui n'ont plus rien à voir avec le Covid mais qu'ils feront passer comme tel... »

C - Même les textes (Décrets et arrêtés) relatifs au confinement étaient contraires à tout bon sens :

Dès le début, on interdit les marchés en plein air, mais pas les grandes surfaces, alors qu'il est évident que la contagion (dans la logique de nos scientifiques) se fait beaucoup plus dans des endroits fermés.

À partir du déconfinement, il ne fallait pas toucher les fruits et légumes des marchés, mais se faire servir. Par contre, dans les grandes surfaces, on pouvait se servir soi-même.

Les libraires et les fleuristes étaient fermés. Par contre l'on pouvait acheter des livres au rayon librairie, et des fleurs au rayon fleurs des grandes surfaces.

Faut-il imaginer que les produits des grandes surfaces avaient tous été testés négatifs ?

Dans les restaurants, c'était encore mieux : dès le déconfinement, il fallait porter le masque quand on se déplaçait, mais pas une fois assis. Quel virus extraordinaire, capable de rester immobile en suspension entre les tables, sans jamais descendre sur les tables !

Mais là encore, les scientifiques, bien que changeant d'opinion tous les 15 jours, avaient toujours raison. Le bon sens devait s'incliner...

Mais l'incroyable, est que les textes prévoyant les sanctions pénales pour le non-respect du confinement, semblent avoir été rédigés par des charcutiers, et non pas par des juristes : peine de prison prévue à partir de la **4e verbalisation** !

Selon le Code de Procédure Pénale, une verbalisation peut toujours être contestée. Dans ce cas, elle aboutit à une décision, soit de relaxe, soit de condamnation. Il aurait fallu, pour que le texte ne soit pas contraire à tous nos principes du Droit, dire que la sanction s'appliquerait, soit dans le cas où le P.V. n'aurait pas été contesté dans un certain délai (ex. 45 jours), soit l'aurait été, mais aurait abouti à une décision de condamnation.

Au lieu de cela, cela s'est passé comme si un texte venait dire qu'au bout de 3 gardes à vue, vous êtes condamné à de l'emprisonnement, même si vous êtes ressorti de la garde à vue sans aucune poursuite ! L'on a créé une présomption de culpabilité digne des sections spéciales de 1941 !!

Ce qui est désolant, est la manière avec laquelle nous avons tous accepté sans rien dire, « comme des veaux »...

Le bon sens avait totalement disparu.

Nous devions être solidaires ? Mais les commerçants devaient toujours l'intégralité de leurs loyers, et les propriétaires allaient encaisser sans la moindre réduction.

Nous sommes tombés dans l'hygiénisme, comme au temps de l'eugénisme. Nous ne sommes plus en 2020, mais en 1936 à BERLIN... Nous vivons une dictature intellectuelle, « le gouvernement des esprits ».

L'autorité est déléguée à certains médecins servant les intérêts politiques du gouvernement.

À tel point que les nombreux médecins voulant guérir leurs patients, soit par l'hydroxychloroquine, soit par la Vitamine C en perfusion, soit par l'Artemisia Annua, se sont retrouvés dans la situation de celui qui voit quelqu'un se noyer dans une rivière, et qui ne lui jette pas la bouée, car elle n'est pas encore homologuée...

D - Le « scientifiquement prouvé » est oublié quand cela ne « les » arrange pas

L'efficacité des masques n'a jamais été scientifiquement prouvée, d'autant plus que l'on sait maintenant que :

1 - Les virologues (les vrais) nous rappellent gentiment que, même en temps normal, dans 1 mètre cube d'air que nous respirons, il y a en permanence entre 1 000 000 et 40 000 000 de virus. Et ceci depuis des siècle,

2 - des milliers de virus passent **dans les 2 sens** par les petits trous microscopiques du masque qui nous permettent (un peu) de respirer,

3 - de nombreux médecin ont signalé avoir soigné des grippes et des tuberculoses pendant des années, sans masques, et n'ont jamais rien « attrapé ».

Mais comme ceci n'arrangeait pas du tout ceux qui voulaient que l'on porte cette véritable muselière, on oublia pour une fois le « scientifiquement prouvé ».

Naturellement, aucun débat, aucune information sur le système immunitaire de l'être humain, ni sur les moyens de le renforcer.

Et le fait que les pays qui ont le plus confinés ont eu le plus de malades, était là aussi fort dérangeant.

Le « *Financial Times* » s'est intéressé à la mortalité globale et les « *décès dépassant les niveaux normaux* » en 2020 pour un certain nombre de pays: Autriche, Belgique, Danemark, Grande-Bretagne, France, Italie, Pays Bas, Portugal, Espagne, Suisse, et ville de New York:

L'on constate que ce n'est qu'après le verrouillage de chaque pays (ou ville) que les augmentations ont commencé. De plus, elles ont commencé immédiatement, et dans presque tous les cas, précipitamment.

Le Magazine « *The Economist* » a effectué la même étude : dans chaque pays, on remarque une montée spectaculaire du nombre de décès attribués au Covid-19 dans les 48 h. du confinement.

Ainsi, en France, alors que le nombre de décès du Covid était stable, il monte de manière spectaculaire dès le 17 mars !

Le bon sens nous fait dire que le confinement a peut-être entrainé une augmentation du nombre de décès. Bien sûr, nos grands « savants » (les seuls qu'on invite sur les médias), nous diront toujours le contraire.

Et par la suite, quand on a pu faire beaucoup plus de tests, l'on a alors identifié beaucoup de gens positifs (qui ne seront jamais malades), ce qui est normal. Mais, au lieu de dire que ces gens étaient immunisés, l'on a alors « identifié de nouveaux cas... », ce qui maintenait la peur, et les mesures coercitives, soi-disant « sanitaires », alors qu'auparavant nos gouvernants nous disaient que la grande majorité des personnes « infectées », n'auraient aucun symptômes (donc ne seraient pas malades).

Sur une chaine de Télévision étrangère, Yoram LASS, ancien directeur général de la Santé en Israël, déclare au début de l'été 2020 : « ...***L'épidémie est terminée****, le virus n'a plus aucune force... C'est* ***de l'hystérie****. On ne regarde pas les faits...* »

Bien sûr personne, sur les media n'est venu dire que l'immunité dépendait beaucoup de l'alimentation, du mode de vie, de la manière de respirer, de notre manière de penser, de notre vitalité, etc... (ça ne rapporte rien).

Nous a-t-on dit une seule fois sur les media que la 1ère cause d'effondrement de notre immunité, était... la peur ?

Là encore, le bon sens s'est incliné devant le scientisme.

E - Des contradictions qui interpellent

Plusieurs contradictions flagrantes émises par nos scientifiques sur les plateaux de télévision, nous interpellent :

1 - Au moment où la France déplorait de nombreux décès, le port du masque « était inutile ». Le nombre de décès à partir de mai- Juin s'est effondré, et le port du masque devient obligatoire...

2 - Le 30 juillet 2020, dans l'émission « C'est dans l'air » (sur la 5) 4 « spécialistes » nous expliquent que le port du masque devrait être obligatoire même dans la rue, alors que la courbe de l'épidémie est au plus bas. L'une des « spécialistes », vantant les bienfaits du vaccin, est mentionnée dans la publication des liens d'intérêts avec les laboratoires. Ces 4 nous font croire qu'ils représentent LA connaissance scientifique, alors qu'il n'y a aucun consensus scientifique.

Ces 4 savants très convaincants, sont assis côte à côte, et postillonnent dans un « lieu clos »... sans masque... (« *Faites ce que je dis, pas ce que je fais...* »)

3 - L'un d'entre eux explique que même les jeunes en bonne santé peuvent tomber malades car « nous n'avons pas tous la même immunité ». Tiens donc ? Pourquoi ne pas expliquer que nous savons depuis 1980, que chacun d'entre nous, en fonction du groupe immunitaire (HLA) auquel il appartient, sera vulnérable ou non par rapport à la maladie ?

4 - Les mêmes nous ont expliqué que même ceux qui ont été malades, ne seront pas forcément immunisés. Alors si la maladie n'immunise pas, comment le vaccin pourra-t-il immuniser ?

5 - L'on nous prétend que le masque arrête le virus, car celui-ci se transmet par la salive. Alors pourquoi ne suffit-il pas de cracher sur le coton-tige pour faire le test ?

6 - Alors que tout le monde constatait que de nombreux experts, bardés de diplômes, contestaient le confinement, contestaient également le port du masque à long terme, on ne les voyait jamais sur les plateaux de télé. En fait, l'on voyait toujours les mêmes.

7 - dans un rapport intitulé « Conseils sur l'utilisation des masques dans le contexte de la pandémie de COVID-19 », paru le 5 juin 2020 à la page 6 de ce rapport, l'OMS précise la chose suivante: « *À l'heure actuelle, l'utilisation généralisée des masques par les personnes en bonne santé dans le cadre communautaire n'est pas encore étayée par des preuves scientifiques directes ou de haute qualité et il y a des avantages et des dommages potentiels à prendre en compte* ».

Cette affirmation de l'OMS montre qu'on ne dispose à ce jour d'aucune étude scientifique randomisée prouvant l'efficacité et l'utilité du masque, efficacité et utilité qui étaient niée au début de la pandémie. Elle montre aussi son ignorance des 10 études randomisées prouvant l'inutilité des masques. « *...Ces mêmes masques sont même des « nids à microbes » pouvant se révéler plus nuisibles qu'autre chose...* » pour citer les mots du professeur émérite de l'Université Johannes-Gutenberg de Mayence Sucharit Bhakdi. Outre les risques de malaises vagales liés au fait de respirer son propre CO2, le port prolongé du masque facial amène une prolifération des microbes et des champignons (staphylocoques notamment) que nous respirons tout le temps du port, ce qui est un risque important pour notre santé. Enfin, le masque laisse entrer et sortir les microbes (dont la taille est de l'ordre du nanomètre) et ne protègent ni le porteur ni son entourage.

8 - Le 6 août 2020, l'on apprend par les chiffres du Ministère de la Santé, qu'au cours des dernières 24 heures, 11 personnes sont décédées **avec** le Covid-19 (et pas forcément **du...**) et l'on apprend également que sur 69.266 personnes testées, 68277 étaient négatives, soit 98,5 %. Pourtant « *La 2e vague arrive...* »

9 - Pendant le confinement, seules les activités indispensables étaient autorisées.
Pourtant, des centaines d'antennes de téléphonie mobile ont été installées, presque clandestinement, et à toute vitesse. Comme si l'on se dépêchait de préparer la future 5 G... Mais pourquoi cette précipitation ?

F - Des éléments inquiétants

Des éléments inquiétants font penser à une mise en scène, d'autant plus grave, qu'elle concerne la quasi-totalité des pays dans le monde, lesquels d'ailleurs, n'ont pas tous réagi de la même manière :

L'intention (criminelle) de nier, occulter, voire interdire toutes les thérapeutiques efficaces, fut évidente dès le départ :

- **l'hydroxychloroquine** fut classée dans les substances vénéneuses dès le début. Mais le Pr. RAOULT qui a pu l'utiliser, a annoncé d'excellents résultats à Marseille. Il fut très controversé, surtout par ceux dont les liens d'intérêt avec (notamment) le laboratoire Gilead, étaient notoires puisque publiés. Le Pr RAOULT s'est d'ailleurs plaint d'avoir été menacé de mort.

- **l'Artemisia annua**, a été utilisée à Madagascar.
Entre le 18 mai (début de l'épidémie) et le 25 août : 14554 cas, 13582 guérisons, 181 décès, soit 1,2 % de décès parmi les malades recensés. Le jour le plus important de l'épidémie fut le 15 juillet : 10 décès.
(La France a dépassé les 30000 décès officiels, certainement énormément surévalués, mais Madagascar en est loin).

- **La Vitamine C à haute dose en perfusion** (peu coûteux et sans effets secondaires) a été utilisée en Chine, au Japon, en R.F.A., et aux U.S.A.

En Chine, le Dr MAO a expliqué qu'il traitait depuis plus de 10 ans les patients atteints de pancréatite aigüe, de sepsis, ou pris en charge après une intervention chirurgicale, avec de fortes doses de vitamine C injectable. Lorsque l'épidémie de COVID-19 s'est déclarée, il explique que lui et d'autres experts ont pensé à utiliser la vitamine C injectable pour le traitement des formes modérées à sévères. Cette recommandation a été très rapidement acceptée par le Collège d'experts. Tous les cas sérieux ou critiques dans la région de Shangaï ont été traités au sein du Centre de Santé Publique, et ce pour un total de 358 patients.

Le Dr Mao a alors poursuivi en donnant l'exemple d'un groupe de 50 patients, atteints de formes sévères à modérées, traités par des perfusions de vitamine C de 10gs (pour les formes modérées) à 20 gs (pour les formes sévères) quotidiennes, pour une durée de 7 à 10 jours.

Tous les patients traités par la vitamine C injectable se sont améliorés et il n'y a eu aucun décès à déplorer !

Aucun effet secondaire n'a été constaté.

Au Japon, Le Japanese College of Intravenous Therapy (JCIT) recommande notamment depuis plusieurs années des perfusions intraveineuses de vitamine C (IVC) de 12.5/25 g (12,500 - 25,000 mg) en cas de fortes infections virales (influenza, varicelle/zona, rubéole, oreillons, etc.). Chez les adultes atteints par le SARS-CoV-2, l'IVC doit être de 12.5 g en cas de stade précoce de l'infection, et de 25 g en cas de formes moyennes ou sévères. L'IVC doit être administrée une à deux fois/jour, durant 2-5 jours, seule ou associée à d'autres traitements des infections virales.

Ces médecins rappellent que les patients atteints par une infection virale montrent une chute ou un effondrement de leur taux sanguin et cellulaire de VIT C, une augmentation du stress oxydatif, et un fort dysfonctionnement cellulaire. Pour maintenir les fonctions physiologiques, et pour optimiser une guérison naturelle, les perfusions de VIT C s'imposent, au plus vite, afin d'éviter un sepsis.

Par courrier du 11 mars 2020, le Dr LABREZE, médecin dans les Bouches du Rhône, en informe M. le Ministre de la Santé, et ajoute,

concernant les U.S.A. :

« le Pr MARIK a traité deux groupes de 47 patients atteints d'une pathologie infectieuse grave (voire critique), pris en charge dans son service de réanimation. Il y a eu 19 décès dans le groupe pris en charge avec les méthodes aujourd'hui utilisées dans tous les centres hospitaliers, y compris

dans les CHU français.Dans le groupe traité avec des injections de vitamine C, d'hydrocortisone et de thiamine (Vit B1), **aucun patient** *n'est décédé des conséquences de son infection !*

Nous parlons ici de 19 décès versus zéro décès !!

Compte tenu du fait que la rigueur professionnelle et scientifique des auteurs de cette publication ne peut être raisonnablement mise en doute, ne pas agir immédiatement, sur la base de cette information, alors que plus de quatre mille patients sont actuellement en services de réanimation, représenteraient, à mon sens, **une négligence grave** *et, très clairement, une* **mise en danger de la vie** *de ces patients, ou de ceux dont l'état de santé actuel pourrait se dégrader très rapidement, faute d'avoir pu bénéficier des traitements que j'ai portés et porte à nouveau à votre connaissance... »*

« ...Dans les circonstances actuelles, faisant craindre le développement d'une épidémie liée au coronavirus et la mort d'un nombre important de nos concitoyens, quel que soit d'ailleurs leur état de santé antérieur et l'existence ou non de comorbidités, il me semble important et urgent de porter à votre connaissance l'existence de ressources thérapeutiques validées mais encore insuffisamment connues de la communauté médicale, notamment dans notre pays...
Je pense qu'une large diffusion de ces informations apparaît aujourd'hui comme une action prioritaire de santé publique, puisqu'elle va donner aux équipes médicales hospitalières particulièrement démunies face aux formes sévères de COVID-19, une ressource thérapeutique particulièrement efficace qui leur permettra indiscutablement de sauver des vies... ».

Fin mars, le Pr MARIK, de la Eastern Virginia Medical School, écrit :

« ...Nous avons traité 4 patients avec un syndrome de détresse respiratoire aigüe lié au COVID et tous se sont améliorés dans les 6 à 12h ayant suivi l'instauration du traitement.
L'intubation a été évitée pour l'un d'entre eux et les 3 autres sont maintenant sevrés.

Le Dr VARON, Président du conseil d'administration de l'United General Hospital et médecin chef et responsable du département des soins intensifs, a, à ce jour, traité 14 patients atteints du COVID avec notre protocole. Il a rapporté également une amélioration rapide dans les 12 heures qui ont suivi l'administration du traitement.
Six de ces patients ont été extubés dans les 4 jours, et tous les autres sont aujourd'hui sevrés...

La vitamine C a été intégrée dans l'algorithme de traitement du COVID de l'Université du Wisconsin.
Nous croyons que l'utilisation de notre protocole va sauver des vies. Et, ce qui est important également, c'est qu'elle va permettre d'éviter l'intubation

pour un grand nombre de patients, écourtera le recours à une ventilation assistée lorsqu'elle aura été mise en œuvre, libérant ainsi ces équipements essentiels qui pourront ainsi être utilisés pour d'autres patients. La vitamine C est bon marché, facilement disponible et totalement dépourvue d'effets secondaires.... »

Le Pr VARON indique, le 13 avril 2020 :

« *Notre* **succès** *avec la combinaison thérapeutique est* **incroyable**. *Aujourd'hui nous avons traité plus de 25 patients à l'United Memorial Medical Center de Houston, et pas un seul n'a du être intubé. Tous étaient atteints d'une forme sévère de pneumopathie due au Covid 19, et furent rapidement guéris par l'acide ascorbique, la Thiamine, des stéroids, et de l'Heparin. Nous avons aussi ajouté l'hydroxychloroquine et l'azythromicine à ces patients...* »

N.B. Le Pr. J. VARON fait partie des scientifiques nationalement connus aux U.S.A.

Il enseigne au Texas, et au Mexique.

Il totalise plus de 400 publications scientifiques et a publié une dizaine d'ouvrages.

M. le Ministre de la Santé a reçu toutes ces informations.

Aucune réaction de M. le Ministre. Pourquoi?

D'autre part,

a) Un certain nombre de professionnels de santé, depuis plusieurs mois, sur les réseaux sociaux, se demandent pourquoi leur donnait-t-on pour consigne de déclarer un maximum de décès « Covid19 », même s'il était évident que le patient était décédé d'autre chose. **Pourquoi ?**

b) Les tests ne détectent absolument pas les virus mais les anticorps qu'ils ont générés. Or les anticorps archivés sont aussi nombreux que les virus pathogènes qu'ils ont déjà rencontrés, en particulier des coronas d'anciennes grippes ou autres infections épidémiques. Ceci signifie que le test PCR n'est pas du tout spécifique du Covid-19, pas plus que le test Western Blott ne l'est pour le SIDA ! Donc non fiable.

Le 4 sept. 2020, l'on apprend par plusieurs magazines Internet que le groupe pharmaceutique Suisse Roche a obtenu le ***feu vert du FDA Américain pour un test de diagnostic permettant « de détecter et de distinguer le SARS-Cov-2 des virus de la grippe A et B...*** », ce qui confirme ce que disaient de nombreux professionnels de santé (qu'on entendait bien sûr jamais à la télé) depuis le début : ***les tests identifiaient n'importe quel virus grippal, sans faire la distinction entre la grippe saisonnière de 2019, celle de 2018, et le Covid-19...!!***

Voilà pourquoi, courant avril 2020, l'on constatait que la grippe saisonnière (qui tous les ans fait entre 10000 et 17000 morts en France) n'avait encore fait que 75 décès !

En bref, un test positif sans symptômes, cela veut dire que notre corps a développé des anticorps et/ou que le virus n'est plus virulent – ce qui est le cas actuellement selon le Pr Raoult et l'ensemble des virologues. Cela s'appelle : l'immunité acquise.

Et même en supposant que ces tests aient pu être fiables, ils étaient donc en train de confirmer qu'une immunité de groupe était présente. Or, les médias et les seuls médecins qu'on entendait sur les ondes, s'acharnaient à dire le contraire! **Pourquoi ?**

c) En avril et début mai, les porte-paroles du gouvernement nous donnaient les chiffres quotidiens des décès du Coronavirus.

Puis progressivement l'on nous a parlé de « nouveaux cas » justifiant l'appellation de « 2e vague ». Or, ces nouveaux cas, étaient simplement des personnes testées positives, mais qui n'étaient pas malades (et qui ne le seront jamais pour la quasi-totalité d'entre eux). Au lieu de les appeler des « porteurs sains » on les appelle des « malades asymptomatiques », ce qui ne veut rien dire, puisque, par définition un malade est quelqu'un qui a des symptômes. **Pourquoi ?**

d) Entré en vigueur depuis le 18 juillet 2020, le Règlement UE 2020/1043 décidé par le parlement européen, entérine **la suspension exceptionnelle de certaines mesures de précautions obligatoires** qui encadrent normalement l'autorisation de distribution de vaccins (§ 22 et § 23) et le développement du génie génétique (§ 17) **Pourquoi ?**

G - L'étrange attitude des médias

Alors que nous savons par expérience que lorsqu'une mesure liberticide est prise, même si c'est pour la bonne cause, lorsque l'on interroge les gens dans la rue, pour demander ce qu'ils en pensent, il y a toujours les pour et les contre. De même sur les plateaux de télévision, on a toujours également des pour et des contre.

Or, dans le cas du Covid-19, toutes les interviews (jamais en direct) ne présentaient que des gens qui étaient pour ces mesures, pour le port du masque, etc... Quant aux plateaux de télévision, les mêmes têtes revenaient sans arrêt.

Toutefois, la chaine espagnole RTVE, le 16 août 2020, commit l'erreur d'interviewer un médecin de l'hôpital Escurial de Madrid, en direct. (https://

www.youtube.com/watch?v=EFa9JHMFO9s&feature=share&fbclid=IwAR2mY1W-tPTZWJRhO98SZcxIlizWW12uRplNbPcLDc4F4dPTJ246D4WB)

Comme les réponses n'étaient pas celles qu'attendait la présentatrice *(presque plus personne n'est hospitalisé pour le Covid... pandémie de l'angoisse...)* celle-ci insiste, mais le médecin précise :

« *Il est toujours plus rentable de parler des vaccins, surtout après avoir inoculé la peur, pour faire croire qu'il est nécessaire, la question est : en avons nous besoin et tout d'abord ce vaccin est-il sans danger, et ensuite est-il efficace ? Mais surtout est-il nécessaire ou pas. S'il est vrai que la contagion a atteint une masse de gens, je me demande à quoi bon vacciner toute la population. La 1re chose à faire est de se vacciner contre la peur...*
Regardons les chiffres d'infections par helicobacter pylori. Elle est présente dans 50 % de la population espagnole. Cette bactérie est un agent du carcinome type 1, c'est l'OMS qui le dit. La moitié de la population espagnole risque le carcinome d'estomac, alors croyez vous que c'est grave ? Est-ce une urgence ? Les journaux en font-ils la une ? Non car ce n'est pas une urgence. ***Nous médecins, nous l'avons compris. Il s'est mis en place une manœuvre pour confiner tout le monde en septembre. Bien sûr que nous n'attendons pas une nouvelle vague...*** »

Un autre journaliste dit alors : « *nous avons perdu le contrôle* » et il vient en renfort. Mais le Dr. Luis De Benito fait les mêmes réponses, malgré le fait que ce journaliste lui parle « d'avis contraires sur le plateau ». L'interview est alors écourté : « *Nous en resterons là...* »

Ceci interpelle, car sur les réseaux sociaux, des interviews de scientifiques aussi diplômée que ceux que l'on voit sur les médias, confirmaient largement depuis plusieurs semaines ce que dit ce médecin espagnol. Certaines vidéos firent 100.000 vues, voire plus. Donc nous savons que dans toute l'Europe, de nombreux médecins étaient en total désaccord avec ce qui se passait, et pourtant c'était l'Omerta sur les médias.

À Berlin, un million de personnes ont défilé contre le port du masque au début août.

Qui de nous le sait ?

Même le site « Profession gendarme », qui ne peut être taxé ni de révolutionnaire, ni de « complotiste », publie le 16 juillet 2020 un article intitulé « *La pandémie du coronavirus, une opération mondialiste au service d'objectifs macabres* ».

Cet article, semblant bien documenté, indique, notamment « *...La « pandémie » du coronavirus est littéralement une invention...Une pandémie pourrait être la condition, lorsque le taux de mortalité par infection atteint* *plus de 12 %. En Europe le taux de mortalité est d'environ 0,4 %...La panique et la perception de la « catastrophe sanitaire » se fonde sur une opération trompeuse des médias et des autorités...depuis l'épidémie de grippe espagnole de 1918 au coronavirus, chaque nouvelle couche d'électrification de la terre a entrainé une vague de nouvelles maladies...si la 5G est liée à la crise actuelle, ce que nous verrons dans les prochains mois sera une succession d'épidémies au fur et à mesure que le réseau sera déployé dans différentes parties du monde. Le coronavirus (ou d'autre souches) sera recyclé comme explication récurrente...* »

Or, est il nécessaire de rappeler qu' un coronavirus, une fois répandu dans une population, devient peu actif, voire inactif au but de 70 jours.

Est il nécessaire de rappeler que :

- **10 000 enfants par jour** meurent de faim dans le monde. 3,6 millions par an !! Qui s'en inquiète ?
- 157 000 personnes par an en France meurent du cancer, soit 431 par jour.
- 140 000 personnes par an en France meurent de maladies cardio-vasculaires, soit 384 par jour.
- 73 000 personnes par an en France, meurent du tabac. On n'arrête pas la France pour cela.
- 13 000 personnes par an en France meurent de la grippe saisonnière, soit 36 par jour.

Très curieusement, d'ailleurs, au mois d'avril 2020, les statistiques officielles annonçaient seulement 75 décès de la grippe depuis le 1er janvier, ce qui confirme le fait que la quasi-totalité des morts de la grippe, ont été classés dans le Covid-19...

Pour tous nous asservir, certains sont plus efficaces que d'autres : Ainsi en Allemagne, à la suite du confinement du printemps 2020, les charges des entreprises ont été annulées. En France, on les a simplement reportées : Il faudra les payer quand même. Par contre, la dette Africaine a été annulée, pendant que disparaissaient nos artisans...

Mais là où tout est devenu surréaliste, est qu'au moment ou l'épidémie était pratiquement terminée, l'on s'est mis à « craindre » une 2e vague, et le port du masque qui « était inutile », quand il y avait beaucoup de malades, est devenu obligatoire.

Le lecteur aura compris qu'il s'agit d'une véritable mise en scène ayant pour but d'injecter à tous les humains un vaccin, contenant des nanoparticules, ce qui dans l'immédiat, permettra de nous localiser, et à plus long terme, ce qui dégradera notre santé, car ces particules modifieront notre ADN.

En 1999, j'avais écrit dans « Les radis de la colère » que pour construire la mondialisation, il fallait supprimer les indépendants, (agriculteurs, commerçants et artisans, etc.), et ensuite asservir les populations par le biais de la santé, car quand on est malade ou qu'on a peur de le devenir, on accepte n'importe quoi.

N'est ce pas ce qui est en train de se passer ?

Si demain l'on nous dit que pour ne pas « attraper » la maladie, il faut, en plus du masque, marcher à 4 pattes avec une plume entre les fesses, je suis persuadé que plus de la moitié des français obéiront sans discuter. Après tout, en 1942-44, les résistants ont été une infime minorité...

Cet hygiénisme à outrance, ces messages radio et télé, incessants, (« *le virus est toujours là...* »), ces attestations de sortie pendant le confinement, ces masques qui vont déclencher à long terme, de nombreuses pathologies, bref, toute cette propagande mensongère ne nous rappelle-t-elle pas les années 40 ? Cela ne rappelle-t-il pas les « *Achtung ! Ausweiss Kontrol !* » Les peuples ont été muselés, les manifestations sont devenues rares, tous les lieux culturels ou de loisirs ont été déserts, les gens dans la rue avaient peur (non pas de la pollution, de la malbouffe, des agressions, du découvert bancaire, mais du virus, comme s'il tournait autour d'eux et les visait personnellement)

Quelle tristesse de voir tous ces gens, véritables moutons, écoutant inconditionnellement le : « Y-ZONT-DIT A LA TELE », sans le moindre esprit critique, sans se poser la moindre question !

Pourquoi tout ce cirque ?

Le site « Profession Gendarme », dans un article du 14 septembre 2020, nous donne peut-être une explication :

« *La seule réponse possible à la question « à qui profite cette hystérie collective du covid-19 », c'est un* ***programme de contrôle et de réduction des populations****. Les gens de la classe stato-financière, les « élites » du monde qui font la pluie et le beau temps sur la planète vont-elles se faire vacciner avec ces vaccins ? Elles ont déjà déclaré ouvertement qu'il n'en était pas question. C'est le peuple des plus modestes et des plus défavorisés, ceux qui protestent, qui contestent, qui se révoltent, qui ne sont plus « utiles » pour le monde des profiteurs d'en haut. Ce sont eux qu'il faut « éliminer » ou contrôler. C'est pourquoi, cette campagne criminelle du massacre coronavirus est intolérable et il serait bien possible qu'elle puisse entraîner la fin de la vie humaine sur Terre. Nous allons au-devant de grandes violences...* »

http://www.profession-gendarme.com/coronavirus-une-organisation-minutieuse-du-massacre/

Sophie Monneret, Néonatologue de formation, ayant exercé la pédiatrie hospitalière pendant plus de 20 ans, dont 10 ans en réanimation néonatale, puis pendant 8 ans, accompagné des parents, et ayant aidé des enfants lourdement entravés physiquement et psychiquement à aller au maximum de leur potentiel, écrit au début de l'été 2020 :

« A chaque fois que je sors de chez moi, je suis abasourdie par notre ATTITUDE collective.
La PEUR et la DOCILITÉ qui règnent partout me sidère.
Je suis stupéfaite à quel point les personnes ont PEUR et pensent se protéger avec ce MASQUE. Mais se protéger de quoi au final ?

D'un virus qui a 7 nouvelles séquences par rapport à fin mai (ce qui signifie qu'il est en train de muter) ?

Et quand un virus commence à muter autant, cela signifiait jusqu'ici qu'il perdait de sa virulence. Même s'il est important de rester prudent, ce virus perd en force. De plus, nous savons bien mieux traiter les personnes qu'en mars et avril !
On est passé d'une mortalité de 2 % pour les PERSONNES HOSPITALISÉES à 0,5 %.
C'est une mortalité infime par rapport à toutes les autres pathologies qui tuent en masse la population mondiale (maladies cardio-vasculaires, cancers, diabète, alcool, tabac...)

Oui, il y aura encore des cas, oui il y aura encore des personnes hospitalisées, oui, il y aura encore des personnes pour qui le virus aura accéléré leur mort.
On a perdu notre discernement ...

On dirait qu'il faudrait oublier tout ce qu'on a appris en médecine ...

Qu'est devenu ce MASQUE aseptique que j'ai mis sur le nez pendant 10 ans lorsque j'étais en réanimation néonatale ?

Ce masque soi disant barrière est devenu un PIÈGE à microbes, à virus (y compris le Covid) et à parasites ...

On le touche tout le temps et on y dépose toutes sortes de petites bébêtes microscopiques qui se font un plaisir de pulluler dans cet environnement propice (chaleur, humidité ...) Nos enfants se contaminent toute la journée avec leurs mains sur leur masque ... Heureusement, ils ont une forte immunité donc leur système ORL gère et fait barrière ...
Mais les personnes fragiles, diabétiques, fatiguées, stressées, aux faibles défenses immunitaires sans forcément le savoir peuvent à tout moment développer des pathologies inattendues comme sinusites, angines, bronchites...

Comment peut-on SCIENTIFIQUEMENT accepter que le port du masque soit une barrière efficace face à un virus qui a une létalité de moins de 0,04 % de la population ?
Comment peut-on accepter aussi docilement cette stratégie sanitaire ?

Et quand on prend le temps de se regarder vraiment, il n'y a pas un masque porté efficacement ...

Et regardez ce que nous faisons chacun de nos masques après les avoir retirés ... (jetés dans la voiture, dans le sac, sur les tables, sur les lits ...).

Même le président de la République a au cours d'un de ses derniers discours, toussé au bout de 3 min, retiré le masque pour tousser donc touché son masque puis a dit qu'il étouffait avec le masque et a demandé un masque plus léger ... et tout ça devant la caméra... Et il demande aux français, aux prof, aux élèves de porter le masque 8 heures par jour ? Mais cela n'a tout simplement pas de sens !!!
Encore moins un sens sanitaire !

De nombreux médecins s'expriment et cela semble n'avoir aucun effet....

Un recours pour obtenir un examen par un juge du décret du 10 juillet « port du masque obligatoire à l'extérieur » est en cours.
Ce masque nous donne l'ILLUSION d'être protégés et nous aveugle sur toutes les VRAIES causes de mortalité inquiétantes dont on a sérieusement besoin d'en prendre conscience INDIVIDUELLEMENT pour le bien de l'humanité.
Quelle va être la prochaine étape pour qu'il y ait une prise de conscience collective de l'absurdité de la situation ? » Sophie Monneret, médecin.

Ainsi, ils ne nous lâcheront pas, et nous maintiendront dans la peur. **Il y a forcément une raison.** Mais elle n'est pas sanitaire. Toutes ces incohérences ne peuvent être le fruit du hasard.

Dans le courant de l'été 2020, nous avons pu entendre le discours du Président de la Biélorussie, s'adressant au Parlement Biélorusse, déclarant que le Fonds Monétaire International lui aurait proposé une somme correspondant à des centaines de millions de dollars pour ordonner le confinement et le port du masque dans la rue. Il a refusé. Comme par hasard, la Biélorussie fait partie des pays ayant eu le moins de décès du Covid-19.

Comme par hasard également, personne n'en a parlé...

Dès le départ, ils nous ont dit que nous ne serions tranquilles que quand il y aurait un vaccin. Ben voyons ! Mais nous sommes tellement trouillards que tout le monde va se précipiter pour se faire vacciner, et injecter, outre les adjuvants toxiques, des nanoparticules. L'avenir est radieux... Il faudra remplacer les stades par des cimetières...

Mais pourquoi nos élus, de droite comme de gauche, ont-ils tous courbés l'échine sans la moindre interrogation ?

Même les insoumis ont été bien soumis.

Nos gouvernants auraient ils des talents d'hypnotiseurs ?

En tous cas, Astérix a du se retourner dans sa tombe !

« Dès que quelqu'un comprend
qu'il est contraire à sa dignité d'être humain
d'obéir à des lois injustes,
aucune tyrannie ne peut l'asservir »

(Ghandi)

TROISIÈME PARTIE

CHAPITRE I
Comment réagissent les scientifiques, la Justice, et les politiques, en matière de vaccination ?

1 - Vous n'êtes donc pas favorable à la vaccination obligatoire ?

2 - Pourquoi une grande partie du corps médical semble-t-elle ignorer toutes ces informations?

Question n° 1

Vous n'êtes donc pas favorable à la vaccination obligatoire ?

Réponse

L'immunologie a fait d'énormes progrès depuis Pasteur.

Même si dans les salons parisiens, l'on répète comme des perroquets que le vaccin a éradiqué la variole, le dernier rapport de l'OMS indique que de nombreuses campagnes furent des échecs conduisant à une augmentation des cas, et que l'éradication est surtout le résultat d'une politique de détection et d'isolement des malades.

Les courbes officielles des épidémies ci-dessous, permettront déjà d'y voir plus clair, concernant la vaccination de masse :

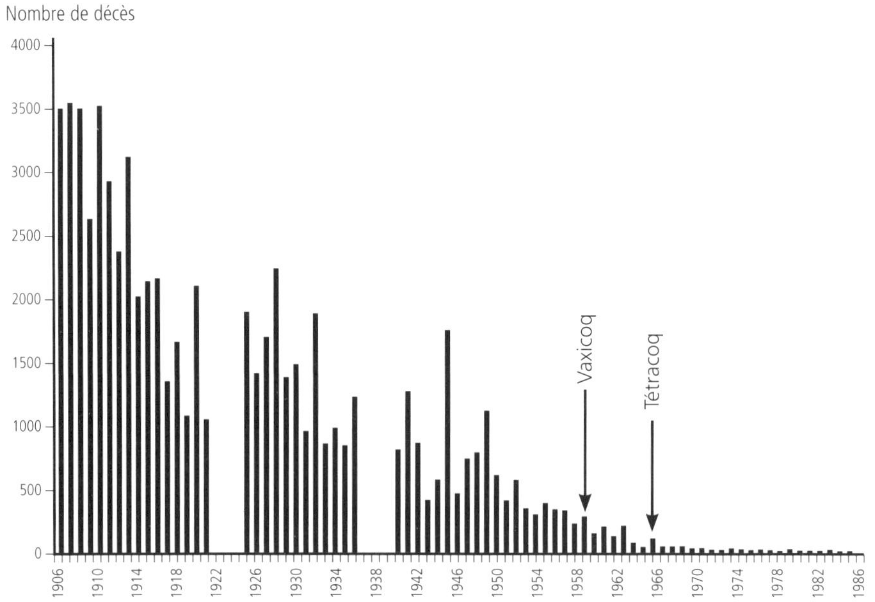

Décès dus à la coqueluche en France
(Absence de données pour les années 1922-1924 et 1937-1939)
(Annuaire statistique de la France)

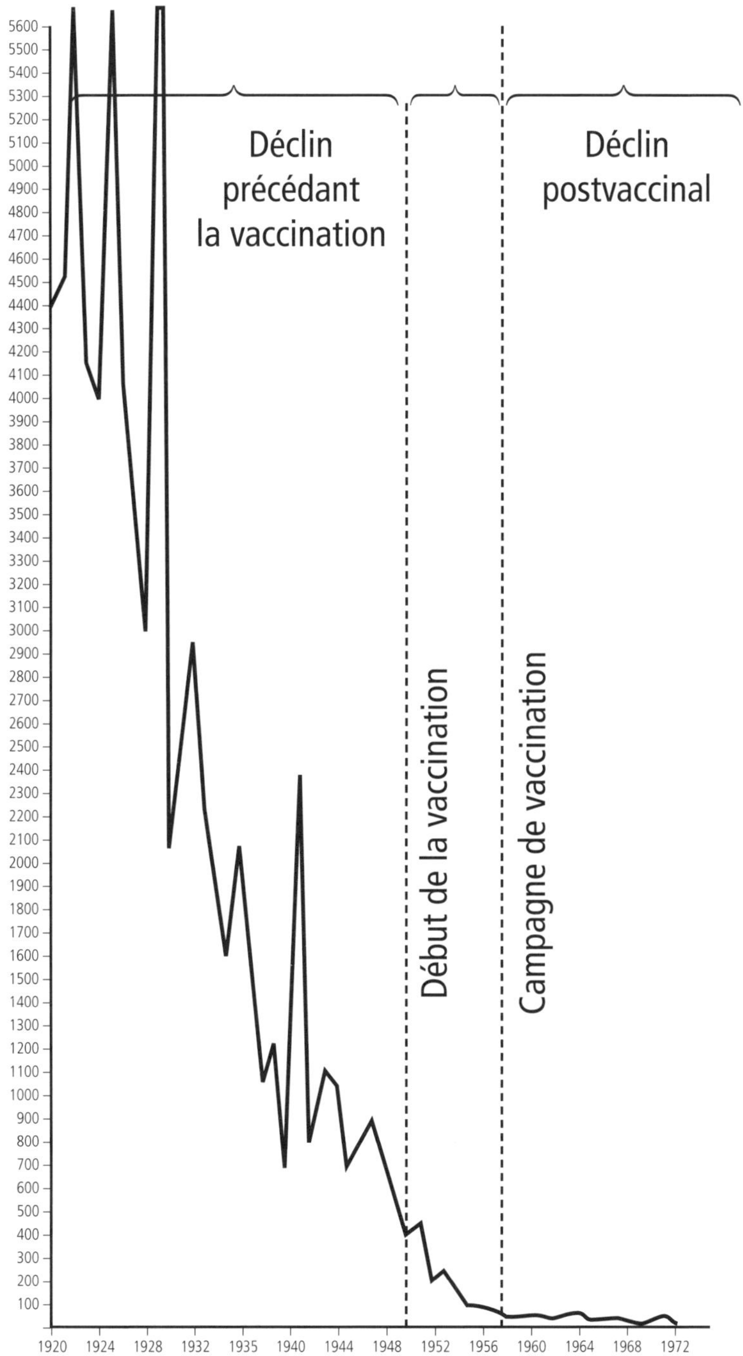

Mortalité par coqueluche : 1928 à 1972
Chiffres officiels du ministère britannique
in *Registrar General Statistical Reviews*

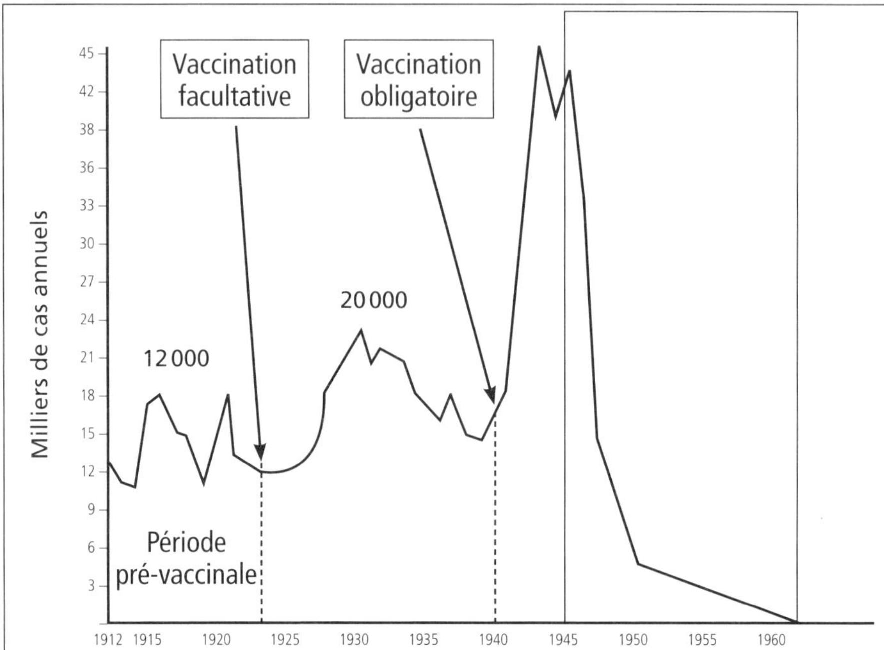

Evolution de la diphtérie en France depuis 1912 (50 ans)

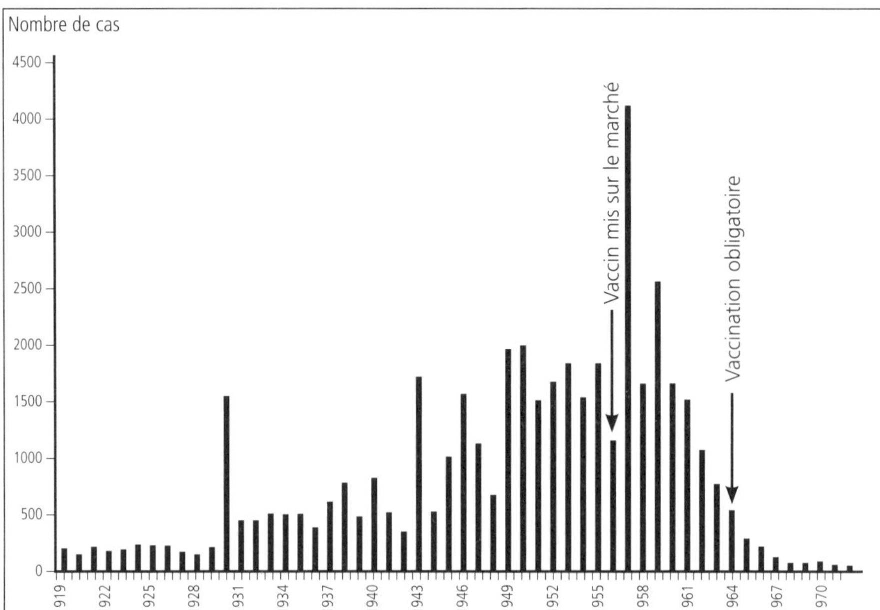

Evolution de la poliomyélite en France
(Données de l'Annuaire statistique de la France)

Taux de mortalité par la rougeole aux Etats-Unis : registre d'état des décès.

1900-1932 et 1933-1960

Taux pour 1000 000 habitants

(Cf. LAS Newsletter, vol 10, n° 1 et 2)

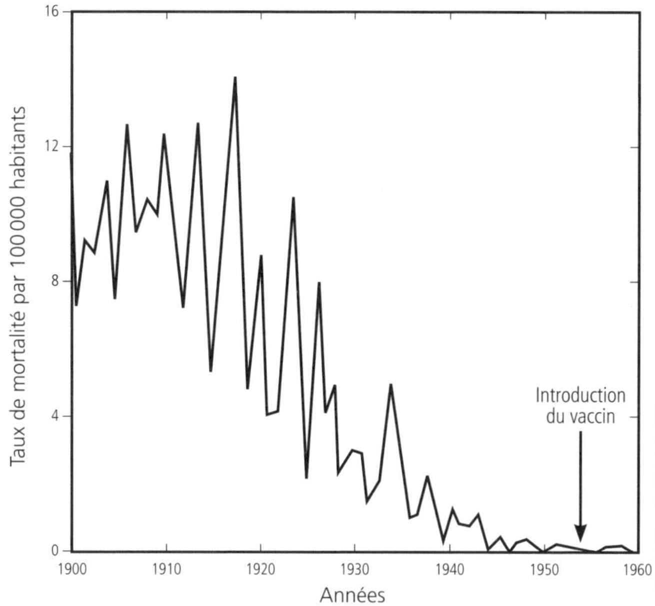

Décès dus à la rougeole en France.

(Absence de données pour les années 1922-1924 et 1937-1939).

(Annuaire statistique de la France)

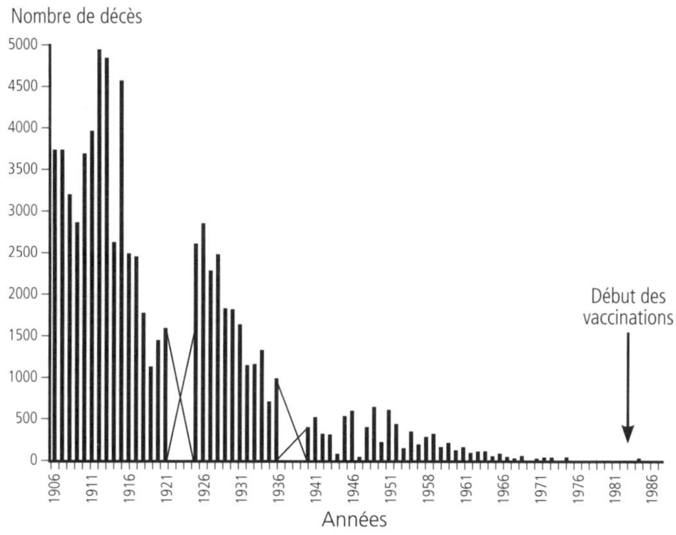

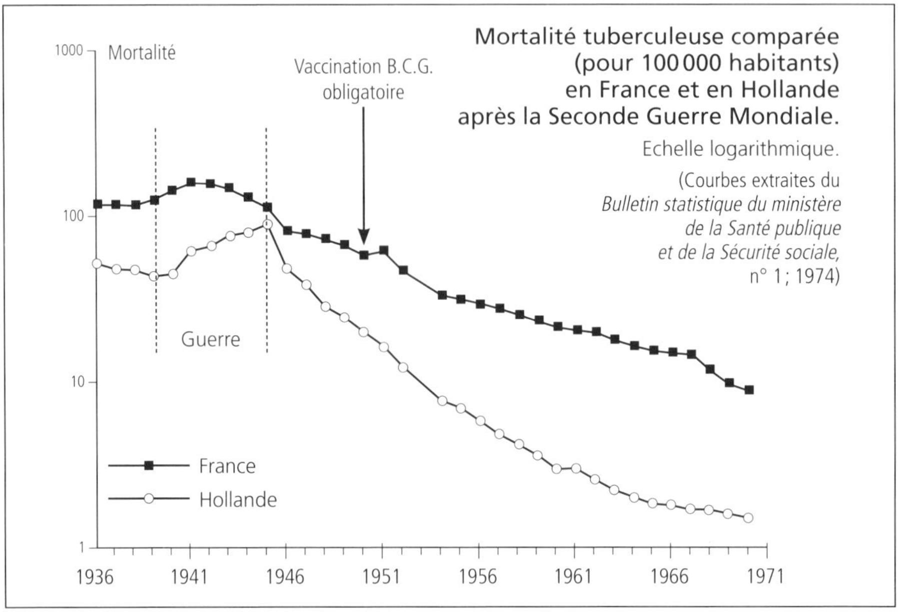

L'apparition du vaccin ne fait pas baisser la courbe. La vaccination de masse arrive en général lorsque la courbe est retombée. Dans 2 cas (polio et diphtérie) la courbe remonte très fort après le lancement du vaccin.

N.B. Lorsque le vaccin devient obligatoire, l'épidémie est déjà terminée.

Les biologistes savent aujourd'hui que nous ne sommes pas égaux devant l'immunité.

Chacun d'entre nous possède des molécules situées à la surface des cellules, les **antigènes HLA** qui sont un marqueur du système immunitaire. Plus précisément, l'abréviation HLA signifie « antigènes des leucocytes humains ». (Human Leucocytes antigenes).

Ces molécules constituent un système de reconnaissance propre à l'organisme. Elles servent au système immunitaire pour déterminer si une cellule fait partie de l'organisme ou s'il s'agit d'un envahisseur.

Mais ces antigènes sont différents d'une personne à l'autre, et les biologistes ont pu déterminer des groupes, comparables aux groupes sanguins.

Ex. La présence de certains antigènes appelés **HLA-B27** indique un risque plus élevé de développer une **maladie auto-immune**.

Le système HLA fait de nous des individus tous différents Nos capacités de défense sont inégales. Elles dépendent de notre identité biologique qui repose sur le système HLA. Ainsi, lors d'une greffe d'organe, on essaye d'harmoniser les systèmes HLA entre donneur et receveur, pour éviter la réaction de rejet.

Sur le site Internet d'Initiative Citoyenne, on peut lire :

«...Cette réalité biologique explique que tous les individus ne sont pas affectés lors d'une épidémie et, sur le plan vaccinal, le fait qu'il y ait des bons, moyens, mauvais, voire non-répondeurs. Les vaccins, qui sont des produits standard, ne peuvent pas entraîner des réponses stéréotypées chez des individus qui sont tous génétiquement différents (vrais jumeaux mis à part).

C'est ce qui avait conduit le **Professeur Dausset** *(Prix Nobel de médecine précisément pour ses travaux sur le système HLA) à déclarer lors d'une conférence donnée à Montréal en octobre 1980 : « La vaccination des enfants contre toute une série de maladies pourrait bientôt être une pratique du passé. »*
Il est en effet illusoire de penser qu'un sujet vacciné est un sujet immunisé. Quelques exemples :

– HLA B8 : faible réponse des lymphocytes T cytotoxiques,

– HLA DR6 : Inhibition de la réponse à l'anatoxine diphtérique,

– HLA DR7 : faible réponse au vaccin anti-hépatite B,

– HLA Aw24 et B5 : mauvais répondeurs au vaccin contre la rubéole,

*– HLA DQA1*05, B13 et B44 : absence de réponse au vaccin contre la rougeole,*

*– HLA DRB1*01 : fréquent chez les sujets atteints de myofasciite à macrophages,*

– HLA A2 et B7 ; plusieurs publications rapportent un lien avec l'autisme. etc.
Le pharmacien-chercheur Serge RADER, nous donne d'autres exemples :
« – HLA B8 : faible réponse des lymphocytes T cytotoxiques,
– HLA DR6 : Inhibition de la réponse à l'anatoxine diphtérique,
– HLA DR7 : faible réponse au vaccin anti-hépatite B,
– HLA Aw24 et B5 : mauvais répondeurs au vaccin contre la rubéole,
*– HLA DQA1*05, B13 et B44 : absence de réponse au vaccin contre la rougeole,*
*– HLA DRB1*01 : fréquent chez les sujets atteints de myofasciite à macrophages,*
– HLA A2 et B7 ; plusieurs publications rapportent un lien avec l'autisme. etc.
– HLA Cω3 donne une faible réponse à la variole,
– HLA DR7 – DQ2 – DQ3, une faible réponse à l'hépatite B, une réponse nulle si A1, B8, DR3 et plus encore si homozygote.
– HLA B5, faible réponse à l'anatoxine tétanique,
– HLA DR6, faible réponse à l'anatoxine diphtérique mais bonne pour la tétanique,
*– HLA DQA 1*05, B13, B44, pas de réponse au vaccin de la rougeole,*
– HLA B8, faible réponse des lympho T cytotoxiques,
– HLA A11 et B15, bonne réponse à la rubéole mais mauvaise réponse pour HLA Aω24 et B5,

De plus l'acte vaccinal peut être un facteur déclenchant de certaines maladies auto-immunes ou neurologiques portées par certains types HLA :

– HLA B7 ne répond pas au vaccin tuberculeux BCG ; avec risque d'autisme tout comme le HLA A2,
– HLA A1, B8, DR3 : prédisposition à l'auto-immunité,
– DR2 : à la sclérose en plaque,
– DR4 : au diabète et polyarthrite rhumatoïde,
– B27 : à la spondylarthrite ankylosante et à la maladie de Crohn.

Voilà pourquoi, même si l'on CROIT encore à l'efficacité de certains vaccins, la vaccination de masse, (donc obligatoire) est une absurdité scientifique.

Tous les biologistes aujourd'hui connaissent cette information...

En outre, **les vaccins sont contrôlés bien moins que les médicaments :** Pas d'études de pharmacocinétique, pas d'études de cancérogenèse, de génotoxicité ni de mutagenèse. pas de vrai placebo : La comparaison entre un groupe vacciné et un groupe placebo est très importante pour déceler les effets indésirables.

Malheureusement le groupe placebo n'en est pas un ; il ne reçoit jamais du liquide physiologique (solution saline) qui serait effectivement neutre mais une solution contenant tous les ingrédients du vaccin (adjuvant, conservateur, stabilisateur) à l'exception des antigènes.

Donc le vaccin est testé en le comparant à un vaccin dont on connaît déjà les effets indésirables. Si le nouveau vaccin n'en provoque pas davantage, il sera considéré comme bien toléré ce qui ne serait peut-être pas le cas s'il était comparé à l'injection d'un liquide physiologique.

Tout se passe comme si par exemple, face à des critiques concernant la confiture de fraises, accusée d'induire du diabète à cause du sucre qu'elle contient, on voulait voir comment des personnes ayant accepté d'être des cobayes, supportent le sucre en faisant 2 groupes :

Le groupe A avec de la confiture de fraises

Le groupe B appelé «groupe placebo» avec de la confiture de framboises, mais avec le même taux de sucre...

En plus, pour les vaccins combinés, l'autorisation de mise sur le marché d'un vaccin est donnée sur présentation d'un dossier. Dans le cas du vaccin combiné ROR, l'autorisation de mise sur le marché a été donnée sur présentation du dossier d'AMM de chacun des 3 vaccins monovalents (pour rougeole, oreillons et rubéole), mais il n'y a pas eu d'essais préalables avec les 3 ensemble !

Les vaccins peuvent entraîner des maladies auto-immunes Si l'on en croit le Pr Hanslik : « *De multiples cas de maladies immunologiques déclenchées par la vaccination sont rapportés dans la littérature, impliquant surtout les vaccins de la grippe et de l'hépatite B, mais aussi du tétanos ou d'autres vaccins. ... Devant une maladie immunologique, l'enquête étiologique doit systématiquement rechercher l'administration d'un vaccin dans le mois précédent le début des troubles (Revue de Médecine interne, 1996, 17 : 17-20).* »

Une maladie auto-immune est particulièrement inquiétante : le diabète juvénile insulinodépendant. Pendant dix ans (1988-1997), un registre a été consacré au recueil de l'incidence des nouveaux cas de DID.

Pendant cette période, l'augmentation de cette incidence a été de 29 % pour les moins de 20 ans et de 79 % pour les enfants de 0 à 4 ans (BEH n° 44-45/2007), cette augmentation au cours du temps s'accélérant chez les plus jeunes.

Le même phénomène a été observé en Finlande et les observateurs soupçonnent clairement la responsabilité de la composante oreillons du vaccin ROR. Les cas de maladies auto-immunes, notamment neurologiques, enregistrés dans les suites de la vaccination anti-hépatite B sont également nombreux : SLA et SEP pour ne citer que les plus connues.

Les vaccins sont potentiellement contaminés Ce problème concerne surtout les vaccins antiviraux qui nécessitent des cultures cellulaires, souvent de lignées continues, qui présentent des caractères de cellules cancéreuses. Ces cultures peuvent être contaminées par des protéines cancérigènes, des virus et de l'ADN. Ces contaminations sont connues depuis longtemps, au point que l'OMS a réuni en 1986 un comité d'experts pour en étudier les risques dans la fabrication de produits biologiques dont les vaccins. Les exemples sont nombreux de ces contaminations par des virus :

– contaminations des vaccins contre la fièvre jaune par le virus de l'hépatite B (au Brésil en 1930 et dans l'armée américaine en 1942), la préparation des vaccins ayant utilisé du sérum humain prélevé chez des porteurs du virus de l'hépatite B ;

– contamination pendant dix ans des vaccins antipolio par le virus simien SV40. Ces virus se retrouvent aujourd'hui dans divers cancers, notamment des mésothéliomes chez des sujets n'ayant jamais été exposés à l'amiante ;

– contamination des vaccins antirotavirus par des virus porcins. Quant aux contaminations par de l'ADN, elles sont préoccupantes car l'ADN ayant une structure universelle, les fragments qui contaminent les vaccins peuvent s'intégrer dans notre ADN, y perturber le fonctionnement des gènes et conduire à des cancers.

– Enfin que dire des nanoparticules que l'on a trouvées récemment dans certains vaccins, et dont la petite taille leur permet d'aller dans le cerveau, en franchissant sans problème toutes les barrières !

Déjà en 1981, le Professeur Louis-Claude VINCENT, dont les travaux font l'admiration de médecins et biologistes de toute l'Europe, grâce à ses découvertes et ses expérimentations sur la bioélectronique, expliquait que toute maladie provient d'un déséquilibre entre 4 terrains que l'on peut mesurer par une analyse sanguine :

– le terrain acide-oxydé,
– le terrain acido-réducteur,
– le terrain basique oxydé,
– le terrain basique réducteur

Dans une conférence tenue le 16 mai 1981, il explique :

« *...Comment se fait-il que le 19e siècle ait été bourré de tuberculose ?... C'est très simple. Parce qu'il y a eu une espèce de benêt anglais, qui s'appelait JENNER, qui était médecin, et qui un jour a trouvé l'idée géniale de combattre la variole qui défigurait. Seulement on n'avait pas vu que la variole venait des eaux ultra-polluées; mais cela c'est un autre problème... Ce médecin avait appris qu'en France ceux qui trayaient les vaches n'avaient jamais la variole parce que si les vaches étaient vérolées, les pis étaient pleins de pus... ils s'en mettaient plein les mains, et avec cela ils s'immunisaient. Alors il a eu l'idée de l'immunité et il a donc fait ce vaccin qui a été considéré comme la dernière* *merveille du monde en 1800; A telle enseigne que Napoléon Bonaparte demande à se faire injecter le fameux pus des vaches vérolées, et il dit que dès qu'il aura un fils, il va le faire immédiatement véroler si on peut dire...»*

Et Louis-Claude VINCENT explique que dès que l'on a injecté ce vaccin au roi de Rome «*...l'enfant périclite, il tousse sans arrêt...il a passé sa vie à tousser...*»

Le professeur poursuit en expliquant que plus tard, devant sa mauvaise santé, on lui confie un régiment en pensant que le grand air lui ferait du bien. Mais rien n'y fait, et il mourra dans les bras de sa mère à VIENNE.
«*...Des champignons avaient poussé dans ses oreilles... Il est devenu tout vert... Ils ont fait l'autopsie le lendemain. Les poumons étaient bourrés de tuberculis, ce fameux champignon venu du germe à JENNER, qu'il avait pris sur le pus des vaches vérolées et avait prospéré pendant 21 ans... Et Napoléon à son tour, 25 ans après avoir pris le vaccin mourrait à Ste-Hélène. On n'a jamais su ce que c'était, mais c'était la suite de son vaccin.*

CHAPITRE II
Les réactions des scientifiques

Question n° 2

Pourquoi une grande partie du corps médical semble-t-elle ignorer toutes ces informations ?

Réponse

Pensée unique, et organisation de la peur à l'encontre de ceux qui pensent « mal ».

Nous touchons là à une des grandes caractéristiques de notre société, tenant à 2 éléments : la pensée unique, et l'entretien de la peur à l'encontre de nombreux professionnels de Santé. Cette pensée unique est imposée à des professionnels de santé, menacés de perdre leur emploi s'ils osent penser autrement !

Il faut donc 2 techniques :

A) créer une pensée unique

B) l'imposer par des menaces, procès, intimidations, etc

A - La pensée unique

Toutes les couches de la société sont atteintes par la pensée unique, même ceux qui pensent en être épargnés. Comment en sommes-nous arrivés là?

Très progressivement.

Petit à petit, au fil des siècles, les gens fortunés sont devenus respectables, donc crédibles, à la différence de ceux qui avaient peu de moyens.

Les nantis ont alors bénéficié de plus en plus, d'une présomption de respectabilité, et de crédibilité. C'est alors que certains d'entre eux ont entrepris de façonner les cerveaux en introduisant l'idée suivant laquelle, pour tout sujet, il existe une opinion "officielle" : celle qui est majoritaire, c'est-à-dire celle qui est véhiculée par les médias.

Et dans toutes les couches de la société, des gens "respectables" se sont mis à se moquer de tous ceux qui ne pensaient pas comme "il fallait", prenant des airs de compassion à leur égard.

Dans les années 1970, des textes de loi sont même allés jusqu'à intervenir sur l'Histoire, puisque l'on n'a plus le droit de remettre en question certains événements historiques, sous peine de poursuites judiciaires graves !

Or, la question intéressante ici, n'est pas de savoir si tel ou tel événement historique s'est passé comme l'indiquent les livres d'Histoire ou non, mais la véritable question est qu'il a fallu faire voter des lois pour interdire qu'on se pose des questions ! Même dans les milieux intellectuels, personne ou presque ne se demande pourquoi avons-nous le droit de nier l'existence de Napoléon ou de Louis XIV, mais pas de nier certains faits historiques plus récents.

Qu'y aurait-il eu de si dangereux à laisser la possibilité aux citoyens de débattre de ces questions?

Ainsi, quelle ne fut pas ma consternation par rapport aux militants du mouvement "Lutte ouvrière" : alors que depuis des années, je participais régulièrement à leurs fêtes annuelles à Grenoble, parfois Lyon, et même d'autres villes plus lointaines. Un beau jour, j'ai eu l'idée de proposer, lors d'une de ces fêtes, de mettre en dépôt dans leur stand de livres, un petit ouvrage que j'avais écrit: "*Améliorer notre santé par une méthode qui ne coûte rien*" Cet ouvrage était un recueil de témoignages sur la pratique des arts martiaux et de ses effets sur la santé.

Immédiatement, l'on vint me dire que ce livre ne pouvait être présenté, car il contenait une théorie sur l'énergie vitale « *qui n'était pas démontrée par la Science!...* »

Quelle déception ! Non seulement, j'étais victime de la censure de la part d'un mouvement qui ne cessait de dénoncer la censure, mais en plus, sur le fond, l'on me reprochait une théorie "non démontrée par la Science", alors que mes interlocuteurs quelques minutes auparavant, dénonçaient publiquement le fait que la recherche scientifique était aux mains de la Haute Finance, et qu'elle ne pouvait démontrer que ce qu'on lui demandait de démontrer!

J'avais alors compris pourquoi ce mouvement, malgré toute la bonne foi et l'enthousiasme de ses militants, n'atteindrait jamais 5 % des suffrages !... »

J'avais réalisé alors que la pensée unique avait atteint même ses pires opposants !

C'est la raison pour laquelle il aurait été logique que ceux qui s'impliquent sur la question des vaccins, appartiennent à des groupements votant plutôt à gauche. Or, paradoxalement, c'est justement à gauche que l'on rencontre le plus de résistance ! Pourquoi ?

Pour deux raisons: la première est que les syndicalistes et les militants de gauche considèrent que les vaccins sont un acquis social. Ils se sont donc battus pour que tout le monde y ait accès.

La deuxième raison est qu'ils sont persuadés que les opposants aux vaccins ne peuvent l'être que pour des raisons religieuses.
Il ne leur viendra jamais à l'idée qu'ils se sont fait arnaquer ! Ils sont bien trop orgueilleux. Et donc ils ne voudront jamais connaître le moindre argument scientifique ! Voilà l'extraordinaire résultat de l'installation de la pensée unique !

Mais cette pensée unique s'est installée tant dans le corps médical que judiciaire en plusieurs étapes:

1 - Dans un 1er temps, une « anomalie » nationale ;
2 - Dans un 2e temps des « anomalies » locales ;
3 - Dans un 3e temps, l'intervention des institutions telles que, par exemple, les Conseils de l'Ordre des médecins.

1re étape : Une « anomalie » nationale :

En même temps que se met en place une campagne de vaccination contre l'hépatite B, a lieu l'étrange scénario que nous avons décrit plus haut, et concernant les évènements de Noël 1995 dans le Vercors.

2e étape : des « anomalies » locales : l'incroyable histoire de l'enfant « *mort du tétanos* » ou Disparition « paranormale » d'un courrier dans le dossier du tribunal !

Les faits que nous allons évoquer ont été débattus en audience publique, tant devant un Tribunal Correctionnel qu'une Cour d'Appel de la région Rhône-Alpes :

Dans la communauté agraire dont nous avons déjà parlé, a lieu un fait divers : T... enfant de 4 ans, est victime d'une piqûre de tique à la tête.
Sa mère, infirmière, nettoie la plaie tous les jours.
3 semaines plus tard, l'enfant est victime de convulsions. Son état est tel que les parents l'emmènent au Centre Hospitalier le plus proche.
Face à ces symptômes, le C.H.R. décide de l'adresser à un établissement bien plus équipé, à savoir l'hôpital Edouard Herriot de LYON. L'enfant part en hélicoptère avec ses parents porteurs d'un courrier manuscrit à l'intention de l'équipe médicale Lyonnaise. (le courrier est manuscrit, car cela se passe un samedi soir, et les secrétaires sont parties). Ce courrier, daté du samedi, mentionne « *...Cher Confrère, je t'adresse l'enfant T...* »
Aucune maladie précise n'est mentionnée dans ce courrier.

Malheureusement, au même moment, des gens bien intentionnés, contactent l'équipe médicale de Lyon, en leur indiquant que « *...l'enfant qui arrive chez eux vit dans une secte, que les « adeptes » sont contre les vaccins, et que si cet enfant possède des certificats de vaccination, ils ne peuvent être que faux...* ». Nous sommes alors en pleine psychose nationale.

Dans ce contexte de psychose, et comme les symptômes de la maladie de la piqûre de tique sont encore peu connus en Europe, (maladie de Lyme) mais ressemblent à ceux du tétanos, l'hôpital diagnostique un tétanos, car le médecin qui avait vacciné l'enfant auparavant contre le tétanos, commet deux maladresses :

– indiquer être membre de la communauté (donc de la «secte»)
– oser dire que le vaccin antitétanique n'est pas très efficace.

Pendant plusieurs semaines, l'enfant sera donc traité à la morphine et au curare, traitement très douloureux et sans aucun effet.

Tous les jours les parents et le médecin vaccinateur insistent auprès du service, en faisant observer que ce médecin est spécialiste des maladies tropicales, certifie que l'enfant n'a pas le tétanos, mais la maladie de Lyme, et que cela induit une forte carence en fer, et qu'il faut lui donner du fer.

Un beau matin, un interne de garde, se décide, de guerre lasse à lui prescrire un sirop en vente libre en pharmacie, et dosé en fer. 48 heures plus tard, l'enfant va beaucoup mieux, et quitte l'hôpital moins de 8 jours après. Le recul du temps nous permet d'affirmer que cet enfant n'a eu aucune séquelle. Quelques mois plus tard, devant des journalistes surpris, car ils avaient écrit qu'il était mort du tétanos, ses parents, montrant un enfant en pleine santé, qui gambadait dans un pré, déclarèrent « Nous avons le plaisir de vous présenter l'enfant mort du tétanos ».

Mais comme un hôpital ne se trompe jamais (cet enfant figure toujours dans les statistiques des cas de tétanos en France), les parents et le médecin vaccinateur, furent poursuivis pour établissement et usage de faux certificat de vaccination.

Au cours de l'instruction de leur procès, à leur grande stupeur, le courrier manuscrit, dont ils étaient porteurs lors du transfert de l'enfant en hélicoptère, était remplacé par un autre courrier, daté du lundi et non plus du samedi, dactylographié, et évoquant cette fois le tétanos, et commençant par la même phrase «*...Cher Confrère, je t'adresse l'enfant T...*».

Or, au tout début de leur procédure, ils avaient vu le 1er courrier manuscrit en présence d'un magistrat. Mais ce courrier disparut pendant l'instruction. Fort heureusement, son existence était mentionnée par un expert qui, lui aussi, l'avait vu avant sa disparition.

Les parents prirent alors la décision de quitter la France avec l'enfant, et de revenir plusieurs années plus tard, quand la condamnation serait prescrite.

Le médecin vaccinateur, non seulement, fit l'objet d'une condamnation pénale, mais fut également poursuivie devant le Conseil de l'Ordre.

Pour sa défense, elle produit :

– des courriers des services de toxicologie de plusieurs CHU, indiquant que personne n'avait jamais vu de tétanos causé par une piqûre d'insecte à la tête,

– des analyses sanguines, faisant apparaître que l'enfant avait bien eu la maladie de Lyme.

– d'autres analyses, montrant que quelques semaines seulement après la revaccination faite par l'hôpital, l'enfant avait reperdu tous les anticorps, ce qui démontrait qu'il ne les gardait pas.

Néanmoins, pour confirmer la radiation, le Conseil National de l'Ordre des médecins, tout en reconnaissant que cet enfant avait bien contracté la maladie de Lyme, ajoutait qu'il n'était pas exclu qu'il ait contracté en même temps le tétanos !

Ceci fit dire aux humoristes que l'insecte lui ayant transmis 2 maladies en même temps était paranormal, ce qui n'était pas étonnant, s'agissant d'une « secte » qui, forcément, avait transmis à cet animal, d'incroyables pouvoirs magiques…

Naturellement la quasi-totalité des médecins ne connaît que le début de l'histoire : Un enfant non vacciné a contracté le tétanos…

B - Imposer la pensée unique :

3e étape : Le maintien de la psychose par les institutions

L'ordre des médecins, fondé sous le régime de Vichy, intervient de manière très efficace à l'encontre de tous les médecins remettant en cause le dogme vaccinal. Nombreux sont ceux qui ont été radiés, soit pour avoir tenu des propos contraires à cette pensée unique, soit pour avoir délivré des certificats indiquant que la vaccination est contre-indiquée de manière générale pour tout citoyen.

Très curieusement, les conseils de l'ordre ne veulent rien savoir du problème des vaccinations : Pour eux les vaccins sont efficaces, sûrs, sans danger. Il faut rappeler qu'en France, l'essentiel de l'information médicale passe par les laboratoires pharmaceutiques.

Les tribunaux, victimes des mêmes manipulations et des mêmes mensonges, quand ils sont saisis, ne peuvent qu'ignorer tous ces éléments, et sanctionnent très souvent les parents qui, aujourd'hui, hésitent à faire administrer à leur enfant des produits inefficaces et toxiques.

La pensée unique a ainsi été construite par des manipulations, des mensonges, et par la peur.

L'exemple du Dr. WAKEFIELD est particulièrement caractéristique : En 1998, le journal Britannique «The Lancet» publie le cas de 12 enfants soignés au Royal Free Hospital de Londres, pour des problèmes intestinaux. l'étude évoque une association possible entre ces problèmes, des retards du développement, dont certains cas d'autisme, et le virus vaccinal de la rougeole découvert dans les intestins. Les médecins avaient constaté que chez 8 de ces enfants, les problèmes intestinaux et les symptômes d'autisme avaient débuté peu après la vaccination R.O.R.

Or, courant 2004, sous la pression des autorités de santé, 10 (sur les 13 co-auteurs de la publication) signent une lettre de rétractation de la publication indiquant un lien de causalité entre vaccin et autisme. C'est alors que les 3 ne signant pas, John WALKER-SMITH, pédiatre mondialement connu, Andrew WAKEFIELD, et le Dr. MURCH sont accusés de fraude médicale par l'Ordre des médecins. Les 2 premiers sont radiés, et le Dr. WAKEFIELD est particulièrement diabolisés par les médias, qui se gardent bien de préciser qu'en 2003 le propriétaire de «The Lancet» Crispin DAVIS, est devenu directeur du laboratoire GSK, fabricant du ROR !

En février 2004, l'aide juridictionnelle est supprimée pour les victimes plaignantes, par le Juge DAVIS, frère de Crispin DAVIS.

Il faudra attendre le 7 mars 2012 pour qu'un autre Juge donne raison à WALKER-SMITH et à WAKEFIELD, jugeant que l'accusation de fraude ne tenait pas debout, et que les conclusions étaient basées sur « *un raisonnement inadéquat et superficiel à des nombreux points de vue…* » Plusieurs journalistes sont maintenant poursuivis en diffamation.

Entre temps, une Etude à l'Université de Wake-Forest, en Caroline du Nord, montre que sur 82 enfants atteints d'autisme, 70 sont positifs pour le virus de la rougeole, et le Dr.WALKER déclare que «*…Toutes les souches sont des souches vaccinales; aucuns souche ne concerne le virus sauvage de la rougeole…*».

Aujourd'hui, Ginger TAYLOR se demande pourquoi le nombre d'enfants autistes est-il passé de 1/10.000 il y a 50 ans, à 1/88 aujourd'hui ?

Malgré cela, la plupart des journalistes, comme de lamentables carpettes, continuent d'écrire sans aucune nuance, qu'il faut se faire vacciner contre la rougeole !

Ainsi s'est forgé une véritable religion, en ce sens que, comme l'indique Sylvie SIMON : «***...On ne réfléchit plus, on croit...***» et ajoute «*...chacun répète ce qu'il a entendu comme un perroquet. L'exemple parfait est le mythe de l'éradication de la variole grâce à la vaccination de masse, alors que l'OMS n'a jamais affirmé une telle contre-vérité, mais tout le monde la reprend sans jamais vérifier les sources...*»

Cette absence totale d'esprit critique conduit à des aberrations qui nous atteignent tous : Ainsi si une information diffusée par ARTE est contredite par TF1, la quasi-totalité d'entre nous croira TF1, car dans l'inconscient collectif, il existe maintenant une hiérarchie au sein des media, et le «vu à la Télé» devient une sorte de Sacrement.

C'est pour cela qu'il a suffi d'un journal télévisé pour que tout le monde change d'avis sur l'amiante, même les « experts », alors que depuis plus de 30 ans, les publications, les communiqués, les déclarations, étaient innombrables.

Bref, Charles DE GAULLE avait tout dit en s'exclamant : « *Les français sont des veaux* ».

N.B. Nous sommes devenus plus que des veaux : comme on le verra plus loin, nous sommes devenus de parfaites carpettes.

Mais il faut ajouter à cette véritable religion vaccinale 2 éléments qui nous ont longtemps échappés :

C - Le chiffre d'affaire au service de la religion vaccinale :

1 - Pour de nombreux médecins généralistes des beaux quartiers, le simple fait de vacciner, représente une part non négligeable de leur chiffre d'affaire.

2 - La Caisse Nationale d'Assurance Maladie publie régulièrement une «Note méthodologique du dispositif de rémunération sur objectifs de santé publique des médecins traitants» : Le R.O.S.P.

En effet, un arrêté du 1er août 2018 du Ministre de la Santé Publique « *portant approbation de l'avenant n° 6 à la convention nationale organisant les rapports entre les médecins libéraux et l'assurance maladie signée le 25 août 2016* », publié au Journal Officiel, prévoit que celui qui vaccine beaucoup se verra attribuer des points et une rémunération proportionnelle au nombre de points. Voila pourquoi, lorsque l'on a conscience de cette double source de revenus provenant de la vaccination, l'on comprend qu'en face d'une mère affolée par les convulsions de son enfant quelques heures après une vaccination, le médecin affirme avec force que cette pathologie « *ne peut pas venir du vaccin* »...

QUATRIÈME PARTIE

ET N'OUBLIEZ PAS
MA CHÈRE, UN MALADE
GUÉRI EST UN CLIENT
PERDU !

Donc, on nous ment, mais pourquoi cela continue-t-il, et comment protéger nos enfants ?

Tout citoyen de bonne foi ayant découvert ces informations est obligé de constater qu'il existe un problème, et est obligé de se demander comment se fait-il que ces données alarmantes n'aient pas été portées à la connaissance du public, voire des autorités.

S'il est observateur, il constatera que dans tous les débats télévisés concernant les vaccins, on invite en général 9 professionnels pour, et un contre, chacun ayant le même temps de parole.

Le seul « opposant » aura été choisi à l'avance : on aura fait venir quelqu'un qui maitrise mal le sujet, ou bien qui a des difficultés à parler en public, mais on n'entend jamais ceux qui sont capables de démontrer que nous marchons sur la tête, bien qu'ils soient nombreux.

L'opinion publique **croit** alors que les vaccins nous protègent vraiment, que les effets indésirables sont rares, et que l'on n'y peut rien, car il faut protéger le plus grand nombre.

Mais qui à vérifié ce que deviennent les enfants que l'on vient de vacciner en Afrique ou en Asie ?

Et comment réagissent les institutions face à ces problèmes ?

6 Questions 6 Réponses

1. Quelle est l'attitude de la Justice en France concernant la question des vaccinations ?
2. Face à cette masse de scientifiques qui dénoncent ces mensonges, comment se fait il que nos élus et nos dirigeants ne réagissent pas ?
3. Mais, si dans plusieurs pays d'Europe les vaccins ne sont plus obligatoires, l'obligation vaccinale n'est elle pas contraire à la Convention Européenne des Droits de l'Homme ?
4. Un fonctionnaire zélé, ou un pédiatre (bien que je lui démontre que les produits appelés « vaccins » sont inefficaces et toxiques), exige « parce que c'est la loi » que mes enfants soient vaccinés. Que puis-je faire ?
5. De manière générale, adulte, professionnel de santé, que faire devant le médecin ?
6. Pourquoi le débat sur les vaccins avance-t-il si lentement ?

CHAPITRE I
Les réactions de la justice en France

Question n° 1

Quelle est l'attitude de la Justice en France concernant la question des vaccinations ?

> *« Dans un pays imaginaire, une Loi vint rendre obligatoire le port de combinaison doublées à l'amiante, pour tous les écoliers amenés à marcher dans des zones à haut risque d'incendies de forêts, car l'amiante est un puissant isolant thermique.*
>
> *Certains parents refusèrent, car ils connaissaient les dangers de l'amiante, et proposèrent d'autres solutions pour diminuer le risque.*
>
> *Ils furent alors convoqués en Justice, car les directeurs d'écoles firent de nombreux signalements les accusant de faire partie de sectes, et condamnés par des tribunaux indiquant que si des médecins affirmaient qu'il fallait porter la combinaison, les juges n'avaient aucune compétence pour dire le contraire. Le fait que d'autres médecins soutiennent la position des parents ne changeait rien, car ces médecins ne représentaient pas la « vraie » médecine…*
>
> *Voilà ce que nous avons failli vivre. Mais, ne sommes-nous pas dans le même cas de figure, concernant les vaccins ? »*

Les juristes français sont placés dans une situation totalement absurde :

Certains articles du code civil sont très gênants par rapport à la vaccination obligatoire :

– art. 16-1 : « *le corps humain est inviolable* » ;

– art. 16-3 : « *il ne peut être porté atteinte à l'intégrité du corps humain qu'en cas de nécessité médicale pour la personne, ou à titre exceptionnel, dans l'intérêt thérapeutique d'autrui.* ».

D'autre part, la convention d'Oviedo du 4 avril 1997 sur les droits de l'homme et la biomédecine indique, notamment : « ***L'intérêt et le bien de l'être humain doivent prévaloir sur le seul intérêt de la société ou de la science.*** ».

Enfin, la jurisprudence de la Convention européenne des droits de l'homme (CEDH) est prudente par rapport à cette question : Dans la décision Salvetti du 9 juillet 2002, la Cour indique : « *En tant que traitement médical non volontaire, la vaccination obligatoire constitue une ingérence dans le droit au respect de la vie privée, garanti par l'article 8 de la Convention européenne des droits de l'homme et des libertés fondamentales.* »

D'un autre côté la Loi Kouchner exige pour tout acte médical, le consentement **libre** et **éclairé** du patient, d'un autre côté, plusieurs vaccins sont obligatoires, et les conditions dans lesquelles ils sont administrés, font que, par définition, il n'existe ni consentement libre (puisque c'est obligatoire), et encore moins éclairé, puisque la majorité des médecins croient bien faire en vaccinant, donc sont dans l'incapacité d'indiquer la nature et le risque des adjuvants entrant dans la composition des vaccins.

De fait, un acte médical a été transformé en acte administratif.

D'autre part, des conventions internationales semble être en contradiction avec la vaccination obligatoire :

Voyons tout d'abord dans quelles situations les tribunaux peuvent-ils être amenés à intervenir en matière de vaccination :

a) Cela peut être à l'initiative d'une victime des effets secondaires, qui, soit dépose une plainte pénale pour empoisonnement, soit engage une action civile visant uniquement à obtenir réparation de son préjudice.

b) Cela peut être à l'initiative des parents d'un enfant que l'on refuse, soit à la crèche, soit à l'école, car il n'est pas vacciné.

c) Cela peut être à l'initiative d'une assistante sociale, ou d'un directeur d'école, ou même d'un médecin qui, croyant bien faire, adresse un signalement au Parquet, indiquant que l'enfant X… n'est pas vacciné, car ses parents refusent le vaccin.

Ce genre de courrier, digne des années 1942, s'accompagne souvent de commentaires précisant que les parents font « sûrement » partie d'une secte, démontrant ainsi que l'auteur répète comme un perroquet ce que «ON» lui a dit, mais qu'il n'a jamais vérifié sur le terrain, et dans la quasi-totalité des cas, les parents expliquent les raisons de leur refus, mais le rédacteur – délateur, non seulement ne veut pas savoir, mais en plus, va faire comme si on ne lui avait rien expliqué.

Beaucoup de tribunaux se retranchent derrière l'obligation légale, et même si l'on fait venir à la barre, des sommités médicales démontrant l'inefficacité et la toxicité des vaccins, cela ne change rien, car les tribunaux indiquant ne pas avoir de compétences médicales, considèrent que puisque c'est obligatoire, cela veut dire que ce n'est pas dangereux.

On peut se demander quelle serait la réaction d'un Juge des enfants, face à des parents qu'il aurait contraints de faire vacciner leur enfant, au vu du diagnostic postérieur d'une maladie auto-immune, et qui seraient revenus le voir avec le fauteuil roulant de l'enfant pour dire « *Voilà ce que l'on nous a obligés de faire pour soi-disant protéger notre enfant contre une maladie qui de toutes manières, guérit spontanément dans 9,5 cas sur 10* » ?

Nous sommes donc dans un système dans lequel tout le monde se renvoie la balle : Les tribunaux indiquent que c'est le parlement qui vote la Loi. Ils n'y peuvent rien. Les députés à qui on pose la question, répondent le plus souvent que les études faites par le Ministère de la Santé indiquent qu'il faut que certains vaccins soient obligatoires, et que les effets secondaires sont très rares. Le Ministère de la Santé précise que des médecins spécialistes ont étudié la question. Donc tout va très bien, Madame la Marquise.

Sauf que depuis août 1944, l'on n'a cessé de nous dire que quand un texte de loi était manifestement dangereux pour autrui, le citoyen avait le devoir de résister. Cela a été rappelé au procès de Nuremberg, et plus récemment à Bordeaux, au procès de Maurice PAPON qui n'a cessé de dire qu'il n'a fait qu'appliquer la Loi.

Le cas le plus douloureux : La Justice est saisie par une victime des effets secondaires des vaccinations :

Si cela concerne des vaccinations obligatoires, il est possible aujourd'hui, grâce à une Loi récente, de bénéficier d'une indemnisation automatique en s'adressant à l'O.N.I.A.M. (Office national d'indemnisation des accidents médicaux).

Mais l'O.N.I.A.M. n'indemnisera pas s'il s'agit de vaccin non obligatoire

Dans ce cas, que ce soit dans le cadre d'une plainte pénale ou d'un procès civil, le même problème va se poser : Il va falloir démontrer que le vaccin a bien été la cause de la maladie.

Et là, c'est un véritable parcours du combattant.

L'incroyable attitude des experts judiciaires

Le réflexe normal, logique, et de bon sens de tout juge, est de nommer un expert pour déterminer si les troubles dont se plaint la victime ont bien pour cause, le vaccin.

Or, sachons que nos « experts », eux aussi, sont boulonnés dans une certitude religieuse.

Dès le début de ma carrière, j'ai constaté que les experts judiciaires ont un savoir limité, et que leurs expertises sont souvent à l'origine d'erreurs judiciaires, car, bien que les tribunaux ne soient pas obligés de suivre leurs conclusions, dans la pratique ils les suivent dans 9 cas sur 10. Comment d'ailleurs, faire autrement, alors que si l'on a désigné un expert, c'est justement car on ne connaît pas le problème technique qui se pose ?

Lorsque j'étais avocat stagiaire, lors de ma première affaire d'assises, je réussis à rapporter la preuve de l'innocence d'un pauvre bougre accusé de meurtre, qui fut donc acquitté après une très courte délibération du jury. Mais l'expert psychiatre qui l'avait examiné au début de la procédure, et qui savait qu'il examinait Monsieur X... accusé de meurtre, mais niant les faits, avait conclu qu'il était « *matois et dissimulateur...* » . Les conclusions, n'auraient-elles pas été différentes, si la loi avait fait en sorte qu'un expert visitant un détenu, ignorait tout des motifs de l'incarcération ?

Quelques années plus tard, Je fus confronté à un expert en graphologie qui avait affirmé péremptoirement qu'un chèque volé avait bien été signé et rempli par mon client, car c'était bien son écriture. Sauf que quelques mois plus tard, le vrai coupable, interrogé pour une autre affaire, avoua spontanément avoir falsifié ce chèque.

Par la suite, dans une affaire dans laquelle une compagnie d'assurance refusait d'indemniser un vol de voiture, car le véhicule avait été retrouvé fort endommagé, mais « *sans trace d'effraction sur le neiman* », l'expert désigné par le tribunal, organisa une réunion d'expertise devant la voiture, en présence des parties, et dans un premier temps, indiqua alors qu'il pensait lui aussi qu'il s'agissait d'un faux vol. Je fis alors démarrer ce véhicule (un des premiers modèles de voitures en provenance de l'Europe de l'Est) avec un tournevis, devant l'expert médusé qui, vraisemblablement, ne savait pas que n'importe qui pouvait faire démarrer ce modèle de véhicule avec un tournevis, donc sans effraction !

Je pense enfin à ce médecin du travail du centre de la France qui s'était plaint du fait que dès qu'il avait signalé un nombre important de maladies professionnelles dans une grande entreprise, il s'était plaint d'être suivi quotidiennement en voiture par des inconnus, et avait donc été qualifié de paranoïaque et mis en congé maladie... Jusqu'à ce qu'un fait divers démontre qu'il était effectivement suivi quotidiennement dans un but d'intimidation.

Chaque fois que j'ai évoqué ce cas et que j'ai demandé à des psychiatres : Ce médecin aurait-il été qualifié de paranoïaque si dés le départ on l'avait cru ? Les symptômes sont-ils différents si le danger dont se plaint le patient est réel ? Je n'ai jamais eu de réponse claire.

Ce qui est grave n'est pas l'ignorance de tous ces experts sur certains sujets, mais le fait qu'ils agissent comme s'ils savaient tout, et refusent toute remise en cause de l'immensité prétendue de leur savoir.

Le Dr Jean ELMIGER, homéopathe Suisse de renommée internationale, raconte dans sa conférence « Vaccination le dernier tabou » avoir été consulté par le père d'une jeune fille qui, dès le lendemain de la 1ère injection du vaccin contre l'hépatite B voyait trouble, que ce trouble s'était aggravé à chaque rappel, jusqu'à ce qu'elle en perde la vue.

Un grand spécialiste ophtalmologue à qui ce père demandait quelles étaient les raisons scientifiques lui faisant nier le lien de causalité avec le vaccin, qui lui paraissait évident, répondit : « *Je n'accepte pas cette causalité, car cela n'a jamais été publié* ».

Bien sûr, les revues dites « officielles » ne publient que le scientifiquement correct. Voilà pourquoi, malgré l'évidence de la proximité des symptômes avec la vaccination, une telle observation n'est pas publiée. Le Dr ELMIGER ajoute « *...Des observations de cette nature se comptent de nos jours par centaines, voire par milliers. Mais ce n'est pas, bien sûr, dans les revues scientifiques prestigieuses qu'elles sont publiées...* ».

Dans une affaire concernant une infirmière vaccinée contre l'hépatite B, atteinte de sclérose en plaques, demandant à la Sécurité sociale la reconnaissance du caractère professionnel de sa maladie (ce vaccin étant obligatoire pour le personnel de santé), le médecin de la Sécurité sociale, puis l'expert désigné, niaient le lien de causalité car 4 ou 5 références médicales indiquaient que le lien de causalité n'était pas prouvé, nous avons amené à l'audience une cinquantaine d'ouvrages de médecins et biologistes, comportant environ 1 000 références médicales ! Nous avons demandé au tribunal de bien vouloir poser à l'expert les questions suivantes

« *...Pourquoi tous ces ouvrages ne font-ils pas partie de la littérature médicale que vous citez ?* »

« *La littérature médicale se limite-t-elle à vos propres connaissances ?* »

Par une décision astucieuse, aujourd'hui définitive, le tribunal des affaires de sécurité sociale de Valence, refusa de poser ces questions, estimant que cela consisterait à entrer dans une polémique sans fin, mais constata que cette infirmière, âgée d'une quarantaine d'années, avait toujours été en bonne santé, et était tombée malade juste après la 1ère injection. D'autre part, l'expert niant le lien de causalité, ne disait pas quelle était donc la cause de cette maladie survenue brusquement. Le tribunal décida que le lien de causalité était donc présumé, et reconnut le caractère professionnel de la sclérose en plaques.

L'histoire de Mireille est caractéristique de l'attitude de nos brillants experts:

11 jours après la 1re injection du vaccin contre l'hépatite B, Mireille, infirmière, qui n'avait encore jamais connu de problèmes de santé, ressent des douleurs et des brûlures, ainsi qu'une grande fatigue, douleurs qui vont s'intensifier à l'occasion de chaque rappel, jusqu'à ce qu'elle ne puisse plus du tout travailler. Personne n'ose penser à ce moment là que ces symptômes pourraient être dus au vaccin. Ce n'est que 12 ans après la 1re injection, et 5 ans après le dernier rappel qu'un neurologue, pour la 1re fois, émet l'hypothèse d'une conséquence du vaccin. Un certificat médical initial d'accident du travail est alors établi, et contesté à la fois par l'employeur et la C.P.A.M. qui refuse la prise en charge. Mireille, indiquant être atteinte de sclérose en plaques, saisit la Justice, car un 1er expert ne reconnaît pas le lien de causalité entre la vaccination et la maladie.

Mireille accuse les sels d'aluminium utilisés comme adjuvants dans les vaccins.

Le Tribunal des affaires de sécurité sociale de QUIMPER, après avoir ordonné une expertise, puis un complément d'expertise, note des contradictions entre le 1er et le 2me rapport, et par un jugement du 8 janvier 2009, longuement motivé, dit que la pathologie de Mireille a le caractère d'un accident du travail. L'employeur et la C.P.A.M. font appel.

Par une 1re décision, la Cour d'appel de RENNES ordonne une nouvelle expertise. Le nouvel expert ne reconnaît pas non plus le lien de causalité entre vaccin et maladie, indiquant que ce lien n'est pas prouvé compte tenu « des connaissances scientifiques actuelles ».

À l'audience, nous faisons observer qu'en cette matière les experts semblent être dans une religion, croyant plus les écrits des autres que leurs propres observations(tout en rejetant les ouvrages qui sont contraires à une sorte de pensée unique). Le fait que cette dame soit tombée malade juste après le vaccin, serait donc une coïncidence, et tant pis si personne ne donne une autre cause possible à l'apparition de cette maladie. Car l'expert ne donne aucune autre cause possible.

La Cour note que Mireille souhaite que l'expert s'explique sur les raisons pour lesquelles il n'a pas fait mention dans son rapport, **d'une cinquantaine d'ouvrages dénonçant les graves effets secondaires des vaccinations**, et dont elle lui a fourni la liste, et semble ignorer les conclusions du **8e congrès international sur l'auto-immunité** qui s'est tenu à Grenade en mai 2012, dénonçant le rôle causal possible des adjuvants.

Par arrêt du 20 février 2013, la 9° chambre Sécurité Sociale de la Cour d'appel de RENNES, dit que la présomption d'imputabilité de la maladie au travail n'est pas détruite, l'expert « *...n'excluant pas lui-même totalement* *l'existence d'un lien de cause à effet entre la vaccination et l'apparition de la pathologie, dès lors qu'il fonde expressément ses conclusions sur l'état actuel des connaissances médicales...* ». La Cour, laissant entendre ainsi que les connaissances médicales ne sont pas illimitées, confirme donc le jugement du T.A.S.S. de QUIMPER.

Le caractère professionnel de la maladie est donc enfin reconnu par la Sécurité Sociale pour Mireille.

L'attitude de ces « experts » est particulièrement **honteuse et lamentable**. Elle consiste à nier l'évidence. Elle est dans la pure lignée de ces grands pontes de la médecine qui, dans les années 60 aux U.S.A., déclaraient aux malades arrivant paralysés dans les hôpitaux, au plus fort de l'épidémie de polio : « ...*Ce n'est pas la polio que vous avez attrapée, puisque vous êtes vacciné...* ».

Cette attitude est d'autant plus honteuse, qu'aucun de nos brillants « experts » n'a jamais entrepris de vérifier l'état de santé des personnes venant d'être vaccinées.

Comment peut-on se permettre de nier le lien de causalité entre vaccin et maladie neurologique, alors qu'aucun de ces « scientifiques » n'a jamais entrepris le moindre sondage auprès des vaccinés ?

Auraient-ils peur des réponses, s'ils avaient délivré un questionnaire à plusieurs centaines de vaccinés, comportant une question fondamentale :
« *Dans les mois qui ont suivi le vaccin, avez vous été malade ?* »

Personne n'a jamais eu le courage d'entreprendre un tel sondage.

Sage décision de leur part, car rien que dans la ville de GRENOBLE, j'ai pu entendre plusieurs personnes m'expliquer s'être faites vacciner contre la grippe H1N1, et avoir été gravement malades dans les heures qui on suivi : douleurs dans tout le corps, forte fièvre, elles sont restes plusieurs jours au fond de leur lit. L'une d'entre elles me dit même :

« *Je ne comprends pas. Tout le monde disait que c'était une grippette, je me suis fait vacciner, et j'ai été malade comme un chien, j'ai cru que j'allais en mourir, avec des symptômes ressemblant étrangement à ceux de la grippe. Mon médecin m'a dit que ce n'était pas la grippe, puisque j'étais vacciné, à moins que le vaccin « n'ait pas pris ». En tous cas, selon lui, tous ces symptômes ne pouvaient pas venir du vaccin. Donc il était inutile de le signaler à la pharmacovigilance !...* »

Ce témoignage montre à lui seul combien la bêtise peut empêcher de voir l'évidence

Il est vrai que si A porte un violent coup de poing au visage de B et que B se met à saigner du nez, il ne sera jamais possible de démontrer avec une absolue rigueur scientifique que le saignement a été la conséquence du coup de poing, car c'est peut-être une coïncidence… C'est en quelque sorte, le discours de ces « experts » devant les tribunaux.

Le Dr Jean ELMIGER, dans ses conférences, explique que ces « scientifiques » se mentent à eux-mêmes, en ne faisant plus de la vraie médecine d'observation, mais une médecine livresque où le diagnostic est déjà écrit à l'avance dans le livre…

Ce genre de démarche a déjà fait de nombreuses victimes.

Rappelons-nous l'amiante : Pendant 40 ans, des dizaines d'auteurs tiraient la sonnette d'alarme et nos « experts », avec des airs hautains et méprisants, indiquaient que la toxicité « *n'était pas prouvée* ». Il a suffi d'une émission de TF1 pour que tout le monde se mettre à courir, en disant « *J'ai toujours dit que c'était dangereux…* »

Il faut dire également que de nombreux médecins en France sont aussi responsables de cette situation, par le fait qu'ils croient plus volontiers ce qu'on écrit les autres que leurs propres observations. Combien de fois n'avons-nous pas entendu des personnes amenant un enfant présentant des symptômes alarmants quelques heures après une vaccination, et à qui le médecin, boulonné dans sa certitude religieuse, déclarait péremptoirement « *ça ne peut pas venir du vaccin…* » et cherchait ailleurs la cause du problème, perdant ainsi un temps précieux.

Ainsi, le 18 mars 2009, la Cour d'Appel de LYON a confirmé un jugement du Tribunal Correctionnel de BOURG EN BRESSE, condamnant à 8 mois d'emprisonnement avec sursis un médecin qui avait administré à un bébé de 2 mois, un vaccin anticoquelucheux consistant en un produit qu'on ne pouvait pas donner avant l'âge de 16 mois.

L'enfant décédait 4 jours après la piqûre de rappel.
Or, dès la 1re injection, l'enfant avait été malade, ainsi que dans les heures suivant la 2e, mais le médecin, malgré les symptômes suivant la primo-vaccination, avait quand même décidé la 2e piqûre, et n'avait pas réagi aux appels désespérés de la mère, pendant les 4 jours suivant la 2e injection. Une fois de plus, les certitudes d'un médecin estimant que « *Cela ne pouvait pas venir du vaccin* » avaient fait perdre un temps précieux, fatal à l'enfant.

CHAPITRE II
Les réactions des politiques

Question n° 2

Face à cette masse de scientifiques qui dénoncent ces mensonges, comment se fait il que nos élus et nos dirigeants ne réagissent pas ?

Réponse

Malheureusement, beaucoup d'entre eux, sont dans le dogme religieux, la certitude : Rappelez-vous l'amiante ! Il a fallu 29 ans pour que l'on « découvre » que c'était dangereux ! Et ce qui est incroyable est que ce sont des émissions de télévision qui ont fait dire à nos « experts » que l'amiante était dangereux, alors qu'ils avaient soutenu le contraire pendant 29 ans malgré toutes les publications existant depuis 1965. Comme quoi il y aurait un sérieux coup de balai à donner chez nos experts.

Pour toute la gauche, la difficulté est que la vaccination représente dans l'inconscient collectif, un acquis social. Dès que l'on remet cela en cause, chaque syndicaliste qui s'est battu toute sa vie pour que l'on donne des vaccins gratuitement, ne peut accepter s'être trompé de cette manière. Donc très paradoxalement, la plupart des élus de gauche ne « veulent pas savoir ».

Ceci s'applique à ceux qui sont sincères et de bonne foi.

Mais il y a plus grave : le dogme religieux fait que l'on ne tient pas compte ce que l'on voit :

Dans le Bulletin épidémiologique *Hebdoma-daire* (édité sous contrôle du Ministère de la Santé) du 20 janvier 2004, p. 15 on peut lire concernant un échantillon de 277 enfants atteints de tuberculose et étudiés par nos scientifiques « *le statut vaccinal était connu pour 65,3 % de ces enfants, et* ***74 % d'entre eux étaient vaccinés par le B.C.G.*** »

Ce qui est incroyable est que, en dépit de tout ce qu'on écrit des scientifiques de renommée mondiale, en dépit de ce que dit l'OMS depuis des années, les rédacteurs de cet article **constatent eux-mêmes** que sur l'échantillon des enfants qu'ils ont examinés, les 3/4 de ceux qui étaient atteints de tuberculose étaient vaccinés, et préconisent quand même de continuer la vaccination.

Quel bel exemple de dogme qui fait perdre tout sens critique !

Dans le Bulletin épidémiologique Hebdomadaire du 4 nov. 2003 p. 213 nos « scientifiques » ont examiné un échantillon d'enfants qui avaient la coqueluche et on nous dit « *au-delà de 4 mois, 32 % n'avaient reçu aucune injection, 27 % étaient vaccinés de façon incomplète, et 41 % étaient correctement vaccinés.* »

Donc cela signifie que 68 % des gamins qui avaient la coqueluche étaient vaccinés contre la coqueluche ! Malgré cela, personne ne se pose la moindre question, on continue de vacciner !

Et il y encore plus grave :

« L'épidémie » de méningite de Clermont-Ferrand :

Selon l'institut de veille sanitaire, les cas de méningite à méningocoque (celle qui est grave) ont été de 670 en France pour l'année 2001, ce qui représente 7 cas par département.

Au cours de la même année, le département du Puy de Dôme connut 11 cas. Le 10 janvier 2002, le Ministre de la Santé signe l'autorisation de mise sur le marché d'un vaccin appelé « Méningitec », fabriqué par un laboratoire américain : Wyeth-Lederle, et, le 11 Janvier un communiqué de presse des autorités nous informe qu'il y aurait une épidémie de méningite à Clermont-Ferrand, car il y avait « deux nouveaux cas » Et simultanément 100 000 doses qui étaient déjà « par hasard » sur le territoire français, sont acheminées en quelques heures à Clermont-Ferrand.

Les commentateurs de la presse audio-visuelle, de bonne foi, n'ont pas manqué d'indiquer : « *...Heureusement il y a suffisamment de vaccins...* ».

Une procédure judiciaire débattue en audience publique nous a permis de découvrir que le laboratoire américain n'aurait pas livré au hasard 100 000 doses, avant l'autorisation de mise sur le marché, si on ne les lui avait pas commandées auparavant.

Nous avons donc assisté à une belle opération commerciale : 80 000 enfants ont été vaccinés.

Aujourd'hui, la méningite n'a pas disparu dans le Puy de Dôme, et personne ne se préoccupe de l'état de santé actuel des 80 000 vaccinés.

Ainsi, si nos élus ne réagissent pas, c'est qu'ils n'ont pas encore réalisé les vaccinations étaient de sordides opérations commerciales, et pas du tout des œuvres de santé publique.

L'actualité confirme tous les jours cet état de choses: Ainsi Madame Roselyne BACHELOT, Ministre de la Santé, à l'assemblée nationale, le 2 nov. 2010, déclarait « *Le rôle des sels d'aluminium pourrait être incriminé sous le bénéfice d'études complémentaires...* »

L'Académie de Médecine elle-même reconnaît que l'aluminium peut atteindre le cerveau, et que des adjuvants plus efficaces devront remplacer les sels d'aluminium.

Des études étaient donc commandées sous l'égide de l'AFSSAPS (Agence française de sécurité sanitaire des produits de santé, devenue aujourd'hui ANSM).

Lors de la campagne présidentielle de François HOLLANDE, Marisol Touraine, avait déclaré:

« *...De nombreuses études ont ainsi alerté sur le possible potentiel cancérigène et perturbateur endocrinien des sels d'aluminium. (...)*

Dans le contexte de perte de confiance de nos concitoyens envers les institutions sanitaires, en particulier depuis la gestion catastrophique de l'épidémie de grippe A et la dénonciation de graves conflits d'intérêts ayant provoqué de trop nombreux scandales sanitaires, il faut donner les meilleures assurances de sécurité pour effectuer les vaccinations obligatoires dans l'intérêt de la santé de notre population.

La nature des adjuvants utilisés dans leur fabrication doit faire l'objet d'une attention particulière et doit être communiquée aux familles afin qu'elles soient pleinement informées. Elles doivent également avoir le choix de faire procéder aux vaccinations obligatoires par des vaccins sans sel d'aluminium, d'autant plus que cela était le cas jusqu'en 2008 ».

Or, Le 12 septembre 2012, l'ANSM annonçait:

« *...Aucun financement n'est accordé sur les questions de sécurité vaccinale, et en particulier sur la question des adjuvants à base d'aluminium...* »

Mais, paradoxalement, l'ANSM recommande officiellement de ne pas utiliser sur une peau lésée les déodorants contenant de l'aluminium ! **Les mêmes sels** d'aluminium injectés directement dans l'organisme seraient-il moins nocifs ? Ou le reconnaître serait-il plus dérangeant ?

Le Professeur Gherardi, abasourdi par cette décision, déclare:

« *Je viens de prendre connaissance par un avis lapidaire que notre projet « Transport particulaire systémique par les phagocytes: sécurité des adjuvants vaccinaux » n'a pas été retenu dans le cadre de l'AO 2012 de L'ANSM. Les expertises ne nous ont pas été communiquées, malgré une demande immédiate de ma part dans ce sens.*

« Il est accablant de constater que ce projet qui a été bâti en tenant compte dans les moindres détails de l'intégralité des avis émis par les propres experts de l'AFSSAPS (j'en ai compté 17 qui se sont penchés sur ce dossier) à l'occasion de plusieurs navettes effectuées en 2010/2011 et soutenu à l'issue de ce «processus vertueux» par une lettre officielle signée de Mr Marimbert précédent directeur de l'agence soit une nouvelle fois retoqué par une agence gouvernementale. Les réserves sur le projet, telles qu'elles apparaissent dans l'avis synthétique communiqué, sont inacceptables :

« – nous reprocher d'utiliser une forme chimique différente de celles des vaccins est abusif : nous montrons en préliminaire que ***l'administration d'un vaccin commercial*** *contre l'hépatite B* ***s'accompagne chez les souris d'une augmentation des dépôts cérébraux d'aluminium*** *attesté par méthode biophysique, et l'analyse quantitative de la translocation grâce à l'aluminium isotopique Al26, utilise un hydroxyde d'aluminium tout a fait semblable à l'adjuvant vaccinal et considéré comme la référence de la littérature en la matière (Flarend et al, Vaccine 1997).*

« – Nous reprocher de ne pas aborder l'exposition aux autres sources environnementale et alimentaire d'aluminium, est parfaitement incorrect dans le cadre d'un appel d'offre de l'ANSM exclusivement dédié aux dangers des produits de santé.

« – Quant au motif de non-conformité de la présentation du projet aux procédures énoncées, il serait risible s'il ne frisait la provocation au regard des souffrances des patients.

« Combiné au retoquage simultané du projet de recherche clinique sur le même sujet déposé par le Pr FJ Authier, l'avis négatif de l'ANSM fait clairement apparaître que le système en place ne désire pas progresser dans l'exploration et la compréhension du signal de santé publique que nous avons actionné. Il me semblait que le nouveau directeur de l'Agence du médicament veillerait à protéger les donneurs d'alerte de son domaine. Apparemment il n'en est rien, la recherche peut s'interrompre.... ».

2016 : La concertation citoyenne : Une mascarade, mais un magnifique «faire-valoir» :

À notre grande surprise, courant 2016, le Ministère de la Santé organise une «concertation citoyenne» ayant pour but de « *redonner confiance aux Français en la vaccination* ».

Nous nous doutions que cette «concertation» ne servirait pas à grand chose, mais nous avons néanmoins participé. Pourquoi ce scepticisme de notre part ?

En 2008, le DTP (correspondant aux 3 seuls vaccins obligatoires) est retiré du marché « *en raisons de nombreuses intolérances...* ».

À partir cette date, tous les parents voulant satisfaire à l'obligation vaccinale ne trouvaient en pharmacie que des produits contenant les 3 valences obligatoires, avec en plus des valences non obligatoires (Hépatite B, rougeole, coqueluche, etc.) ce qui les contraignait d'administrer à leurs enfants des vaccins non obligatoires. Or ces produits contenaient de fortes doses de sels d'aluminium. Le nombre important de malades graves victimes de ces produits était néanmoins dissimulés «grâce» à une véritable Omerta des autorités, mais surtout de toute une série de journaliste «carpettes».

Pourtant de nombreux auteurs, depuis des années, tentaient d'alerter l'opinion à la suite de graves maladies neurologiques apparues chez des enfants récemment vaccinés:

(Dr. DE BROUWER, Dr ANCELET, Dr. BENSAÏD, Dr BERTHOUD, Dr. CHAVANON, Dr. PILETTE, Dr. SCOHY, Pr. TISSOT, Dr. CHOFFAT, Dr. ELMIGER, Dr. FERRU, Dr. MERIC, Dr. TAL SCHALLER, Pr. GEORGET, Dr. PERRIER, Dr. DE LORGERIL).

Très curieusement, un silence assourdissant était observé par les autorités de Santé, concernant les écrits de ces lanceurs d'alertes.

C'est alors que le Pr JOYEUX lance une pétition nationale, demandant le retour d'un produit ne contenant que les 3 vaccins obligatoires, et ne contenant pas d'aluminium. Il recueille plus d'un million de signatures!

Lors d'une émission de TV Internet, je lui demande:

« *Ne croyez vous pas que demander un vaccin sans aluminium, c'est un peu comme la femme battue qui revendiquerait le droit d'être battue mais sans le bâton. Certes c'est un mieux, mais ce n'est pas génial?* »

C'est alors que sous son parrainage, une de mes Consœurs a saisi le Conseil d"Etat, afin de demander le retour d'un produit ne contenant **que** les 3 vaccins obligatoires. J'avais alors fait observer que:

a) Mis à part au Cambodge du temps des Khmers rouges, en Chine du temps de Mao, ou en URSS de temps de Staline, aucun gouvernement n'avait le pouvoir de contraindre une entreprise commerciale pharmaceutique à fabriquer tel ou tel produit.

b) Le bon sens me faisait dire: « *Même si vous obtenez satisfaction, ce que je vous souhaite, ils rendront alors 6 vaccins obligatoires...* »

Hélas! Une fois de plus, l'Histoire m'a donné raison:

Par décision du 8 février 2017, le Conseil d'Etat jugeait: «*...le ministre chargé de la santé ne pouvait légalement, alors même qu'il avait décidé d'engager au cours de l'année 2016 une «concertation citoyenne «sur la vaccination, se borner à «rappeler les laboratoires à leurs obligations «en refusant, par sa décision du 12 février 2016, de faire usage des pouvoirs* *qu'il détient en vue d'assurer la mise à disposition du public des vaccins permettant de satisfaire aux seules vaccinations obligatoires. Son refus doit en conséquence être annulé dans cette seule mesure...»*

«...Il est enjoint au ministre des affaires sociales et de la santé, en l'état de la législation, de prendre des mesures ou de saisir les autorités compétentes en vue de l'adoption de mesures destinées à **permettre la disponibilité de vaccins correspondant aux seules obligations de vaccination** *prévues aux articles L. 3111-2 et L. 3111-3 du code de la santé publique, dans un délai de six mois à compter de la notification de la présente décision...».*

Mais entre-temps, la «concertation citoyenne» avait commencé :

Au début de l'été 2016, je me suis retrouvé en face d'une salle de classe pleine de scientifiques. J'aurais pu imaginer avoir en face de moi des gens aux avis partagés.

Que nenni ! Ils avaient été triés et bien triés.

J'ai montré les courbes officielles démontrant que les vaccinations de masse arrivent lorsque la courbe est déjà retombée, et leur ai demandé leur avis de spécialistes. J'eus l'impression d'un prof de collège qui s'adresse à la classe en disant : « *qui veut venir au tableau ?* » :
Silence. Tout le monde regardait sa feuille les yeux baissés. Seul un «expert» du Ministère de la Santé, a contesté (sans trop insister) les dates de la courbe de la polio en France, que je lui présentais. Je lui ai répondu que j'étais à l'école primaire à cette époque, et que je me souvenais de l'époque de l'épidémie.
En définitive, je me suis senti comme un instit qui viendrait demander la suppression à l'école, du catéchisme à un congrès d'évêques...

Et bien qu'au cours de cette « concertation citoyenne », de nombreux professionnels de santé se soient prononcés contre l'obligation vaccinale, nous sommes passés de 3 à 11 vaccins obligatoires !

Je ne fus pas surpris, car j'avais compris dès le départ que je participais à une organisation qui aboutirait à une décision déjà prise d'avance.

CHAPITRE III
Les juridictions européennes

Question n° 3

Mais, si dans plusieurs pays d'Europe, les vaccins ne sont plus obligatoires, l'obligation vaccinale n'est elle pas contraire à la Convention Européenne des Droits de l'Homme ?

Réponse

La Convention Européenne de sauvegarde des Droits de l'Homme est une charte sur la base de laquelle fonctionnent les pays d'Europe. Cette convention représente certainement un modèle dans le monde entier, expliquant certainement pourquoi tant de pays ont demandé à faire partie de la Communauté Européenne, et pourquoi tant de ressortissants de pays dans lesquels sévissent la guerre, la torture, l'esclavage déguisé, etc., tentent de s'établir en Europe.

Les violations de cette Convention sont sanctionnées par la Cour Européenne des Droits de l'Homme, siégeant à STRASBOURG, que tout citoyen vivant en Europe peut saisir, s'il estime qu'une situation le concernant, ou bien une loi, ou encore les conditions d'un procès, sont contraires à la Convention.

C'est ainsi que tous les mois, des décisions sont rendues par les Juges Européens qui, s'ils constatent une violation de la Convention, condamnent l'Etat récalcitrant à verser des dommages et intérêts au plaignant. Mais il faut pour cela que tous les recours dans l'Etat dont on se plaint, aient été épuisés : En France il faut être allé jusque devant la Cour de Cassation (ou le Conseil d'Etat en matière administrative).

En ce qui concerne la procédure, jusqu'en 1998, c'est la commission Européenne des droits de l'homme, qui recevait les requêtes. Si une requête était recevable, la commission les transmettait à la Cour pour qu'elle soit jugée. Cette commission a été supprimée en 1999, depuis que la Cour est devenue permanente.

C'est ainsi que Mirko BELJANSKI, ancien directeur de recherche au CNRS, qui avait mis au point un produit traitant avec succès les malades du SIDA, coûtant 20 fois moins cher que la trithérapie, produit grâce auquel d'ailleurs, François MITERRAND a pu terminer son septennat dans la dignité, a reçu un beau matin la visite de 180 gendarmes, un hélicoptère, et le G.I.G.N. tous hurlant à cet homme de 73 ans, qui vivait seul avec sa femme et sa secrétaire, qu'ils étaient une secte…

Il fut mis en examen, car le produit guérissait, mais n'était pas autorisé en France…

La Cour Européenne des Droits de l'Homme condamna la France, et alloua des dommages et intérêts à la famille (il était mort entre temps de toutes ces tracasseries)

A plusieurs reprises, la Cour de STRASBOURG, a rappelé une décision qu'avait rendue la commission, le 15 janvier 1998 (Aff. BOFFA et 13 autres / République de ST MARIN), dans un litige dans lequel 14 personnes se plaignaient du fait que l'obligation vaccinale violait l'art. 8 de la Convention Européenne de sauvegarde des Droits de l'Homme qui indique :

« *1 - Toute personne a droit au respect de sa vie privée et familiale, de son domicile et sa correspondance.*

2 - Il ne peut y avoir ingérence d'une autorité publique dans l'exercice de ce droit, que pour autant que cette ingérence est prévue par la loi et qu'elle constitue une mesure qui, dans une société démocratique, est nécessaire à la sécurité nationale, à la sureté publique, ou au bien-être économique du pays, à la défense de l'ordre et à la prévention des infractions pénales, à la protection de la santé ou de la morale, ou à la protection des droits et libertés d'autrui. ».

Le 15 janvier 1998, la Commission déclarait la requête irrecevable, en indiquant que, dans le cas présent, l'ingérence était justifiée par la protection tant de la santé publique que de celle des intéressés eux-mêmes. Mais elle indiquait **qu'il restait à savoir si l'ingérence dans la vie privée était « nécessaire dans une société démocratique…** », en précisant « …*Les autorités nationales toutefois, jouissent d'une marge d'appréciation dont l'ampleur dépend non seulement de la finalité, mais encore du caractère propre de l'ingérence…* »,

La Commission conclut :

« …*Une campagne de vaccination telle que mise en place dans la plupart des pays, obligeant l'individu à s'incliner devant l'intérêt général et à ne pas mettre en péril la santé de ses semblables,* ***lorsque sa vie n'est pas en péril,*** *ne dépasse pas la marge d'appréciation laissée à l'Etat…* ».

Mais en 1998, la commission ignorait le caractère inefficace et dangereux des vaccinations.
Elle ignorait que le faire de recevoir un vaccin peut mettre la vie en péril.

Aujourd'hui, toutes les publications, les centaines de plaintes dues aux effets secondaires, l'augmentation, après une vaccination de masse dans un pays, du nombre de cas de maladies concernées par les vaccinations, vont obligatoirement obliger la Cour Européenne à apprécier différemment l'obligation vaccinale et l'art 8 de la Convention. Déjà le fait que dans de nombreux pays l'obligation vaccinale ait été abandonnée, soit totalement, soit partiellement, devrait faire réfléchir les instances communautaires, qui devront expliquer pourquoi si la vaccination obligatoire est nécessaire à la protection de la santé, pourquoi ne l'est elle que dans 5 Etats sur 27 ?

Pourquoi les ressortissants allemands, ne sont pas obligés de se faire vacciner, et ne sont pas plus malades (ils le sont même plutôt moins ?) Mis à part l'explication donnée par l'ouvrage « Mein Kampf », qui semble à tout le moins, peu crédible, l'on ne comprend pas.

Déjà le 25 août 2005, La Cour Européenne, dans une affaire dans laquelle plusieurs ressortissants français invoquaient différents griefs liés aux vaccinations, contre l'Etat français, la Cour a rendu une décision beaucoup plus nuancée :

– La fille du 1er requérant fut exclue d'une crèche, car elle n'était pas vaccinée. Le Conseil d'Etat ayant annulé partiellement la décision du Tribunal administratif le déboutant, car l'admission subordonnait l'admission de sa fille à 2 vaccinations non légalement obligatoires, la Cour estima que le 1er requérant ne pouvait être considéré comme une victime, car il n'avait, ni dû procéder à une vaccination obligatoire, ni été l'objet de poursuites.

– La 2e requérante était une association, qui soutenait l'action de tous les autres. Là également, la Cour estima que l'association n'avait pas la qualité de victime.

– Les 3e et 4e requérants avaient fait l'objet d'une condamnation pénale, pour ne pas voir fait procéder aux vaccinations obligatoires pour leurs enfants. Mais, comme ils n'avaient pas fait appel, la Cour fut contrainte de rejeter la requête car pour qu'une demande soit recevable, il faut avoir épuisé dans son pays, toutes les voies de recours (appel, puis cassation).

– La 5e requérante, aide-soignante, avait du subir le vaccin contre l'hépatite B, obligatoire en France pour pouvoir exercer sa profession. Elle saisit le Juge des référés administratifs pour demander une expertise, afin d'examiner les conséquences de ce vaccin. Le juge ordonna l'expertise, et la procédure était toujours en cours. La Cour jugea donc la demande prématurée, car l'affaire n'est pas terminée sur le plan judiciaire, en France. C'est donc une affaire à suivre.

Au travers de cette décision, il apparaît qu'aujourd'hui la Cour pourra à l'avenir, constater qu'une personne est victime de l'obligation vaccinale. Et il faudra que l'on démontre que cette obligation n'est pas nécessaire à la protection de la santé, ce qui devrait être aujourd'hui, plus facile qu'en 1998, puisque l'obligation vaccinale n'existe plus dans la plupart des Etats de l'Europe occidentale, et puisque nous avons aujourd'hui une montagne d'informations que nous n'avions pas auparavant.

Comment la France pourra-t-elle, à l'avenir, invoquer mieux protéger la santé et ne pas mettre en péril ses concitoyens, lorsque l'on sait que nous sommes le pays qui a le plus de cas de maladies concernées par les vaccins, et, de manière plus générale, comme on le verra plus loin, le pays d'Europe (voire du monde) qui consomme le plus de médicaments, et… qui est le plus malade ?

LA C.J.U.E. a également statué

La Cour de Justice de l'Union Européenne, siégeant à LUXEMBOURG, et dont le rôle est de contrôler l'application des traités concernant la libre circulation des personnes et des biens, ainsi que les abus de monopoles, et le droit de l'union européenne, ne peut être saisie que par une juridiction qui lui pose une question d'interprétation d'une loi nationale par rapport aux règles communautaires.

Récemment, la Cour de Cassation française avait été saisie, dans une affaire dans laquelle des victimes avaient attaqué des laboratoires pharmaceutiques, leur reprochant le caractère défectueux de certains vaccins.

Les experts (comme d'habitude) indiquaient que la preuve scientifique du lien de causalité entre la défectuosité du vaccin et une pathologie, était impossible.

Dans un arrêt rendu le 12 novembre 2015 (n°14-18.118), la 1re Chambre Civile de la Cour de Cassation a décidé, devant la position des victimes dont la seule cause apparente de leur affection semblait être l'administration du vaccin, de saisir la Cour de Justice de l'Union Européenne de 3 questions préjudicielles portant, notamment, sur l'admission des modes de preuve du défaut du produit et de l'imputabilité du dommage à celui-ci.

C'est ainsi que dans un arrêt du 21 juin 2017, (n° C-621/15) La CJUE a décidé que «*…l'article 4 de la directive européenne 85/374 du 25 juillet 1985 ne s'oppose pas à ce que le juge du fond puisse considérer, lorsque la recherche médicale n'établit ni n'infirme l'existence d'un lien entre l'administration du vaccin et la survenance de la maladie dont est atteinte la victime, que certains éléments de fait invoqués par celle-ci constituent des indices graves, précis et concordants permettant de conclure à l'existence d'un défaut du vaccin et à celle d'un lien de causalité entre ce défaut et la maladie…*»

Ceci constitue une énorme avancée, puisqu'il suffira désormais aux victimes de démontrer :

- qu'elles étaient en bonne santé avant la vaccination ;
- que les 1ers symptômes sont apparus peu de temps après la vaccination,

pour que le lien de causalité soit présumé.

Juste retour des choses, car qui dans ce pays, nous a démontré scientifiquement que les vaccins étaient efficaces et sans danger ?

Les professionnels de santé, les inspecteurs d'académie, les médecins du travail l'affirment, mais comment le savent-ils ? L'ont ils vérifié et comment ?

CHAPITRE IV

Que faire pour protéger son enfant ?

(ou parfois, se protéger soi-même)

Question n° 4

Mon pédiatre, ou un fonctionnaire zélé, (bien que je lui démontre que les produits appelés « vaccins » sont inefficaces et toxiques), exige « parce que c'est la loi » que mes enfants soient vaccinés. Que puis-je faire ?

Réponse

Si vous avez attendu que l'on vous demande de faire vacciner votre enfant, vous partez déjà avec un handicap : celui de ne pas avoir pris l'initiative.

Mais, comme on ne refait pas l'histoire, nous allons essayer de rattraper :

1°) Cessez de vous comporter en coupable, car le personnage qui maintient ses exigences ne peut être :
   a) qu'un ignorant (*)
   b) un « imbécile qui ne veut pas savoir » (*)
   c) un intelligent qui sait, mais qui fait semblant (*)
   (*) : rayer la mention inutile.

a) L'ignorant a des excuses. Et c'est souvent celui qui sera le plus troublé par les informations que vous allez lui donner, car il est de bonne foi.

b) « L'imbécile qui ne veut pas savoir » est souvent le pire de tous ! Il croit détenir la Vérité, s'accroche avec force à des principes scientifiques qu'il n'a jamais vérifiés sur le terrain, et est convaincu, qu'il agit pour le bien de tous, (surtout, paradoxalement, s'il se dit « à gauche ») car les vaccins, à ses yeux, sont un acquis social pour lequel beaucoup se sont battus. Il ne peut donc pas accepter qu'un freluquet vienne lui apprendre quelque chose qu'il ignore, car il est impossible qu'il ignore quoi que ce soit ! Un élément très particulier caractérisera ce genre d'imbécile : Bien que pendant des heures, vous tenterez de lui expliquer les raisons scientifiques vous faisant douter de l'efficacité et la non-toxicité des vaccins, dès qu'il prendra la parole, ce sera pour dire que vous contestez les vaccinations « *pour des raisons religieuses...* »

Donc, il ne lira aucun des documents que vous lui donnerez, ce qui montre bien la peur inconsciente qui l'anime, peur que ce que vous lui expliquez soit vrai, car si c'était vrai, son savoir immense serait battu en brèche, et il descendrait d'une marche de son piédestal...

Il continuera donc de clamer partout que vos raisons sont philosophiques et religieuses.

c) L'intelligent qui sait mais qui fait semblant est soit honnête, et dans ce cas, la discussion sera facile car vous allez secouer sa bonne conscience, soit malhonnête sur le plan intellectuel, (ce que l'on appelle un « tordu »), mais dans ce cas, la discussion sera aisée, dès qu'il saura que vous « savez qu'il sait... ».

2°) Rappelez vous qu'au cours du procès de Maurice PAPON, qui n'a cessé de dire qu'en 1942 il ne faisait qu'appliquer la loi, les politiques et les juristes n'ont cessé de nous dire que quand un ordre était insensé, criminel ou anti-démocratique, il était légitime de ne pas s'y conformer. Dans les livres de Droit, l'on appelle cela la « théorie des baïonnettes intelligentes ».

D'ailleurs, le 29 août 2020, devant des dizaines de milliers de manifestants anti-masques à BERLIN, des dizaines de policiers ont enlevé leurs masques. Quels médias français en ont parlé ? Personne...

Si votre interlocuteur vous dit que, peu importe que votre enfant risque sa santé ou même sa vie, puisque c'est la loi, vous saurez dans quelle catégorie le classer. : a) b) ou c).

3°) Rappelez vous aussi que dans les affaires de la Thalidomide, du Distilbène, de l'amiante, du Mediator, du Viox, du sang contaminé, de la Depakine, des statines, du nuage de Tchernobyl, de Fukushima, du Lévothyrox, du Luthényl, etc... de nombreuses personnes sont mortes ou malades, parce que des imbéciles de cette envergure « ne voulaient pas savoir ».

Mais comme nous voulons, malgré tout respecter la loi, nous vous suggérons une méthode qui permettra peut être à votre enfant de ne pas être empoisonné, sans que personne ne se mette hors la loi.

Toutefois, ne nous leurrons pas ! Echapper à l'empoisonnement, nécessite du courage, de l'opiniâtreté, et, dans certains cas, sera un véritable bras de fer.

Tout d'abord, rappelons-nous qu'un vaccin est un acte médical qui, selon la Loi KOUCHNER, doit recueillir le « consentement libre et éclairé » du patient.

L'ennui dans ce domaine, c'est que c'est souvent le patient qui va éclairer le médecin !

En effet, si vous interrogez des étudiants en médecine, beaucoup vous diront qu'au cours de toutes leurs années d'études, la plupart d'entre eux ont bénéficié d'une séance unique de 2h. sur les vaccins, ce qui veut dire qu'ils ne savent rien.

Malgré cela, beaucoup vont s'enfermer dans des certitudes à consonance religieuse, refusant hystériquement toute interrogation.

Les fonctionnaires des administrations font encore mieux : Pour eux, le vaccin est un acte administratif qu'il faut faire. Peu importe les conséquences. Administrativement, il n'y a pas de conséquences !

Aucune démarche scientifique !

Tout se passe comme si une loi obligeait le vaccinateur à lancer une seringue à distance (comme un jeu de fléchettes) et à qui, devant sa maladresse notoire, l'on dirait « *...Ne lancez rien, car mon enfant risque de prendre la seringue dans l'œil...* » et qui répondrait « *Je n'y peux rien, le lancer de seringues est obligatoire...* »

Il faut donc tout d'abord obliger ceux qui ne veulent pas savoir, à savoir.

En effet, l'endroit le plus délicat est d'abord la crèche, car dans ces établissements, les responsables n'ont aucune logique : Un enfant atteint de gastro-entérite, ou de conjonctivite purulente, sera très souvent accepté, sans aucune restriction, et contaminera toute la crèche alors que l'enfant non vacciné, en parfaite santé, va déclencher des réactions hystériques de rejet ! Le fait que cet enfant soit un des rares à n'être jamais malade, n'intéressera d'ailleurs personne !

La suppression de l'obligation du BCG n'a créé aucune réaction de peur chez les responsables des crèches, et les directeurs d'écoles, ce qui montre bien que ce n'est pas la santé des enfants qui les préoccupe, mais l'application aveugle et imbécile d'un protocole administratif.

En effet, de nombreux chefs d'établissements expliquaient avec hystérie, qu'un enfant n'ayant pas le BCG, risquait la tuberculose, et risquait de contaminer les autres, parfois faisaient un signalement au Juge des enfants, expliquant que les parents étaient irresponsables, etc...

Il a suffi qu'un décret suspende l'obligation pour que le bacille de Koch devienne inoffensif à leurs yeux !

Nous suggérons donc, face à cette bêtise, une technique en plusieurs étapes :

Rappelons que les parlementaires ayant institué les obligations vaccinales, dans les années 60, connaissaient les risques dus aux vaccinations : La France n'avait pas encore plongé dans la religion.

Ils ont donc assorti l'obligation vaccinale, d'examens médicaux préalables à toute vaccination. Si ces textes, parus dès 1959, avaient été appliqués, tout enfant se verrait délivrer, avant toute injection :

– ou bien un certificat de contre-indication

– ou bien un certificat d'indication à la vaccination.

Mais, curieusement, ces textes, bien qu'ils aient été repris récemment dans le Code la Santé publique, ne sont jamais appliqués.

Nous allons donc procéder à plusieurs étapes:

Aujourd'hui, le problème va se poser dès que l'enfant sera né : l'hôpital va vouloir le vacciner. En fonction de l'équipe médicale, il sera en principe facile d'indiquer que vous souhaitez ne pas le vacciner tout de suite, mais attendre quelques jours, en leur indiquant bien, que vous préférez le faire avec votre pédiatre.

I - Devant le pédiatre

Attention : Ne jamais dire que vous êtes contre le vaccin ! Vous êtes officiellement « pour », mais vous allez utiliser la technique « Colombo » tout au fil des étapes, en n'affirmant rien, mais en posant des questions naïves. L'idée générale est de dire que vous cherchez un produit qui immunise des maladies et qui n'est pas toxique, et au cours de la conversation, vous allez amener votre interlocuteur à découvrir que cela n'existe pas.

1re étape : Posez des questions sur la toxicité du vaccin :

Si vous avez échappé à l'hystérie hospitalière, cela va commencer avec le pédiatre qui, dès la 1re visite, va vous parler du vaccin. Vous allez alors lui dire « *Oui, il faut le vacciner ! Mais quel produit allez- vous lui injecter. Est-il possible de connaitre le nom du produit ?* »

Il va alors vous donner des noms : Infanrix, ou Vaxelis, Prevenar, etc.

Vous allez alors lui dire : « *pouvez vous regarder sur la fiche du médicament, quels sont les excipients ?* »

Comme le plus souvent, il vous mentionnera en premier l'Infanrix Hexa (6 vaccins en un seul) et à votre 2e question, il énumérera les excipients, et vous entendrez « *aluminium* ».

D'un air très naïf, vous direz alors « *aluminium ? ils ont indiqué la dose ?* ».

Il va alors regarder, (il faut insister pour qu'il le fasse), et va découvrir qu'au total la seringue va contenir environ 0,80 mg de sels d'aluminium.

Très jovialement, le pédiatre va vous dire que l'on est en dessous du seuil toxique défini par l'OMS : 1 mg par kilo de poids corporel et par jour. (seuil confirmé par 4 membres de l'Académie de médecine dans un article du bulletin de l'académie nationale de médecine du 26 juin 2012).

Vous allez alors lui dire (toujours « façon Colombo ») :

« *Mon enfant pèse actuellement 7 kg. Donc on ne doit pas dépasser 7 mg. Mais il s'agit de dose par voie orale qu'on élimine naturellement à 99%. Voulez vous jeter un oeil sur ce document émanant du Pr FOURTILLAN, professeur honoraire de chimie thérapeutique et pharmaco-cinétique, expert pharmacologue, toxicologue, spécialisé en pharmaco-cinétique auprès de l'AFSSAPS (devenu ANSM) ?* »

Et vous lui présentez le document ci-joint (voir page suivante).

Comme ce document ne fait qu'une page, le médecin le lira. S'il « n'a pas le temps », il faut insister et lui dire que cela se lit en 3 minutes.

Dans 9 cas sur 10, le médecin va changer de tête, et va commencer à se sentir gêné.

Enfoncez alors le clou et demandez (toujours naïvement) :

« *Si j'ai bien compris, le seuil toxique par injection, devrait être divisé par 100 c'est bien ça ?* »

Les retours que nos avons, sont que le médecin (boulonné dans la religion) ne répond pas, mais est visiblement très mal à l'aise.

« *Docteur, quel est votre commentaire ? Attendez, si je calcule bien...* » (toujours « façon Colombo »), « *...par injection, le seuil toxique serait donc 100 fois plus bas, donc 0,01 mg par kilo , donc pour mon enfant : 0,07 mg.* ».

Vous prenez alors une calculette et vous prenez l'air effrayé, en disant, « *0,80 mg / 0,07 = 11,42.*
Docteur ! On est plus de 11 fois au dessus du seuil toxique de l'OMS ! rien que pour l'Infanrix Hexa !
On ne peut pas donner ça à mon gosse. Vous n'avez pas un autre produit ? ».

Et là, cela va devenir très chaud ! Car les autres produits contiennent aussi de l'aluminium, dans des doses de toutes manières, plusieurs fois supérieures au seuil toxique.

(toujours «façon Colombo»), vous allez alors dire :

Professeur Jean-Bernard FOURTILLAN
Ingénieur chimiste, Professeur honoraire de Chimie thérapeutique et Pharmacocinétique,
Expert Pharmacologue -Toxicologue spécialisé en Pharmacocinétique auprès de l'AFSSAPS (devenue ANSM)

Certificat d'expertise des vaccins contenant de l'aluminium

La promulgation par la FDA, en 1989, reprise par l'OMS, en 1996, de la Dose minimale Toxique de l'aluminium alimentaire, par voie orale, déclare :

Dose minimale Toxique de l'aluminium par voie orale :
1 mg / kg de poids corporel / jour *

Il s'agit d'un **commandement de l'OMS**, au-dessus de toutes les lois, **qui interdit formellement l'administration à l'homme de tous les vaccins contenant de l'aluminium**. Car cette Dose minimale Toxique de l'aluminium par voie orale a été calculée à partir de la valeur de la Dose minimale Toxique égale à 0,01 mg d'aluminium / kg de poids, dans l'organisme, pour une absorption par voie orale (passage du tractus gastro-intestinal dans l'organisme) égale à 1 p. cent de la dose d'aluminium administrée par voie orale. En conséquence :

Dose minimale Toxique de l'aluminium dans les vaccins :
0,01 mg / kg de poids corporel

Fait à Poitiers, le 20 novembre 2019

Professeur Jean-Bernard Fourtillan
Expert Pharmacologue - Toxicologue spécialisé en Pharmacocinétique

Ce certificat d'expert permet à toute personne qui en est porteuse, pour elle-même ou ses enfants, de refuser l'administration de tous les vaccins contenant de l'aluminium, car ils sont mortifères

* : Cette Dose minimale à Risque a été confirmée par 4 membres de l'Académie nationale de Médecine, dans l'article du Bulletin de l'Académie nationale de Médecine du 26 juin 2012 (Pierre BEGUE, Marc GIRARD, Hervé BAZIN, Jean-François BACH – Les adjuvants vaccinaux : quelle actualité en 2012 ? *Bull. Acad. Natle Méd.*, 2012, *196,* n°6, 1177-1181, séance du 26 juin 2012). Ils en ont fait un mauvais usage, malheureusement pour toutes les personnes vaccinées, victimes de leur incompétence.

«…Ah je comprends pourquoi on a retiré l'aluminium des produits cosmétiques, on fait même la pub à la télé pour des crèmes garanties sans aluminium. On l'a retiré aussi des vaccins pour les animaux, mais pourquoi l'a-t-on laissé pour les vaccins humains ?»

Le médecin va alors vous dire que les vaccins ont été contrôlés par des organismes d'Etat, et qu'ils sont sûrs . Vous allez lui dire alors « *Oui, comme la Thalidomide, le Distilbène, l'amiante, le sang contaminé, le Mediator, le Viox, la Depakine, les statines, le nouveau Lévothyrox, le Luthényl, le nuage de Tchernobyl, effectivement c'est rassurant ! Tout avait été contrôlé…*

Mais pourriez vous répondre à ma question ? Pourquoi, alors que l'on sait maintenant que l'aluminium est toxique, pourquoi le maintient-on dans les vaccins ?

Comme un étudiant, vous aurez un bloc-notes et un crayon à la main, prêt(e) à noter ses réponses.

Comme les réponses seront alambiquées et souvent contradictoires, ou qu'il n'y aura aucune réponse, vous allez lui dire : «…*Je comprends que vous n'ayez pas le temps de chercher d'autres produits sans aluminium. Je vais faire le tour des pharmacies, voire téléphoner en Suisse ou en Belgique, mais je pense bien arriver à trouver un produit qui vaccine et qui n'est pas toxique* ».

Puis vous vous levez et dites au médecin que vous reprendrez rendez-vous avec lui, dès que vous aurez trouvé un autre produit sans aluminium. En principe, sauf à tomber sur un «prétentieux qui ne veut pas savoir», il ne vous menacera pas d'un signalement à la P.M.I. (S'il le fait, passez tout de suite à la 2ème étape)

2e étape : l'immunité :

Vous revenez plusieurs jours plus tard, l'air dépité, en disant que vous n'avez rien trouvé.

Il va vous dire que «comme c'est obligatoire», il faut vacciner quand même.

Vous allez alors lui dire que, selon le Code de la Santé Publique, et notamment L'art. L-3111-5 «…*Toute vaccination obligatoire pratiquée dans les conditions définies au présent chapitre doit faire l'objet, de la part du médecin ou de la sage-femme qui l'a effectuée, d'une déclaration…*».

Vous ajoutez que l'art. D-3111-6 indique que cette déclaration est faite sur le carnet de santé ou (quand il n'y a pas de carnet de santé), sur un document établi par un professionnel de santé.

Enfin vous lui dites que l'**art. D-3111-7** du même Code, ajoute :

Le document mentionné au 2° de l'article D. 3111-6 contient les précisions ci-après :

1° Nom, prénoms, date de naissance et adresse de la personne vaccinée ;

2° ***Examens médicaux et, le cas échéant, tests biologiques effectués préalablement à la vaccination...*** »

Vous allez alors lui demander de pratiquer ces examens et ces tests biologiques, afin d'être sûr(e) que votre enfant ne risque rien. Vous allez attirer son attention sur le fait que c'est la loi qui prévoit ces examens préalables. Ce n'est pas vous qui les avez inventés…

Comme la plupart du temps, il va vous dire qu'il ne voit pas quels tests effectuer, vous allez lui dire :

« *Pourriez vous prescrire un test destiné à savoir à quel groupe HLA appartient mon enfant ?* ».

Comme, le plus souvent, il va avoir une attitude interrogative, vous allez lui dire :

« *Vous connaissez quand même la notion des groupes HLA. Celui qui a découvert ça, a eu le Prix Nobel en 1980, ce n'est pas récent…* »

Et, si vous voyez qu'il n'a toujours pas l'air de percuter, vous lui lisez ce texte, extrait d'un livre de Michel GEORGET, professeur de biologie :

« *Chacun d'entre nous possède des molécules situées à la surface des cellules, les antigènes HLA qui sont un marqueur du système immunitaire. Plus précisément, l'abréviation HLA signifie « antigènes des leucocytes humains ». (Human Leucocytes antigenes).*

Ces molécules constituent un système de reconnaissance propre à l'organisme. Elles servent au système immunitaire pour déterminer si une cellule fait partie de l'organisme ou s'il s'agit d'un envahisseur.

Mais ces antigènes sont différents d'une personne à l'autre, et les biologistes ont pu déterminer des groupes, comparables aux groupes sanguins.

Ex. La présence de certains antigènes appelés HLA-B27 indique un risque plus élevé de développer une maladie auto-immune.

Le système HLA fait de nous, des individus tous différents. Nos capacités de défense sont inégales. Elles dépendent de notre identité biologique qui repose sur le système HLA. Ainsi, lors d'une greffe d'organe, on essaye d'harmoniser les systèmes HLA entre donneur et receveur, pour éviter la réaction de rejet.

« ...Cette réalité biologique explique que tous les individus ne sont pas affectés lors d'une épidémie et, sur le plan vaccinal, le fait qu'il y ait des bons,

moyens, mauvais, voire non-répondeurs. Les vaccins, qui sont des produits standard, ne peuvent pas entraîner des réponses stéréotypées chez des individus qui sont tous génétiquement différents (vrais jumeaux mis à part).

C'est ce qui avait conduit **le Professeur Dausset** *(Prix Nobel de médecine précisément pour ses travaux sur le système HLA) à déclarer lors d'une conférence donnée à Montréal en octobre 1980 : « La vaccination des enfants contre toute une série de maladies pourrait bientôt être une pratique du passé. »*
Il est en effet illusoire de penser qu'un sujet vacciné est un sujet immunisé. »

Vous lui lisez alors ces quelques exemples.
« – HLA B8 : faible réponse des lymphocytes T cytotoxiques,
– HLA DR6 : Inhibition de la réponse à l'anatoxine diphtérique,
– HLA DR7 : faible réponse au vaccin anti-hépatite B,
– HLA Aw24 et B5 : mauvais répondeurs au vaccin contre la rubéole,
*– HLA DQA1*05, B13 et B44 : absence de réponse au vaccin contre la rougeole,*
*– HLA DRB1*01 : fréquent chez les sujets atteints de myofasciite à macrophages,*
– HLA A2 et B7 ; plusieurs publications rapportent un lien avec l'autisme. etc.
– HLA Cω3 donne une faible réponse à la variole,
– HLA DR7 – DQ2 – DQ3, une faible réponse à l'hépatite B, une réponse nulle si A1, B8, DR3 et plus encore si homozygote.
– HLA B5, faible réponse à l'anatoxine tétanique,
– HLA DR6, faible réponse à l'anatoxine diphtérique mais bonne pour la tétanique,
*– HLA DQA 1*05, B13, B44, pas de réponse au vaccin de la rougeole,*
– HLA B8, faible réponse des lympho T cytotoxiques,
– HLA A11 et B15, bonne réponse à la rubéole mais mauvaise réponse pour HLA Aω24 et B5,

De plus l'acte vaccinal peut être un facteur déclenchant de certaines maladies auto-immunes ou neurologiques portées par certains types HLA :

– HLA B7 ne répond pas au vaccin tuberculeux BCG ; avec risque d'autisme tout comme le HLA A2,
– HLA A1, B8, DR3 : prédisposition à l'auto-immunité,
– DR2 : à la sclérose en plaque,
– DR4 : au diabète et polyarthrite rhumatoïde,
– B27 : à la spondylarthrite ankylosante et à la maladie de Crohn.

Tous les biologistes aujourd'hui connaissent cette information...

Voilà pourquoi, même si l'on CROIT encore à l'efficacité de certains vaccins, la vaccination de masse, (donc obligatoire) est une absurdité scientifique... ».

Une fois cette lecture faite, vous lui dites :

« Le côté positif est qu'il est possible que ce soit grâce à ces différences immunitaires que les épidémies de peste au moyen-âge, ou de choléra, n'ont pas décimé toute l'humanité, mais ne touchaient que certains groupes HLA...

« Vous comprenez maintenant que, pour me donner une information me permettant d'être rassuré(e), il est important que je puisse savoir à quel groupe HLA appartient mon enfant. Merci de me prescrire cet examen, afin que je demande la prise en charge par la Sécu... ».

S'il refuse, changez de médecin.

Pendant ce temps, les semaines passent, l'enfant grandit, et personne ne vous harcèle, vu que vous n'apparaissez pas comme un anti-vaccin. Vous apparaissez comme un parent inquiet et de bonne foi.

Plus l'enfant grandit, moins le vaccin fera de dégâts.

Attention ! La prise en charge de cet examen par la Sécu n'est pas gagnée. Certains l'ont obtenu, d'autre non. Peut-être faudra-t-il aller en Justice pour l'obtenir. Quoiqu'il en soit, cet examen ne coûte pas une fortune.

Lorsque vous recevrez les résultats concernant les groupes HLA, si l'enfant appartient à un groupe à risque, vous allez alors demander au médecin un certificat de contre-indication. Attention ! ces certificats pour être valables, doivent préciser :

– Quel vaccin est contre-indiqué,

– Pour quelle durée.

3e étape : l'efficacité :

Le médecin hésite encore. Montrez lui alors les courbes des épidémies publiées dans cet ouvrage, courbes qui montrent que les vaccinations collectives arrivent toujours quand le nombre de cas est retombé. Parfois même, la courbe qui était descendante au moment où l'on a lancé le vaccin, remonte de façon spectaculaire.

A ce stade, vous dites au médecin :

« Maintenant que vous avez toutes les informations, je ne vois que 2 solutions :

– Ou bien un certificat de contre-indication,

– Ou bien, puisque c'est vous qui insistez pour que mon enfant soit vacciné, cela signifie par définition que vous êtes certain qu'il n'y a aucun danger, vous allez donc me le garantir par écrit. ».

Même parmi les plus hystériques, personne n'a jamais signé un tel document !

Vous allez donc insister et demander pourquoi il ne veut pas signer. La présence de témoins peut être intéressante à ce niveau. Il va alors falloir insister jusqu'à la limite de votre expulsion manu militari pour qu'il délivre soit l'un, soit l'autre.

Si jamais, à ce niveau, il fait un signalement à la PMI, vous aurez alors pas mal d'arguments, mais il faudra recommencer les étapes.

II - L'entrée en crèche, ou en établissement scolaire

Depuis 2018, il y a maintenant 2 catégories d'enfants :

1 - Les enfants nés avant le 1er janvier 2018,

2 - Les enfants nés après.

1 - Les enfants nés avant le 1er janvier 2018

3 vaccins seulement sont obligatoires : Diphtérie, Tétanos, Polio. Or, depuis 2008, la France est dans une situation cocasse : Le DT-Polio, comprenant les valences diphtérie tétanos et polio (les 3 seuls vaccins obligatoires) a été retiré du marché car il avait fait l'objet de nombreux signalements d'effets indésirables. (comme quoi nous n'avions pas tout à fait tort).

Les parents voulant vacciner leur enfant dans le cadre des vaccinations obligatoires, se retrouvent dans l'embarras. C'est alors que, soutenus par certains inspecteurs d'académie et certains directeurs d'école, le laboratoire fabricant le DTP, jusqu'en 2014, proposait aux parents 3 solutions :

1re solution proposée aux parents :

Une 1re solution leur est proposée : se procurer d'autres vaccins, contenant des valences non obligatoires (coqueluche ou/et Haemophilus influenza B et/ou hépatite B).

Mais,

a) Cela ne correspond pas au caractère légal de l'obligation, puisque cela consiste à imposer de fait des vaccins non obligatoires. En cas d'accident post-vaccinal, les parents ne pourraient pas utiliser la procédure simplifiée de l'ONIAM pour l'indemnisation prévue par l'art L 3111-9 et R 3111-27 à R 3111-33 du Code de la Santé Publique.

b) Les vaccins supplémentaires non obligatoires, sont loin d'être sans risques, outre le fait que leur efficacité est très controversée :

2e solution proposée aux parents :

Il existe un vaccin, appelé REVAXIS, ne contenant que les valences des vaccins obligatoires.

Malheureusement, ce vaccin n'a pas d'autorisation de mise sur le marché (AMM) pour les enfants de moins de 6 ans, et ne peut s'utiliser qu'en rappel, et pas pour une primo-vaccination.

D'autre part, ce vaccin contient, selon le dictionnaire VIDAL :
- De l'hydroxyde d'aluminium,
- du phénoxyéthanol,
- du formaldéhyde.

3 adjuvants toxiques dans un seul vaccin !

3e solution proposée aux parents :

Il reste, une dernière solution Le kit DTVAX et IMOVAX, agréé par l'AFSSAPS, ne contenant que les vaccins contre la diphtérie le tétanos et la poliomyélite...

Mais, le DT VAX n'est plus commercialisé en France depuis février 1999. Il contient du thiomersal, dérivé du mercure, alors que l'AFSSAPS recommande depuis 1999, que l'on retire le mercure des produits pédiatriques.

L'IMOVAX Polio contient du formaldéhyde, cancérigène.

Bien que certains médecins aient écrit sur des carnets de santé de nombreux enfants : « *Le DTP est introuvable et les autres vaccins proposés en remplacement ne correspondent pas à l'obligation légale. Je sursois donc à la vaccination en attendant le retour du DTP* », certains tribunaux administratifs saisis de cette question, estiment néanmoins que les parents doivent faire administrer le vaccin, sinon pas d'école.

Peu importe l'inefficacité, peu importe la toxicité. C'est la loi !

Cette situation est tellement choquante que François BROTTES, Député P.S. de l'Isère, par une question écrite, publiée au Journal Officiel le 17 juillet 2012, indique :

« *Aujourd'hui la France est l'un des derniers pays d'Europe à maintenir une obligation vaccinale pour 3 vaccins...*
Pour satisfaire à l'obligation vaccinale, notamment au regard de la scolarisation, les parents sont donc obligés d'utiliser des polyvalents et hexavalents incorporant des valences non obligatoires et pour lesquels l'Etat se dédouane donc de sa responsabilité. La Justice administrative refuse en effet toute indemnisation, puisque les immunisations pédiatriques impliquent désormais l'administration de vaccins facultatifs. De plus, la situation actuelle pose un problème de compatibilité avec l'art. L 122-1 du Code de la consommation qui énonce qu'il est interdit de refuser à un consommateur la vente d'un

produit à l'achat d'une quantité imposée ou à l'achat concomitant d'un autre produit ou d'un autre service, ainsi que de subordonner la prestation d'un service à celle d'un autre service ou à l'achat d'un produit.
La vaccination est un acte médical qui n'est pas anodin. Or la situation actuelle conduit de fait à soumettre la population à un acte médical pour lequel ni l'Etat ni les laboratoires pharmaceutiques, le cas échéant, engagent leur responsabilité en cas d'effets secondaires ou d'accident vaccinal. Aussi demande-t-il si le Gouvernement entend, à l'instar de nombreux européens, renoncer à l'obligation vaccinale, ou à défaut, engager sa responsabilité pour les vaccinations qu'il oblige en fournissant un vaccin correspondant. »

Des questions similaires ont été posées par Madame Jacqueline FRAYSSE, Député Gauche démocrate et Républicaine des Hauts-de-Seine (J.O. 17 juillet 2012), M. François VANNSON, Député UMP des Vosges (J.O. 17 Juillet 2012) M. Jean-Pierre DECOOL, Député UMP du Nord (J.O. 24 Juillet 2012), M. Lionel TARDY, Député UMP de Haute-Savoie (J.O. 31 Juillet 2012).

Une question reste en filigrane, que personne ne pose : Pourquoi le fabricant de vaccins qui a retiré de la vente le DT POLIO en 2008 n'en a-t-il pas remis un autre similaire sur le marché ?

4e solution « proposée » aux parents :

Mais, à partir de 2014, une autre « solution » est arrivée : On a vu arriver en pharmacie un produit unique contenant 6 valences (diphtérie + tétanos + polio + coqueluche + hépatite B + haemophilus influenza).

Or, sur un site médical internet donnant accès pour les médecins, aux caractéristiques des produits pharmaceutiques, l'on pouvait lire, concernant ce produit, dans la rubrique des effets indésirables : « *agitation, céphalées, convulsions, pleurs inhabituels, cris persistants, démyélinisation,* ***encéphalite, encéphalopathie, œdème cérébral, paralysie, atteinte hépatique,*** *etc.* ».

Pourtant de nombreux médecins conseillaient ce produit. Et lorsque ce dernier était associé à un autre concernant les affections pulmonaires, il provoquait des symptômes ressemblant au syndrome du bébé secoué. De ce fait, de nombreux parents ont été poursuivis pour maltraitance, accusés d'avoir secoué leur bébé, tant en France qu'aux U.S.A. ou en Australie, jusqu'à ce que l'on découvre que le point commun de nombreux d'entre eux était le fait que l'enfant ne présentait aucune lésion cervicale (ce qui aurait du tout de suite faire réfléchir les accusateurs) et qu'il avait reçu ces 2 vaccins.

Cette situation totalement absurde vient du fait que nos dirigeants continuent de faire semblant de croire que les vaccins nous protègent des épidémies, et du fait que la plupart des Juges qui, eux, y croient vraiment, hésitent à rendre des décisions qui, si elles faisaient jurisprudence, auraient pour conséquence le recul du citoyen par rapport aux vaccins.

Les parents conscients du problème se retrouvent dans une impasse, face à des interlocuteurs qui « ne veulent pas savoir », un peu comme si une Loi avait rendu obligatoire pour les enfants, le port d'une combinaison d'amiante, et n'avait pas été abrogée, alors que des protestations afflueraient de tous côtés : Dans ce cas, nous serions face à des tribunaux qui, malgré les publications scientifiques de sommités mondiales, continueraient de dire « C'est obligatoire, c'est la loi », car la pensée unique ne se modifie que par… la pensée unique, c'est-à-dire les « vrais » media.

Un reportage d'une heure sur ARTE aura moins d'effet que 2 minutes sur TF1 ! Ceci est tellement vrai qu'un jour de juillet 2012, sur ARTE, un reportage expliquait le fait que de plus en plus de scientifiques estiment que le SIDA ne viendrait pas du virus HIV, et que la communauté scientifique s'est trompée sur ce point. Au même moment sur TF1, un autre reportage traitait des précautions à prendre « *pour ne pas être contaminé par le virus du Sida…* ». Le résultat est que la communauté scientifique française croit toujours que le Sida vient du virus HIV, car « TF1 n'a rien dit… »

Mais il y a plus grave :

À toutes les étapes de la discussion : devant le directeur d'école, devant l'inspecteur d'académie, le médecin scolaire, ou même devant un tribunal, lorsque les parents, de guerre lasse, déclarent : « *Vous qui exigez la vaccination, et qui refusez que l'enfant entre à l'école s'il n'est pas vacciné, vous qui prétendez que les inquiétudes que nous avons ne sont pas fondées, nous acceptons de faire vacciner notre enfant si vous nous garantissez par écrit et personnellement :*

a) que notre enfant sera réellement protégé contre la diphtérie, le tétanos et la polio,

b) qu'il n'aura aucun effet secondaire grave. Voici donc la déclaration que nous vous demandons au préalable, de signer. Après nous ferons vacciner notre enfant.

À notre connaissance, aucun fonctionnaire en France n'a jamais signé une telle déclaration !

« *L'ignorance et la lâcheté sont les 2 mamelles du problème des vaccinations en France* ».

2 - Les enfants nés après le 1er janvier 2018

Ces enfants doivent recevoir 11 vaccins : Antidiphtérique, Antitétanique, Antipoliomyélitique, contre la coqueluche, contre les infections invasives à Haemophilus influenzae de type b, contre le virus de l'hépatite B, contre les infections invasives à pneumocoque, contre le méningocoque de Sérogroup C, contre la rougeole, contre les oreillons, contre la rubéole.

Ces vaccins doivent être administrés dans les 18 premiers mois de l'enfant.

Donc, si vous avez échappé à la vaccination à la maternité, en disant à l'équipe médicale que vous ferez faire les vaccins « plus tard avec votre pédiatre », c'est très bien, car l'objectif est :

- de gagner du temps, car plus l'enfant progresse en âge, plus son système immunitaire se construit,
- de faire découvrir à votre interlocuteur que les produits actuellement sur le marché sont peu, voire pas du tout, efficaces, et sont toxiques. Vous avez donc de bonnes raisons d'essayer d'y échapper.

Mais, ne nous illusionnons pas : Pour l'entrée en crèche, l'entrée à l'école ou au lycée, la discussion avec l'Administration sera difficile, car chacun va se renvoyer la balle : directeur d'établissement, maire, inspecteur d'Académie. Mais le maillon faible sera celui sur lequel tout le monde va se raccrocher : Le médecin scolaire, ou le médecin de l'académie.

Là aussi, nous allons procéder en plusieurs étapes :

1re étape : L'examen médical préalable :

C'est l'entrée en crèche qui pose le plus de problèmes, car la crèche n'est pas obligatoire.

Au moment de l'inscription, (crèche ou école) dites simplement que les vaccins seront faits chez votre pédiatre. Si la situation se bloque, alors faites un courrier à la direction, et au médecin de la crèche.

« *...Monsieur le Directeur, (ou Docteur)*

« Je suis sur le point de procéder aux vaccinations obligatoires, concernant mon enfant et, en examinant les produits qualifiés de « vaccins », j'ai quelques inquiétudes :

En effet, selon les fabricants, pour qu'un vaccin soit efficace et « désinfecté », il faut, en plus du virus atténué, ajouter un produit appelé « adjuvant de l'immunité ». Ce produit est :

– soit, de l'hydroxyde d'aluminium à des doses parfois 30 fois supérieures au seuil toxique,

– soit des dérivés du mercure, notamment le Thimerosal (appelé en France Thiomersal),

– soit du formaldéhyde ou formol, utilisé pour conserver les cadavres, et classé en 2004, comme cancérigène par le Centre international de recherche sur le cancer, parfois également :

– des cellules cancérisées,

– des éthers de glycol,

– de la glycérine, toxique pour les reins et le foie,

– du plomb,
– du cadmium,
– etc.

En outre, ils sont cultivés sur des tissus animaux ou humains (reins de singe ou de chien, embryons de poulet, sérum de veau, sang de porc, sang de cheval, cervelle de lapin, etc.).

Or, L'art. L-3111-5 du Code de la Santé Publique, indique : «...Toute vaccination obligatoire pratiquée dans les conditions définies au présent chapitre doit faire l'objet, de la part du médecin ou de la sage-femme qui l'a effectuée, d'une déclaration dont les modalités et le contenu sont fixés par décret. Ce décret fixe également les modalités de transmission à l'Agence nationale de santé publique des informations nécessaires à l'évaluation de la politique vaccinale. Si la personne vaccinée dispose d'un carnet de santé, mention de la vaccination doit y être portée..».

L'art. D-3111-6 du même Code, précise :

«...La déclaration prévue à l'article L.3111-5 est faite:

1° Sur le carnet de santé et, en outre, pour les enfants âgés de deux ans ou moins, sur les certificats de santé prévus à l'article L. 2132-2 ;

2° Pour les personnes ne possédant pas de carnet de santé, sur un document remis par un professionnel de santé autorisé à pratiquer les vaccinations attestant de la situation de la personne au regard des vaccinations obligatoires....»

Enfin, l'art. D-3111-7 du même Code, ajoute :

Le document mentionné au 2° de l'article D. 3111-6 contient les précisions ci-après :

1° Nom, prénoms, date de naissance et adresse de la personne vaccinée ;

2° **Examens médicaux et, le cas échéant, tests biologiques effectués préalablement à la vaccination***;*

3° Date de ces examens, date de la vaccination... ».

La plupart des accidents post-vaccinaux sont certainement en relation avec le fait que cet examen est souvent négligé.

Où puis-je donc faire pratiquer, gratuitement s'agissant d'une vaccination obligatoire, pour mon enfant, cet examen **préalable obligatoire***, selon la Loi ? Merci de m'indiquer à qui dois je m'adresser... »*

À ce stade, (médecin ou chef d'établissement scolaire) personne n'aura de réponse. Certains demanderont même de quels examens préalable s'agit-il ?

Vous allez alors indiquer que vous souhaitez savoir à quel groupe HLA appartient votre enfant. Si vous voyez que l'interlocuteur tombe des nues, vous reprenez l'explication citée plus haut dans le «I - Devant le pédiatre, 2e étape l'immunité».

Si vous êtes arrivé(e) à expliquer cela avec de la diplomatie, vos interlocuteurs seront rassurés : On attend le résultat de l'examen médical préalable.

2e étape : doutes sur l'efficacité des produits :

Une fois, les résultats obtenus, vous allez revenir à la charge, dès qu'on vous demandera où vous en êtes, et allez faire un 2e courrier.

«Je suis toujours sur le point de procéder aux vaccinations obligatoires, concernant mon enfant et, à cette occasion, j'ai l'honneur de venir vers vous, afin que vous puissiez m'éclairer sur un certain nombre d'interrogations que j'ai, concernant les vaccinations obligatoires :

J'ai eu connaissance récemment d'informations extrêmement graves concernant les vaccinations :

– Des épidémies de coqueluche aux U.S.A. ont atteint des centaines d'enfants vaccinés contre la coqueluche,

– Des épidémies de polio dans le monde entier ont touché des milliers de personnes, pourtant correctement vaccinées,

– En 1993, 100 infirmières des Hôpitaux de Paris, atteintes de tuberculoses, avaient toutes reçu le BCG. etc...

Le nombre impressionnant de publications sur le sujet, la notoriété, parfois mondiale des certains des auteurs, fait qu'il n'est pas possible sans être de mauvaise foi, de passer tout cela sous silence !

Ces publications indiquent, notamment :

a) **Vaccin anti-polio :** *Dans les années 1956/58, lorsque l'on a lancé la campagne de vaccination, la France est passée de 1 200 à 4 000 cas.*

b) ***Vaccin anti-tétanique :*** *La dernière statistique d'un pays Européen est la Finlande où sur 106 cas de tétanos recensés sur plusieurs années, 66 étaient correctement vaccinés.*

c) ***Vaccin anti-diphtérique :*** *En France pendant 18 années de vaccinations, (10 ans de vaccinations facultatives, suivies de 8 ans de vaccinations obligatoires) le nombre de diphtéries n'a cessé d'augmenter, passant de 15 000 cas à 45 000.*

Enfin, dans le n° du 20 janvier 2004, p. 15 du Bulletin Epidémiologique Hebdomadaire, édité sous l'égide du Ministère de la Santé, on peut lire concernant un échantillon de 277 enfants atteints de tuberculose : «le statut vaccinal était connu pour 65,3 % de ces enfants, et ***74 % d'entre eux étaient vaccinés par le B.C.G.*** *».*

Tout comme, dans Le BEH du 4 nov. 2003 p.213, sur un échantillon d'enfants qui avaient la coqueluche, il est indiqué : « au-delà de 4 mois, 32 % n'avaient reçu aucune injection, ***27 % étaient vaccinés de façon incomplète, et 41 % étaient correctement vaccinés****, ce qui signifie en gros que* ***68 % des enfants qui avaient la coqueluche étaient vaccinés contre la coqueluche !***

Il semble bien que depuis un certain nombre d'années, les produits appelés « vaccins » sont peu, voire pas du tout efficaces. En outre ils induisent des effets secondaires extrêmement graves.

Du reste, comment expliquer que les épidémies de peste au moyen- âge, de choléra, de suette picarde, et plus récemment, de pneumopathie atypique se soient arrêtées d'elles même sans vaccins, sinon par le fait que ce sont d'autres facteurs qui sont à l'origine de l'éradication de certaines maladies ?

D'où mes 2 questions :

a) ***Où puis-je trouver de vrais vaccins, c'est-à-dire des produits dont l'efficacité est garantie ?***

b) *Je suis obligé (e) de constater que la composition des vaccins que l'on trouve en pharmacie dans notre région, comprend des produits hautement toxiques.* ***Où puis-je trouver des vaccins dont l'absence de dangerosité est garantie ?***

Je rappelle en effet que l'administration de substances nuisibles à la santé est un crime puni par la Loi. En connaissant actuellement les risques encourus par un enfant à recevoir une injection dont l'efficacité est hautement discutable, tout citoyen responsable ne peut plus aujourd'hui se voiler la face, et se doit de prendre les plus élémentaires précautions, faute d'être un jour poursuivi pour ne pas l'avoir fait.

Vous remerciant par avance de vos conseils, je vous prie de croire...

Si vous n'avez pas de réponse ou une réponse « bateau », refaites le même courrier dans le style :

« Je vous rappelle les termes de mon courrier du ......» et ajoutez :

« J'indique, pour le cas où vous ne répondriez pas à mes questions, et où vous m'obligeriez à administrer à mon enfant des substances appelées « vaccins », je serai alors contraint(e) de déposer une plainte pour mise en danger de la vie d'autrui. D'autre part, il est évident que, pour le cas où mon enfant serait victime d'effets secondaires, je déposerai une plainte pour administration de substances nuisibles à la santé contre ceux qui auront administré ces substances, mais également contre ceux qui s'en seront rendus complices, en faisant, par exemple, de cette intoxication, une condition nécessaire à la scolarisation.

Vous remerciant par avance de vos conseils, je vous prie de croire...».

Enfin, si vous n'avez toujours pas de réponse, et si votre interlocuteur continue d'insister, demandez-lui s'il est d'accord pour déclarer par écrit, qu'en cas d'effets secondaires graves, il en assume personnellement la responsabilité...

Ce n'est qu'en mouillant « ceux qui ne veulent pas savoir » qu'on fera avancer les choses...

3e étape : « mouiller » l'interlocuteur :

L'idée est d'annoncer que vous n'êtes absolument pas contre les vaccins, mais vous venez de vous apercevoir que les produits appelés « vaccins » en pharmacie, ne protègent pas des maladies, et en plus, sont toxiques. Ce sont donc des faux vaccins. Vous estimez qu'il s'agit là d'une tromperie du consommateur, et vous cherchez donc vainement des « vrais » vaccins : Efficaces et sans danger. Et pour cela, vous allez devoir « mouiller » un certain nombre d'interlocuteurs.

Vous allez donc faire le tour des pharmacies de votre commune, ou de votre quartier, et demander si le pharmacien a en stock un ou plusieurs produits correspondant aux vaccins obligatoires. Demandez alors à voir la notice de la boîte du vaccin. De deux choses l'une :

- Ou bien les « excipients » figureront sur cette notice, et dans ce cas, vous recopierez tous les noms des excipients.
- Ou bien, rien ne figure.

Puis, vous allez voir votre médecin, (si possible, un médecin au courant du problème des vaccinations), et vous essayez d'obtenir un certificat indiquant :

« *M. ou Mme X, désireux de faire vacciner leur enfant contre (nom des vaccins) n'ont trouvé dans leur ville que les produits suivants :...* » (le médecin indique le nom du ou des produits).

Puis le médecin se trouve devant deux possibilités :

- Ou bien, l'adjuvant est indiqué sur la notice, et dans ce cas, le médecin indique : « *Ces produits contiennent....* (le médecin indique le nom de l'élément toxique qu'il identifie. Le médecin peut également consulter le dictionnaire Vidal qui, en principe devrait donner la liste des excipients)
- Ou bien, rien n'est mentionné, et dans ce cas, le médecin écrit :

« *...Compte tenu du fait que, jusqu'à aujourd'hui, les vaccins contenaient un excipient toxique, et que plus rien n'est mentionné concernant le ou les excipients, M. et Mme X. ont de bonnes raisons de craindre la présence de produits toxiques...* »

Puis le médecin conclut :

« ....*M. et Mme X sont donc dans l'impossibilité matérielle de faire administrer à leur enfant un vaccin dont ils sont sûrs qu'il ne générera pas d'effets secondaires graves, et, compte tenu des informations actuelles concernant les nombreux cas de maladies touchant des sujets pourtant vaccinés, M. et Mme X sont dans l'impossibilité matérielle de faire administrer à leur enfant un vaccin dont ils sont sûrs qu'il protégera leur enfant dela diphtérie, du tétanos et de la polio...* ».

Certes, il ne sera pas facile de trouver un médecin acceptant de délivrer ce genre de certificat.

L'obtention d'un tel document n'est pas une utopie : rappelons-nous par exemple que déjà en 2005, le DT POLIO était introuvable en France, car il avait été retiré du marché. Aucune école n'a fait de difficultés aux milliers de parents qui étaient alors dans l'impossibilité de faire vacciner leurs enfants et qui, périodiquement, se rendaient dans les pharmacies. Des médecins ont établi des attestations indiquant « M. X est dans l'impossibilité de se procurer le vaccin DT POLIO ».

Personne ne s'est alors inquiété d'un quelconque danger, et pendant un an des milliers d'enfants ne furent pas vaccinés contre ces 3 maladies.

La situation a duré près d'un an, et il n'y eut d'ailleurs aucune recrudescence des cas de ces 3 maladies, ce qui n'est pas étonnant.

Supposons néanmoins que votre médecin hésite, (et que vous hésitiez à changer de médecin) Il faudra donc utiliser d'autres techniques, pour « mouiller » ceux qui ne veulent pas se mouiller :

Par ex. rédiger le document suivant, à l'intention du médecin et/ou du pharmacien.

Pour le médecin :

ATTESTATION

Je soussigné.... Dr en médecine,

Constate que dans la commune de... on ne trouve, pour vacciner l'enfant X contre (nom des produits) que les produits suivants :... (nom des produits)

– Je garantis que le (ou les) produit(s) sus mentionnés protégeront cet enfant contre ces maladies (*)

– Je garantis également que cet enfant ne risque aucun effet secondaire grave (*)

– Je ne peux pas garantir que le (ou les) produit(s) sus mentionnés protégeront cet enfant contre ces 3 maladies (*)

– Je ne peux pas garantir que cet enfant ne risque aucun effet secondaire grave (*)

(*) Rayer la mention inutile.

Le médecin aura juste à cocher et à signer.

S'il ne peut pas garantir, dites lui «On fait quoi ?» (sous-entendu : « *le certificat de contre-indication semble s'imposer* »).

Pour le pharmacien :

ATTESTATION

Je soussigné… Dr En pharmacie, gérant de la pharmacie… (adresse),

Indique que pour vacciner l'enfant X contre (nom des maladies) , je n'ai à la vente que les produits suivants :

Le produit suivant… (nom du produit) *est composé, notamment des excipients suivants (nom des excipients toxiques que vous aurez recopié). Je ne dispose pas d'autres produits.*

– Je garantis que le (ou les) produit(s) sus mentionnés protégeront cet enfant contre : ....(*)

– Je garantis également que cet enfant ne risque aucun effet secondaire grave (*)

– Je ne peux pas garantir que le (ou les) produit(s) sus mentionnés protégeront cet enfant contre............... (*)

– Je ne peux pas garantir que cet enfant ne risque aucun effet secondaire grave (*)

(*) Rayer la mention inutile.

Ne nous leurrons pas ! Ce bras de fer un peu stupide est nécessaire, car nous sommes dans un système qui nous oblige à recevoir des produits inefficaces et dangereux, et qui refuse de savoir qu'ils sont inefficaces et dangereux. On est obligé de faire l'âne quand on a affaire à des ânes.

Si vous arrivez à faire le « forcing » et à faire signer une attestation, soit par le médecin, soit par le pharmacien, vous serez alors considéré comme étant de bonne foi.

Si personne ne veut rien signer, il faudra envoyer un huissier interroger le médecin ou le pharmacien, (l'acte s'appelle une sommation interpellative)

Peut être sera-t-il nécessaire de faire délivrer la même sommation aux laboratoires.

Bien sûr, une sommation interpellative coûte cher, mais pourquoi les parents ne se regrouperaient-ils pas, pour faire délivrer un tel acte à un médecin, ou à plusieurs pharmaciens ?

Une fois que vous aurez réussi à faire signer le médecin ou le pharmacien (ou à obtenir des réponses dans le cadre d'une sommation interpellative), vous serez donc en possession d'un document indiquant que l'on ne peut vous garantir, ni l'efficacité, ni la non-toxicité du vaccin.

Vous allez donc continuer de « mouiller » ceux qui « ne veulent pas savoir », en écrivant au directeur de l'établissement qui exige la vaccination, à l'inspecteur d'Académie.

Monsieur,

Je vous prie de trouver ci-joint une attestation signée par le Dr.... Indiquant que je suis dans l'impossibilité de trouver dans ma commune des vrais vaccins, c'est-à-dire, des produits dont je peux être certain qu'ils protégeront mon enfant contre... (nom de la maladie), et qu'ils ne seront pas dangereux pour sa santé.

Je comprends d'autant mieux ce médecin (ou ce pharmacien) qu'une partie importante de la littérature médicale doute de l'efficacité et de la non-toxicité des vaccins. Vous trouverez ci-joint une liste d'ouvrage indiquant que le problème est sérieux.

Or, je tiens à faire vacciner mon enfant, puisque c'est la loi. Mais il est hors de question que je lui fasse administrer un produit à la fois toxique et inefficace.

D'autre part, quiconque m'obligerait à donner de tels produits à mon enfant, serait complice de ce que je considère comme une tromperie du consommateur, et une mise en danger de la santé ou de la vie d'autrui.

C'est la raison pour laquelle, je vous remercie de bien vouloir me faire savoir où puis je trouver de vrais vaccins, c'est-à-dire des produits non dangereux, et qui vaccinent vraiment...

Nous ne connaissons pas la suite, puisque personne n'est encore arrivé à ce stade. Il est fort probable que, si les choses sont faites dans l'ordre, les enfants soient majeurs avant que l'on ait la réponse à ce courrier...

Le cas particulier des professionnels de la santé :

Pour exercer en hôpital, une infirmière doit être vaccinée contre la diphtérie, le tétanos, la polio, la tuberculose, et immunisée contre l'hépatite B.

En outre, des rappels sont prévus tous les 10 ans, concernant la diphtérie, le tétanos et la polio.

Un certificat de contre-indication ne permettra malheureusement pas d'exercer.

Par contre, dans certains cas, le vaccin est inutile : lorsque le sujet est immunisé contre la maladie.

Une personne majeure est très souvent immunisée de manière naturelle contre de nombreuses maladies. Il faut donc passer un test sérologique de recherche d'anticorps.

La plupart du temps, le test indiquera que le sujet est immunisé, ce qui fera écrire au Médecin du travail que le vaccin n'est pas utile, ou que (ce que nous avons constaté dans certains cas) « *le sujet est correctement vacciné* » (puisqu'il a des anticorps)... En effet, il nous a été rapporté que, dans certains hôpitaux, constatant au vu du résultat du test sérologique, que des infirmière avaient des anticorps contre l'hépatite B, le médecin du travail avait écrit « *...sujet correctement vacciné contre l'hépatite B...* ».

Certes, il aurait été plus logique d'écrire « sujet immunisé naturellement contre l'hépatite B ».

Mais là encore, la démarche est administrative, et pas du tout scientifique...

La différence de curiosité entre les Français et les Allemands : en R.F.A. les vaccins ne sont plus obligatoires, depuis des années, et il y a moins de cas de tétanos, de tuberculose, et d'hépatite B qu'en France. Quel hasard !

Question n° 5

De manière générale, adulte, professionnel de santé, que faire devant le médecin ?

Réponse

Devant le médecin, d'une manière générale, lorsque celui-ci pose la question des vaccins, vous devez avoir un «consentement libre et éclairé», selon la Loi Kouchner.

Posez donc des questions :

– Comment avez vous constaté l'efficacité des vaccins ?

– Quelles preuves scientifiques avez vous de l'efficacité des vaccins ?

– Avez vous suivi tous les enfants que vous avez vaccinés, pour savoir ce qu'ils deviennent ?

– Comment se fait-il que de nombreuses publications indiquent qu'aux U.S.A. ou au Canada, de nombreuses personnes ont contracté la maladie contre laquelle elles étaient vaccinés ?

– Comment se fait-il que plus on vaccine, plus il y a d'enfants autistes ?

– Comment se fait-il qu'on a retiré l'aluminium des produits cosmétiques, mais pas des vaccins qui, pourtant, vont directement dans le sang ?

– Savez-vous qu'en Grande-Bretagne, en R.F.A., en Suisse, en Hollande, au Luxembourg, en Suède, en Norvège, au Danemark, en Irlande, en Islande, aucun vaccin n'est obligatoire depuis des décennies, et les gens semblent en meilleure santé que nous, puisque nous sommes le 1er pays consommateur de médicaments d'Europe ?

Notez ses réponses.

Je voudrais citer 2 témoignages, pour montrer dans quelle bêtise nous nous sommes enfermés :

Témoin n°1 : Une infirmière d'un hôpital de la région Rhône-Alpes, gardant l'anonymat, et actuellement retraitée :

« *...J'étais enfant dans les années 60, lorsque j'ai été vaccinée contre la polio, au plus fort de l'épidémie. Quelques heures plus tard, j'étais paralysée pour 60 jours, avec le diagnostic... de polio ! Par chance, le médecin de famille avait vécu en Afrique, et connaissait des méthodes insolites. Il m'a rendu visite tous les jours à l'hôpital et exigeait qu'on le laisse seul avec moi quelques minutes à chaque fois.*

Je ne me souviens pas de ce qu'il faisait.

Puis quand j'ai été guérie, il a conseillé à mes parents de me faire dormir plusieurs mois sur un lit recouvert de feuilles de maïs en insistant sur le fait qu'il ne faudrait pas changer les feuilles, même si elles étaient souillées par mes urines. Je n'ai pas eu de séquelles, ce qui a étonné tout mon entourage. Je n'ai jamais boité, à la différence des amies de mon village qui, elles aussi, avaient contracté la polio, mais que j'ai vues avec des cannes, des béquilles, ou des chaussures orthopédiques toute leur vie. Toute ma jeunesse, j'ai pu comme tout le monde, faire du sport, des randonnées en montagne, du ski.

Je constate qu'aujourd'hui, ce médecin aurait été poursuivi pour pratiques charlatanesques.

Tous les ans, lors de la visite médicale, le médecin du travail me demande :

– Et le rappel du vaccin anti-polio ? »

Je lui réponds :

– Mais j'ai eu la polio, d'ailleurs juste après le vaccin !

– Mais Madame, le rappel est obligatoire !

Je fais alors un gros effort pour ne pas balancer la table sur la tête de cet imbécile ; je me contiens et demande :

– Si je comprends bien, la maladie n'immunise pas, alors comment le vaccin peut-il immuniser ?

– On n'a pas le temps de discuter de cela. On verra l'année prochaine.

Nous avons répété ce dialogue idiot pendant des années, jusqu'à ma retraite. Je n'ai donc jamais fait le rappel... »

Témoin n° 2 : Une dame travaillant pour diverses ONG :

« *...J'ai effectué de nombreux voyages professionnels dans des pays avec des conditions sanitaires déplorables et à la grande surprise des médecins (de chez Pasteur), je n'ai contracté aucune maladie soit disant évitable par la vaccination! Par contre, certains de mes collègues (bien vaccinés contre tout ce qui peut exister sur le marché) ont développé des pathologies contre lesquelles ils étaient vaccinés !...* ».

On pourrait ainsi multiplier de tels témoignages. Ce qui est incroyable est que dans ce monde de « scientifiques », l'on a perdu tout bon sens, tout sens de l'observation. Ces éléments n'interpellent personne, car ce que « ON » nous a dit est plus important que ce que nous observons. Ces « scientifiques » n'observent donc plus rien.

Les professionnels de la Santé, encore aujourd'hui, n'ont pas d'autre choix que de se faire vacciner, s'ils veulent exercer leur métier. Voilà pourquoi nombreux sont ceux qui, sachant que cela ne servait à rien et était dangereux, ont « vacciné le lavabo... », ce qui leur permet de rester en bonne santé.

Bien sûr, les responsables hiérarchiques « qui ne veulent pas savoir », sont comme par hasard, ceux qui n'observent plus rien, à l'exception des ouvrages, tous édités par les laboratoires pharmaceutiques.

CHAPITRE V
Pourquoi depuis des décennies n'avance-t-on pas dans ce débat ?

Question n°6

Pourquoi depuis des décennies n'avance-t-on pas dans ce débat ?

«Une religion ça ne se discute pas»

A - D'incroyable incohérences

L'aluminium a été retiré des produits cosmétiques.

«Ce n'était pas bon pour la peau».

Or, dans les vaccins, il est injecté directement dans le sang, évitant toutes les barrières naturelles de l'organisme.

Quand un enfant n'est pas vacciné car ses parents ont refusé le vaccin, les enseignants sont terrorisés à l'idée qu'il puisse «contaminer les autres»

Pourtant ces «autres» sont vaccinés.

Mais l'incohérence ne s'arrête pas là :

S'il a simplement un certificat de contre-indication, il est accueilli à bras ouverts, comme s'il ne risquait plus de contaminer les autres.

Ainsi, il s'agit bien d'une religion : Celui qui a un certificat de contre-indication ne s'est pas opposé à Dieu ! Donc il ne présente aucun risque pour les autres...

Ce sentiment religieux fait oublier toute logique, tout esprit scientifique. ON CROIT.

Après tout quand un chrétien communie à l'église, s'est il préoccupé de savoir si l'hostie est stérilisée, s'il y a une date de péremption ? Non. ON CROIT.

Voilà pourquoi personne n'a réagi dans le contexte suivant :

– Depuis des décennies les laboratoires pharmaceutiques nous indiquent qu'un vaccin ne peut être efficace que si on ajoute au virus atténué un adjuvant de l'immunité naturelle. Donc **s'il n'y a pas d'adjuvant, le vaccin est inefficace.**

– Au moment de la campagne de vaccination H1N1, de nombreuses protestations ont été émises, notamment par le fait que l'adjuvant utilisé était le squaléne qui avait fait de nombreuses victimes pendant la guerre du Golfe.

C'est alors que les autorités de santé ont déclaré « *Rassurez vous, les femmes enceintes auront droit à un vaccin sans adjuvant...*

Comme des moutons, les journalistes carpettes ont rassuré les femmes enceintes, sans réaliser qu'un vaccin sans adjuvant serait **par définition** inefficace...

B - D'incroyables conflits d'intérêts

Le Dr. DE LORGERIL, chercheur au CNRS, expert international en cardiologie et nutrition, écrit :

« *...Qui est suffisamment désintéressé et objectif pour donner un avis indépendant ?*

Le PDG de l'entreprise new-yorkaise ? Non ! Conflit d'intérêt majeur !

Le PDG de l'Institut Pasteur ? Non ! Conflit d'intérêt majeur !

Le PDG de l'INSERM ? Non ! Conflit d'intérêt majeur !

Il ne s'agit pas ici de conflits d'intérêt financiers individuels directs, tout le monde l'a compris ; c'est encore pire !

Le cousin, la fille ou l'épouse d'un de ces PDG ? Non! Conflit d'intérêt majeur !

On l'a compris, le succès de cette entreprise dépend en partie de l'existence d'un marché captif, par exemple, des pays où sévissent des obligations vaccinales.

On le comprend sur cet exemple illustratif de la controverse sur l'obligation vaccinale, les argumentaires sanitaires mensongers (les épidémies, les résurgences, les flambées) cachent une autre réalité dont les fondements sont financiers.

Mais ces intérêts financiers ne sont pas forcément incompatibles avec un possible progrès médical, qui reste à démontrer, sans prendre nos bébés en otage car ils ne sont pas des cobayes !

Loin de moi d'accuser qui que ce soit ; mais il nous faut de toute urgence un arbitrage indépendant.

Aucun des PDG sus-cités ne peut être un de ces arbitres indépendants.

L'épouse du PDG de l'INSERM, l'actuelle Ministre de la Santé, ne peut l'être non plus. Elle est prisonnière de ses conflits d'intérêt. Elle doit avoir la sagesse de l'admettre et se retirer sagement :

1) éviter de participer aux controverses qui concernent les vaccins ;

2) éviter de s'immiscer dans toutes les problématiques vaccinales !

Malheureusement, le fait que la quasi totalité des personnes donnant leur avis au moment de la mise sur le marché des médicaments, aient des liens d'intérêts avec l'industrie pharmaceutique, semble ne pas être près de changer.

Des infirmières d'un hôpital psychiatrique m'ont souvent fait observer que le lendemain du passage du visiteur médical auprès du médecin, (surtout si c'est une visiteuse), de nombreuses prescriptions ont changé. Mais les malades ne s'en portent pas mieux pour autant.

Un prof. d'Université à la retraite me cita un jour cette charmante histoire :

« *Sur une piste de grand passage de véhicules, en plein milieu du Sahara, un homme arrêtait les voitures et vendait des skis, en affirmant qu'un jour il neigerait à cet endroit, et qu'ils seraient bloqués, car la couche de neige serait importante. Seuls les skis Dynastar leur permettrait de sortir du désert. Pendant des semaines, ils achetèrent beaucoup de skis, jusqu'au jour où l'un d'entre eux découvrit que cet homme était un des actionnaires de la société Dynastar...* ».

C - Un corps médical qui croit tout savoir

Si 300 000 personnes ne mourraient pas chaque année en France d'A.V.C. ou de cancers, si 500 000 personnes ne consommaient pas en permanence et pour de longues années des antidépresseurs, si des centaines de personnes n'étaient pas enfermées à vie dans des hôpitaux psychiatriques sans jamais guérir, nous n'aurions rien à dire.

Mais lorsque nous apprenons que dans d'autres continents et avec d'autres méthodes, les cancéreux, les diabétiques, les dépressifs, guérissent beaucoup plus, alors que nous sommes le 1er consommateur de médicaments du monde, nous avons des raisons d'être en colère face aux grands airs de supériorité de ces mandarins qui affirment avec force des choses qui se révèleront fausses demain.

Et dès qu'un médecin, honnêtement, et de par ses propres observations, réagit contre certaines de ces certitudes, il est immédiatement critiqué, voire sanctionné.

Le Pr JOYEUX, même si je ne partage pas son avis, lorsqu'il indique que certains vaccins sont utiles, a quand même eu le mérite et le courage de dénoncer les effets secondaires dus à l'aluminium, et d'indiquer que lorsqu'un enfant est en bonne santé et a été allaité, le vaccin est inutile.

Il a recueilli plus d'un million de signatures pour le retour d'un DTP sans aluminium.

Lorsque je l'ai rencontré, je lui ai dit que le fait de demander au Conseil d'Etat d'enjoindre au gouvernement de faire en sorte que le DTP sans aluminium soit de nouveau fabriqué, n'était pas forcément une bonne stratégie, car :

1 - Aucun gouvernement n'a le pouvoir d'obliger un industriel à fabriquer un produit qu'il ne veut plus fabriquer. Donc, coup d'épée dans l'eau,

2 - Le problème se posait car l'on ne trouvait plus en pharmacie qu'un seul produit correspondant à 6 vaccins, et non pas seulement les 3 obligatoires. La solution pour éviter que le gouvernement ne soit en porte-à- faux allait être de rendre obligatoire les 6 vaccins concernés.

Ils ont fait mieux en en rendant 11 obligatoires...

Aujourd'hui, le Pr. JOYEUX, dans ses écrits sur Internet, nous dit en Octobre 2017:

«...*Offrir le vaccin contre la grippe à 10 millions de personnes de plus de 65 ans est du gaspillage, s'élevant à* **un demi milliard d'euros.**
L'éradication de la grippe est une illusion. On ne meurt pas de la grippe, mais de vieillesse ou d'une autre maladie grave...»

Voilà pourquoi, quand on hospitalise en urgence un enfant qui vient d'être vacciné, si les parents ont le malheur d'oser demander aux internes qui cherchent la cause : « *Vous ne pensez pas que cela pourrait venir du vaccin ?* » ils reçoivent alors une avalanche de propos hystériques du genre « *Allons ce n'est pas possible, Vous faites partie d'une secte?* ».

Et ni le médecin traitant tenant les mêmes propos (normal, c'est lui qui a vacciné), ni l'hôpital ne feront de déclaration à la pharmacovigilance qui reconnaît que 10% seulement des effets indésirables lui sont rapportés.

Cette hystérie religieuse est partiellement responsable de cet état de stagnation du problème.

Cette hystérie se double aussi d'un aspect financier, puisque par le biais du R.O.S.P. (Rémunérations sur objectifs de Santé Publique) les médecins obtiennent des points chaque fois qu'ils vaccinent un enfant, et ces points aboutissent à une rémunération. Donc, plus on vaccine, plus on gagne...

D - Des journalistes carpettes

Nos journalistes ne réagissent pas mieux que nos scientifiques à toutes les contradictions en ce domaine : Ainsi au cours de l'année 2005/2006, le retrait du DT Polio (vaccin contre la Diphtérie, la polio et le tétanos) s'était déjà produit, et avait duré un an.

Les parents des enfants scolarisés s'en sont inquiétés, et des articles de presse ont publié une déclaration du fabricant, indiquant que le produit avait été retiré du marché car « *l'élément diphtérie n'était pas fiable...* » Il fallait donc attendre la sortie d'un nouveau vaccin.

Elément diphtérie pas fiable ? Cela ne confirmait-il pas le fait que depuis 50 ans, l'on vaccinait avec de la « pisse d'âne » ? **Pas un seul journaliste n'a eu cette réflexion !** Nous n'osons tout de même pas penser que certains, s'en étant rendu compte, auraient été trop lâches pour le dire ?...

Il y a quelques années, les media annonçaient «une épidémie de méningite à CLERMONT-FERRAND». 2 cas avaient été signalés.... Oui mais, 2 jours avant (nous l'avons su grâce à une procédure) 80 000 doses de vaccins avaient été livrées à CLERMONT-FERRAND...

Il faut être soit abruti, soit une lamentable carpette pour ne pas poser la question : 2 cas dans une ville, est ce une épidémie ?

Voilà pourquoi, lorsque l'année suivante, 3 cas furent signalés à CHAMBERY, personne ne parla d'épidémie... car on était pris de court. Il n'y avait pas beaucoup de vaccins...

Du reste, on ne dit rien des 148 000 morts de cancers en France tous les ans, des 150 000 morts d'A.V.C., des 18 000 morts des effets secondaires des médicaments, de ces centaines d'enfants autistes, de ces centaines d'enfants handicapés à vie depuis qu'on les a vaccinés, mais on fait une véritable campagne de presse quand «...*Un enfant non vacciné est mort de la rougeole*», sans nous dire que cet enfant aurait eu un problème grave de santé n'ayant rien à voir avec la rougeole.

Les média portent ainsi une lourde responsabilité dans cet endoctrinement que nous avons subi depuis plus de 50 ans. Pourquoi, tous les débats, les articles de presse, les émissions de télévision concernant les vaccinations écartent systématiquement ceux qui seraient susceptibles de donner des informations contraires à cette pensée unique malsaine ?

De quoi ont peur nos journalistes, qui ont « découvert » en 1994 qu'il y avait un problème avec l'amiante, alors qu'on leur hurlait depuis 1965 ?

En tous cas l'ancien DT polio coûtait 6 €. Quelques temps plus tard, le laboratoire proposait un vaccin contenant les 3 éléments obligatoires, avec « **en plus** », l'élément anticoquelucheux, ce qui déclencha une montagne de protestations de la part d'homéopathes, et d'un certain nombre d'associations, telles que la Ligue Nationale pour la Liberté des vaccinations, indignés de constater que l'on en profitait pour essayer d'imposer de fait un vaccin non obligatoire, et aux effets secondaires notoires et redoutables.

Ce vaccin « nouveau » ne coûtait plus 6 € mais... 23 € !!

10 millions d'écoliers vaccinés à 6 € = 60 millions d'euros, alors qu'à 23 €, cela fait... 230 millions d'euros.

Ceci n'est pas une théorie mais un constat...

Donc l'on attendit, et cette situation a duré un an.

Et il n'y eut aucune recrudescence d'une des 3 maladies. Puis l'on ressortit un DTP. Mais cela ne dura que très peu de temps, puisqu'en 2008, le même scénario s'est reproduit, avec les détails que nous avons expliqués plus haut.

Récemment, lorsque l'on a entendu les reportages concernant les manifestations de l'automne 2017, la plupart des commentateurs expliquaient que des milliers de personnes en France s'opposaient au projet tendant à rendre obligatoires 11 vaccins.

Aucun d'entre eux n'expliquait les raisons exposées par les manifestants, se contentant de répéter comme des perroquets que les vaccins «avaient éradiqué les épidémies...

Personne non plus n'a osé montrer le cortège des 50.000 personnes qui défilaient au cours de l'été 2017 à ROME, pour protester contre un projet similaire en Italie.

Je n'ai donc aucun scrupule à les qualifier de carpettes, et il me semble que ce n'est pas aux policiers et aux gendarmes que les gilets jaunes auraient du s'en prendre...

E - Des organismes d'Etat chargés de contrôler les médicaments et les vaccins, pas vraiment neutres:

L'Agence Nationale de Sécurité sanitaire de l'alimentation, de l'Environnement et du Travail (ANSES) est un établissement public français, placé sous la tutelle des ministères de la Santé, de l'Agriculture, de l'Environnement, du Travail et de la Consommation. L'ANSES assure des missions d'évaluation en s'appuyant sur l'expertise de ses scientifiques internes et d'experts externes. Elle met ainsi en œuvre une expertise collective et indépendante relevant du Code de l'environnement renvoyant aux dispositions de Code de la santé publique par son article L.1313-1 qui stipule: « une expertise scientifique indépendante et pluraliste » visant à « principalement assurer **la sécurité sanitaire humaine** dans les domaines de l'environnement, du travail et de l'alimentation ».

Plus précisément, l'ANSES a pour mission « de réaliser l'évaluation des risques, **de fournir aux autorités compétentes toutes les informations sur ces risques** ainsi que l'expertise et l'appui scientifique et technique, **nécessaires à l'élaboration des dispositions législatives et réglementaires** et à la mise en œuvre des mesures de gestion des risques. Elle assure des missions de veille, de vigilance et de référence. Elle définit, met en œuvre et finance en tant que de besoin des programmes de recherche scientifique et technique. [...] ».

Les missions de sécurité de l'ANSES envers les risques sont présentées comme scientifiques et indépendantes afin d'établir les références des dispositions législatives et réglementaires attendues.

Cependant aux termes de l'art. L 1413-9 du Code de la Santé Publique:

«...– L'agence est administrée par un conseil d'administration, composé, ***outre son président, nommé par décret****, des membres suivants:*

1° Des représentants:
- *a) De l'Etat;*
- *b) Des régimes obligatoires d'assurance maladie;*
- *c) De partenaires institutionnels de l'agence;*
- *d) Des professionnels de santé;*
- *e) D'associations d'usagers du système de santé agréées en application de l'article L. 1114-1, d'associations agréées ayant une activité dans le domaine de la défense des consommateurs, de la défense des familles, de la protection de l'environnement et de la défense des victimes d'accidents du travail et de maladies professionnelles;*

1° bis Deux députés et deux sénateurs;
2° Des élus représentant les collectivités territoriales;
3° Des personnalités qualifiées choisies en raison de leur compétence dans les domaines relevant des missions de l'agence;

4° Des représentants du personnel.
Le président a voix prépondérante en cas de partage égal des voix…»

Aux termes de l'art. R 1413-3 du même Code:
– Le conseil d'administration comprend, outre son président:

1° ***Neuf membres représentant l'Etat:***
a) Deux représentants des ministres chargés de la santé et de l'action sociale;
b) Un représentant du ministre chargé du travail;
c) Un représentant du ministre chargé de la recherche;
d) Un représentant du ministre chargé de l'environnement;
e) Un représentant du ministre chargé de l'éducation nationale;
f) Un représentant du ministre de la défense;
g) Un représentant du ministre chargé du budget;
h) Un représentant du ministre chargé des outre-mer;

1° bis **Deux députés** *et deux sénateurs, désignés par le président de leur assemblée respective;*

2° Un représentant des régimes obligatoires d'assurance maladie;

3° Quatre représentants des partenaires institutionnels de l'agence:
a) ***Un représentant des agences régionales de santé;***
b) ***Un représentant de la Conférence nationale de santé;***
c) ***Un représentant de la Caisse nationale de solidarité pour l'autonomie;***
d) ***Un représentant de l'Institut national de la santé et de la recherche médicale;***

4° Trois professionnels de santé:
a) Un membre du Collège de la médecine générale;
b) Un membre de l'Académie de médecine;
c) Un membre de la Société française de santé publique;

5° Quatre représentants d'associations:
a) Un membre représentant les associations ayant une activité dans le domaine de la qualité de la santé et de la prise en charge des malades agréées au niveau national, conformément aux dispositions de l'article L. 1114-1;
b) Un membre représentant les associations de défense des consommateurs agréées au niveau national, conformément aux dispositions de l'article L. 411-1 du code de la consommation;
c) Un membre représentant les associations de protection de l'environnement agréées au niveau national, conformément aux dispositions de l'article L. 141-1 du code de l'environnement;
d) Un membre représentant les associations d'aide aux victimes d'accidents du travail ou de maladies professionnelles représentées au sein du Fonds d'indemnisation des victimes de l'amiante;

6° Deux élus représentant les collectivités territoriales :
a) Un élu désigné par l'Association des maires de France ;
b) Un élu désigné par l'Association des départements de France ;

*7° **Deux personnalités qualifiées choisies** en raison de leurs compétences dans les domaines relevant des missions de l'agence ;*

*8° **Trois représentants du personnel de l'agence** élus selon les modalités définies par le règlement intérieur de l'agence.*

Ainsi, sur une trentaine de membres, 21 d'entre eux, de par leur statut, ne pourront jamais voter contre les décisions du Ministère de la Santé !

L'on apprend de l'aveu même de son Directeur, en audition auprès Office Parlementaire d'Evaluation des Choix Scientifiques et Technologiques (OPECST), dans une très longue explication concernant l'ensemble des mécanismes visant à assurer l'indépendance de l'ANSES, que :

*« Nous disposons, à propos des DPI [déclaration publique d'intérêts] d'une organisation [...]. **Notre comité de déontologie** et de prévention des conflits d'intérêt **donne des conseils et peut s'autosaisir.** [...] pour examiner, notamment, les financements reçus, à titre personnel ou sous forme de part issue du financement du laboratoire. Grâce à la grille d'analyse construite avec l'avis de notre comité de déontologie, **nous pouvons caractériser** ce qui relève d'un lien d'intérêt mineur ou majeur et **ce qui fait ou non conflit d'intérêt**. Nous éliminons, sur cette base, tout risque de conflit d'intérêt. **En revanche, nous n'avons absolument aucun pouvoir pour vérifier** que **les montants déclarés sont justes ni que les déclarants n'ont pas omis de mentionner certaines sommes.** Nous rappelons toutefois régulièrement la nécessité, pour les experts, d'effectuer cette déclaration ».* [...]

« Nous avons la responsabilité d'analyser et de prendre en compte ces DPI, **mais n'avons pas de pouvoir** de police judiciaire **pour enquêter sur les éléments déclarés** ».

https://www.senat.fr/compte-rendu-commissions/20180219/opecst.html

L'ANSES se dit donc indépendante pour ses expertises, mais avoue n'avoir aucun pouvoir de contrôle sur les déclarations d'intérêts de ses experts : Déclarations faites par eux-mêmes sur leurs propres situations.

Ainsi les limites de l'indépendance de l'ANSES selon une grille construite par eux-mêmes pour eux-mêmes, produisent alors ce type de conflit d'intérêts.

F - Quand de sordides intérêts financiers ont réussi à créer une religion :

Le lecteur a maintenant compris que tout a été fait pour supprimer toute démarche scientifique, et pour faire croire qu'une sorte de produit miraculeux allait protéger l'humanité contre toutes les maladies infectieuses. On a ainsi menti à l'opinion, on a trompé la plupart des professionnels de santé qui, comme tout le monde CROIENT....

Le vaccin est devenu un Sacrement.

Une véritable religion a été créée, ses créateurs étant les seuls qui ne croient pas, mais par contre qui croient à leur compte en banque.

Peu importe qu'il contienne des produits toxiques, peu importe toutes les contradictions, puisque dans l'inconscient collectif, il est comme un produit d'origine divine.

Voilà pourquoi, le simple fait de poser la question de savoir si tel vaccin est vraiment efficace, déclenche des protestations hystériques.

On vous reproche de poser des questions, mais on ne répond jamais à ces questions.

Les autorités de santé sont dans cette croyance, sauf au sommet qui a été informé et où on fait semblant, pour les raisons que l'on connait maintenant.

Voilà pourquoi les pétitions, les rapports scientifiques, les protestations, ne servent à rien, puisque l'objectif est une grande entreprise de marketing.

« Il faut vacciner toute l'humanité
C'est bon pour notre porte-monnaie... »

Tant que les associations, les victimes, etc... se contenteront de mettre en cause les adjuvants toxiques, sans oser remettre en cause cette croyance, rien ne bougera, car les autorités croient protéger la population des maladies, et pensent que les accidents post-vaccinaux sont un mal nécessaire.

Je l'avais déjà dit à tous mes confrères dans les années 2000, dans le dossier parisien de l'Hépatite B, leur faisant observer que si on se contenter de parler des effets secondaires, rien ne bougerait. J'ai alors vu des regards effrayés.

L'histoire m'a malheureusement donné raison.

ON CROIT...

Une religion ça ne se discute pas.

CONCLUSION
Vers une nouvelle définition de la « santé publique »

Serment d'Hippocrate ou Serment d'hypocrite ?

La crise dite « sanitaire » de 2020, a mis en lumière ce que nous dénonçons depuis des années : le système de santé se porte d'autant mieux que nous nous portons plus mal, d'autant plus que la Sécurité Sociale (avec nos cotisations) soutient largement l'industrie pharmaceutique, en remboursant des médicaments à prix exorbitants.

Ce débat est un dialogue de sourds, surtout parce que, comme nous l'avons dit, les victimes des vaccinations, ainsi que de nombreuses associations les représentant, ne se bornent qu'à contester les effets nocifs dus aux adjuvants.

Le Dr. Jean ELMIGER nous dit : « ...***Aucun vaccin ne protège des maladies contre lesquelles il est censé agir...*** *Notre seule protection réside dans la stimulation naturelle répétée de notre système immunitaire, secouru vigoureusement par nos techniques énergétiques éprouvées. Si vous n'êtes pas convaincu de la pertinence de ces critiques, suivez au moins l'exemple de ce tartufe industriel, grand producteur de vaccins contre l'hépatite B, qui adopte sans vergogne le principe de précaution en interdisant cette inoculation à tous les membres de sa famille...* »

Nous avons aujourd'hui suffisamment de recul pour réagir face à ces milliers de personnes dans le monde, ayant contracté une maladie contre laquelle ils étaient vaccinés !

Les victimes devraient aller jusqu'au bout du raisonnement, et au lieu de réclamer des vaccins sans adjuvants, devraient réclamer la liberté de ne pas se vacciner, cessant ainsi de se comporter en coupables.

Plus de la moitié de l'Humanité est traitée par la Médecine Chinoise pour laquelle nous avons des millénaires de recul, de nombreux pays Européens l'ont bien introduite, et reconnaissent également l'homéopathie, la formation de Heilpraktiker, la phytothérapie, etc.

Or, chez nous, les affaires de l'amiante, du Distilbene, du Médiator, du Viox, et même le fait que l'on vienne d'annoncer sur les media qu'un médicament sur 2 serait inefficace, que l'on rappelle les 18.000 morts par an des effets secondaires des médicaments, le fait que la France soit le pays le plus malade de l'Europe occidentale, le pays qui consomme le plus d'antidépresseurs, rien n'entame le mépris, le dédain, l'inadmissible suffisance, et les ricanements de cette caste de mandarins à l'égard de ces techniques qu'ils « n'ont pas le temps de regarder » car ce système de mort fait leur fortune !

En harcelant tous les pratiquants de ces disciplines, les tenants de la Médecine moderne qui, avec seulement deux siècles de recul, l'estiment supérieure à toutes les médecines du monde, font que des centaines de malades décèdent, alors que cela aurait pu être évité.

Dans son ouvrage « *Elan Vital* », René BICKEL écrit :

«*...Près de 200 milliards d'euros de dépenses de santé, chaque année, Explosion de maladies chroniques qui frappent de plus en plus jeune, 12 millions de français sur 67 millions, sont touchés par un handicap, dont 350 000 enfants ! Les hôpitaux sont bondés, idem pour les asiles psychiatriques, De nombreux enfants atteints de nouvelles pathologies. Les services de pédiatrie sont débordés. Les maladies auto-immunes ne cessent de gagner du terrain, Plus de 10 000 suicides chaque année en France, dont une forte proportion de jeunes, agriculture chimique qui empoisonne et stérilise les sols ! Electromagnétisme artificiel qui sape notre vitalité, pollution des esprits, etc... La liste est longue. Quelque chose ne tourne pas rond...*».

La France est en train, malheureusement, de cesser d'être le pays des droits de l'homme, alors qu'elle était récemment encore, un modèle dans le monde entier.

Nous sommes devenus d'incroyables bovins, avec comme seule préoccupation, le résultat du match de foot, du loto, ou le programme télé. Rien d'autre ne nous fait plus réagir.

Mais les bovins que nous sommes devenus, sont totalement inféodés à des gardiens de troupeaux qui, eux, sont très intelligents.

Dans les hôpitaux, l'on a tellement réduit le personnel que dans certains services psychiatriques, deux frêles femmes sont seules la nuit pour s'occuper parfois d'une trentaine de patients dangereux, et quand il y a une agression, tout ce que l'on sait faire est de pleurnicher.

L'affaire de PAU de 2006, (assassinat d'une infirmière) n'a strictement rien changé, puisque le personnel n'est toujours pas plus nombreux dans les hôpitaux.

LA POSTE a supprimé des boîtes aux lettres dans la rue, des facteurs, des bureaux. Si cela continue, les grenoblois devront aller poster leur courrier à LYON, et les strasbourgeois à NANCY ou à DIJON ! (les plus malins feront 4km pour aller à KEHL en Allemagne !)

La SNCF n'a plus les moyens d'entretenir les réseaux secondaires, et les retards sont souvent dus au fait que les trains doivent rouler plus lentement à cause de l'état des voies.

Dans le monde judiciaire, on a commencé à supprimer des tribunaux. Dans 10 ans, faudra-t-il aller à NEW YORK pour faire appel ?

Partout, les moyens manquent. Où est donc l'argent ?

Les bénéfices de l'industrie pharmaceutique sont colossaux.

Les bénéfices des pétroliers sont faramineux, puisque l'affaire du 11 septembre 2001 a fait presque doubler le prix du litre d'essence.

Mais le monde occidental continue de faire semblant de croire que ce sont des activistes bédouins vivant dans le désert, qui ont déclenché un évènement qui a considérablement enrichi l'industrie pétrolière. La pensée unique fait que, même lorsqu'on pose des questions de bon sens sur cet évènement (pourquoi les tours se sont-elles effondrées aussi vite, pourquoi n'a-t-on retrouvé aucun débris de l'avion soi-disant tombé sur le pentagone, fait unique dans l'histoire de l'aviation ?) l'on nous répond avec condescendance que l'on est un « théoricien du complot », mais on se garde bien d'apporter des réponses cohérentes aux questions. Cherchez l'erreur…

La grande masse considère qu'il est normal de gagner 800.000 € par mois pour courir derrière un ballon. Un gérant de pizzeria m'a même dit «… Oui mais ils méritent… ». Il se glaça quand je lui répondis : « *Et vous, vous ne méritez pas ?* ».

Daniel KIEFFER, dans son ouvrage « *Naturopathie* » indique : « *C'est HIPPOCRATE qui mit à la première place thérapeutique, la diététique, élevée au concept de véritable art de vivre, associée à la psycho-somatique : importance de la méditation, de la prière, des répétitions orales de formules positives, nourries de la Foi, ou mieux, du « discours thérapeutique », le terpnos logos que revalorisent à juste titre nos sophrologues d'aujourd'hui… Toutes ces considérations sur la maladie, le malade et le médecin, furent consignées dans 70 traités médicaux connus sous le nom de Corpus Hippocraticum…* ».

Le Dr Paul CARTON fit la synthèse de ces ouvrages, et fut le premier rénovateur de la pensée Hippocratique.

Or l'on entend souvent, lors des audiences devant les conseils de l'Ordre des médecins, poursuivant l'un d'entre eux pour des pratiques jugées « charlatanesques », parler du Serment d'Hippocrate.

Mais qui, parmi ces inquisiteurs se référant à Hippocrate, se rappelle de ses principes, édictés, il y a environ 2 500 ans ?

« – *D'abord ne pas nuire,*

– *A tout malade un régime tu donneras*

– *En toutes choses, suis la nature,*

– *Si ton œil est malade, soigne ta tête, mais ne néglige pas ton corps entier*

– ***Pour être un bon médecin, cherche la cause du mal, et traite-le. Pour être un meilleur médecin, cherche la cause de la cause, et traite la. Mais pour être un authentique thérapeute, cherche la cause de la cause de la cause et traite la.***

– *Le hasard, quand on vient à l'examiner, est reconnu ne pas exister; tout n'est qu'enchaînement de causes et de conséquences.*

– *L'homme est formé de particules des parties prises dans le Tout. Il est permis de comparer les grandes choses aux petites et les petites aux grandes.*

– *L'espace est formé d'énergie vitale éthérée. Elle donne la vie aux hommes et elle établit les défenses naturelles dans les maladies.*

– *Combien de symptômes, ne sont en fait que des remèdes.* »

Qui aujourd'hui, se rappelle et applique ces principes ?

À ceux qui sont consternés devant l'aberration de certaines situations, je leur dis « Etre un pays de veaux, ça se paye… »

Quand j'étais adolescent, nous profitions du fait que le Deutsch Mark ne valait que 0,80 F.

Certains de mes camarades avaient même mis des pièces d'1 DM à la place des pièces de 1 F. (qui avaient le même format) dans les flippers de la taverne « Chez Hansi » à GUEBWILLER, à la grande colère du gérant qui s'en était aperçu, et nous avait sortis à coups de pieds…

Quand nous traversions le Rhin en mobylette, nous étions loin de nous imaginer que quelques décennies plus tard, nous passerions à l'Euro, et que ce jour là, le Deutsch Mark vaudrait… 3,50 F. !

Aujourd'hui, des villages entiers en R.F.A. fonctionnent à l'énergie solaire, ont une politique d'avant-garde sur le traitement des déchets, alors que la France bien qu'elle ait plus de soleil, a un gros retard.

Quand ces villages ont commencé à se construire, nous étions encore à traiter tous ceux qui voulaient faire pareil, d'illuminés, ou de membres de sectes. Nombreux d'entre eux, étaient l'objet de procédures judiciaires et ne furent soutenus, ni par la Ligue des Droits de l'Homme, ni par le moindre mouvement écologiste !

On pleure sur le réchauffement planétaire, en disant que la cause réside dans le fait que nous prenons tous notre véhicule. Mais parallèlement, dans les petites villes, on attend le car, parfois une heure, et après 20h, il n'y a plus rien ! C'est le couvre-feu !

En Belgique, par exemple, la seule ville d'Anvers possède 11 lignes de tramways et 4 lignes de métros. Pour se rendre de Bruxelles à Anvers, distance comparable à Lyon – Grenoble, ou Lyon- Chambéry, l'on dispose d'un train toutes les 15 minutes, toute la journée ! On peut dans ce pays, demander aux gens de prendre les transports en commun, sans les prendre pour des imbéciles.

Les mêmes qui pleurent aujourd'hui, vociféraient il n'y a pas si longtemps, que le réchauffement climatique, la pollution ? étaient « *...des idées farfelues venant des sectes...* ».

En ayant réélu les mêmes, ou les successeurs de ces imbéciles, n'avons-nous pas ce que nous méritons ?

La radiesthésie est enseignée dans les universités allemandes ou luxembourgeoises, le diplôme de « Heilpraktiker » que l'on passe dans les universités allemandes, permet de dispenser des thérapeutiques, jugées encore aujourd'hui « charlatanesque » en France...

Les allemands, chez qui l'obligation vaccinale n'existe plus depuis des dizaines d'années, n'ont pas plus de cas de maladies que nous. Ils en auraient même plutôt moins. Notons qu'ils ont un taux d'immigration égal sinon supérieur à celui de la France.

Déjà le 3 octobre 1991, Monsieur Jean-Louis BIANCO, alors ministre des affaires sociales, déclarait à l'Assemblée Nationale « *...Les français figurent parmi les champions du monde de la consommation de médicaments, et personne ne peut prétendre qu'ils sont mieux soignés pour autant...* ».

Le même jour, et toujours devant l'Assemblée Nationale, Monsieur Dominique STRAUSS-KAHN, alors ministre délégué à l'industrie et au commerce extérieur, ajoutait « *...De ce fait, notre pays est malheureusement celui dans lequel on consomme le plus de médicaments, sans pour autant qu'il apparaisse clairement que la morbidité est plus faible qu'ailleurs...* ».

Ces deux ministres socialistes avaient résumé en deux phrases ce que dénonçaient un certain nombre de journalistes : La France est le pays d'Europe où l'on consomme le plus de médicaments, et c'est celui où l'on est le plus malade, ce qui est tout de même paradoxal !

Dans le journal télévisé de 20h. sur TF1, le 1er janvier 2008, nous avons distinctement entendu : « *La France est le plus gros consommateur du monde de médicaments...* ».

Donc, nous consommons plus de médicaments que les autres, nous sommes plus malades que les autres, et nous pleurnichons tous les ans sur... le trou de la Sécu, et (bien sûr) nous poursuivons en Justice les guérisseurs, surtout s'ils ont dés résultats !

Dans son ouvrage « *Vaccins hépatite B, les coulisses d'un scandale* » le Dr VERCOUTERE écrit p.45 : « *D'après un rapport remis en novembre 1997 par le comité technique de pharmacovigilance à Bernard KOUCHNER, secrétaire d'Etat à la santé,* ***18 000 décès*** *seraient dus aux* ***médicaments*** *en France, soit* ***2 fois plus que les accidents de la route****, (et soit 30 fois plus que les cas de méningite en 2001)... Pour maîtriser le marché et influencer le corps médical, les laboratoires ne manquent guère de moyens et dépensent environ 12 % de leur chiffre d'affaire, soit 14 milliards de francs par an, en formation continue, congrès, séminaires (organisés de préférence sous les cocotiers) menus cadeaux, aide à la publication (qui peut aller jusqu'à la rédaction du contenu de l'article), et enfin publicité déguisée sous forme d'articles scientifiques dans la presse médicale, sponsorisée par les laboratoires (excepté 2 revues médicales totalement indépendantes : Prescrire et Pratiques, qui ne vivent que de leurs abonnements. Les laboratoires dépensent en moyenne un peu plus de 80 000 F. (12 200 €) par an et par médecin pour sa formation et son information (Cf. Science et Vie Juin 1998).*
« *...Dès la fac de médecine, les futurs praticiens sont « pris en charge » par l'industrie pharmaceutique. Certains laboratoires offrent aux meilleurs étudiants des préparations gratuites au concours de l'internat, d'autres les aident à rédiger leur thèse...* ».

P. 46 : « *...Selon le Pr. Robert WEISS, directeur de l'institut de recherche sur le cancer en Grande Bretagne, une grande partie du corps médical est devenue à tel point l'obligée du corps pharmaceutique, que l'évaluation des médicaments en devient aléatoire...* ».

P. 47 : « *...Ainsi la classe dirigeante fabrique-t-elle, grâce au système scolaire, une foule de personnes coulées dans le même moule à penser...* ».

On ne peut qu'être écoeuré, mais, du même coup, l'on comprend mieux un certain nombre de faits.

Il y a quelques années, un directeur d'une société de téléphonie parisienne me raconta :

« *...Je vais régulièrement au Brésil. J'adore ce pays. L'avant-dernière fois, j'avais été piqué par des moustiques, et sur tout mon corps, les boutons s'étaient infectés. C'était très douloureux et j'avais de la fièvre.*

Dans un petit hôpital brésilien, l'on m'appliqua 2 plantes sur les boutons: l'une calma la douleur en quelques minutes, et grâce à l'autre je fus guéri en 48 heures.

L'année suivante j'eus exactement la même mésaventure: sauf que je n'eus pas le temps de me faire soigner au Brésil: La thérapeutique pouvait bien attendre la demi- journée de trajet en avion. Mais je fus hospitalisé à Paris pendant 3 semaines, traité aux antibiotiques. J'ai souffert pendant 3 semaines et j'ai perdu 7kg... ».

Cette anecdote résume à elle seule toute une montagne d'aberrations:

Il est fort probable que si l'on avait pratiqué la technique brésilienne en France, le thérapeute aurait été poursuivi pour exercice illégal de la médecine.

Le Dr SCOHY, qui fut l'un des premiers à tenter d'alerter l'opinion sur les vaccins, a (évidemment) été sanctionné, et radié par l'Ordre des médecins.

Le Dr HAMER, grâce à qui des centaines de cancéreux dans toute l'Europe, peuvent affirmer avoir guéri définitivement, fut l'objet de poursuites dans presque tous les pays d'Europe, ces poursuites ayant essentiellement pour objet ses pratiques, estimées « charlatanesques ».

Rappelons que le Pr BELJANSKI, qui a soigné François MITTERRAND, et grâce à qui des dizaines de sidéens et de cancéreux avaient retrouvé la santé, a connu les pires ennuis, et notamment une perquisition effectuée par 180 gendarmes, hurlant à ce biologiste de 73 ans, qui vivait seul avec sa femme et sa secrétaire, « qu'il était une secte ».

La France a été condamnée par la Cour Européenne des Droits de l'Homme, à lui verser... 4 500 euros pour dommage moral. Entre temps, ce malheureux est mort des tracasseries qu'on lui a faites. C'est la famille qui a touché royalement les 4 500 euros...

Qu'importe, on continue.

Il est clair aujourd'hui qu'il existe une volonté politique de pourchasser toutes les méthodes bon marché susceptibles de nous maintenir en bonne santé, ou de nous la faire recouvrer si nous sommes malades.

Les gouvernements font semblant de vouloir résoudre les problèmes de société, mais ne veulent surtout pas que l'on trouve des solutions, puisque la plupart des dirigeants vivent de ces problèmes !

Le Général DE GAULLE avait dit un jour : « *Des chercheurs qui cherchent, on en trouve, des chercheurs qui trouvent, on en cherche...* ».

Aujourd'hui les chercheurs qui trouvent sont immédiatement neutralisés, sauf si ce qu'ils ont trouvé peut rapporter gros...

Je ne compte plus les gens que j'ai rencontrés qui ont guéri de maladies dites « incurables », et qui m'ont indiqué par la suite que les thérapeutes qui les avait aidés, étaient poursuivis. Car **chez nous, il vaut mieux mourir légalement que rester en vie illégalement.**

Je pense encore à ce jeune homme qui a guéri du Sida (son dossier était scientifiquement incontournable) et qui se cache, tant il a été l'objet de menaces, car il a eu le tort d'essayer de le faire savoir.

Ce mépris à l'égard des médecines non conventionnelles, de la part d'Universitaires considérant le corps humain comme une mécanique automobile, niant tout concept d'énergie vitale, n'est pas nouveau, puisque déjà dans les années 60, le célèbre ouvrage « les charlatans de la médecine, indiquait :

> « *...Ils étaient rebouteux et, à défaut de connaissances scientifiques, possédaient souvent une habileté remarquable pour remettre une entorse, une foulure, et même réduire une fracture, tandis que les doctes ignorants de la faculté se contentaient de disserter sur les humeurs peccantes, et de déclarer au patient qu'il « avait le pouls duriuscule ce qui marque une intempérie dans le parenchyme splénique qui retentit sur le fonctionnement du foie, à cause de l'étroite sympathie qu'ils ont ensemble par le moyen du vas brève, du pylore, et souvent des méats cholédoques* » (Molière).
>
> *Evidemment, le malade était ébloui de tant de science, mais il n'en guérissait pas pour autant...* ».

Je ne peux que conseiller la lecture du livre du Dr Tal SCHALLER "*Artisans de leur miracle*", qui évoque de nombreux cas de malades condamnés par la médecine, qui ont eu le courage de se guérir. Sa lecture peut redonner l'espoir à ceux qui se croient trop vite impuissants et obligés de souffrir.

En outre, lorsque nous avons évoqué l'hypothèse suivant laquelle les vaccins pourraient être « pucés » (contenir une micro-puce) ce qui pourrait être une des raisons pour lesquelles certains « scientifiques » insistent pour les maintenir, les bien-pensants ont tout de suite fait observer que « *personne n'aurait jamais l'idée honteuse d'implanter une micro-puce dans le corps humain, et que nous étions des illuminés en pleine science-fiction...* ». Or, le 4 avril 2002, la B.B.C. News nous fait savoir que les Etats-Unis avaient donné l'autorisation d'implanter une puce (appelée « Big Brother » ou « Verichip ») contenant des informations médicales et personnelles, à la firme A.D.S...

La carte Vital collée à la peau ! On y est ! (Mais nous sommes toujours des illuminés).

Aujourd'hui, la grande mode dans les entreprises américaines, est d'avoir une micro-puce sur le poignet qui permet d'ouvrir des portes, ou de déclencher la machine à café !

Et naturellement l'on nous rabat les oreilles en nous disant que l'homéopathie «...C'est un placebo...». Merci de cette réflexion, démontrant ce que disent les médecins Chinois depuis 5000 ans, à savoir que le corps humain a des facultés d'auto-guérison. Donc si l'homéopathie est un placebo, cela veut bien dire nous avons la possibilité de nous auto-guérir sans médicaments.

En outre, puisque c'est un placebo, mes amis agriculteurs qui soignent leurs vaches avec l'homéopathie depuis des années, avec d'excellents résultats, ne manquent jamais de dire à la vache « *Blanchette, je te donne un médicament...* » , faute de quoi le traitement serait inefficace...

La médecine « officielle » ignore les autres approches du traitement du malade. Elle a classé tous les symptômes et en a fait des « maladies ».

En Médecine traditionnelle chinoise, il n'existe pas de maladies orphelines, puisque n'importe quel symptôme est la conséquence d'un déséquilibre entre des énergies. Si cette médecine était inefficace, alors qu'elle traite près du quart de l'humanité, depuis 5000 ans, l'on s'en serait aperçu.

Je repense à mon instituteur du C.P. qui traitait certains d'entre nous « d'imbéciles heureux ».

Le système actuel a besoin pour vivre, que nous soyons dans une santé précaire, ce qui fait « tourner la machine ». On ne poursuivra jamais ce grand professeur d'orthopédie qui a opéré des tas d'enfants car leurs deux jambes avaient 1 ou 2 millimètres de différence... jusqu'à ce que ses confrères lui fassent observer que pendant la croissance c'était normal... Mais on poursuivra celui qui guérit les maladies dites « incurables »...

Dans certains hôpitaux psychiatriques, les malades ont un traitement destiné à les stabiliser. Certains sont hospitalisés à vie. Mais, le lendemain du passage des visiteurs médicaux (ayant au passage distribué moult cadeaux) comme par hasard, les prescriptions ont changé : On administre de nouveaux médicaments.

Les malades ne s'en portent pas mieux pour autant...

Ne soyons pas pessimiste : ce système honteux ne subsiste que parce que nous n'avons pas encore voulu « prendre par la peau du dos ceux qui ne veulent pas savoir », afin de leur montrer des évidences :

Ils ont devant le nez les courbes statistiques, leur montrant que les vaccinations sont inefficaces et dangereuses.

Ils ont devant le nez ce qu'on écrit des centaines de leur confrères.

Pourquoi continuent-ils de s'entêter, si ce n'est une totale inféodation à l'industrie pharmaceutique (dans laquelle **le prix de vente**, chose unique, dans l'économie est égal au **prix de revient… multiplié par…98 !, parfois bien plus !**).

L'industrie pharmaceutique est celle qui se porte le mieux, l'on comprend pourquoi. Que ne ferait-on pas pour rester en bonne santé !

C'est en matière de cancer que la chose est particulièrement scandaleuse :

Une personne intervenant bénévolement au titre des soins palliatifs dans un service de traitement du cancer d'un hôpital de la région Rhône-Alpes, me confie, en été 2012 :

« *…Depuis plusieurs années que j'interviens, je ne compte plus le nombre de ceux que j'ai vus mourir. J'en suis venue à douter de la chimiothérapie, notamment concernant un produit, utilisé quand le cancer est à un stade bien avancé, car j'ai vu les mêmes personnes revenir plusieurs mois après avoir cru être guéries, et finalement décéder. Mais quand j'ai constaté que, dans certains cas, une séance de chimio coûtait au moins 1 500 € (payée par la Sécu), et que le labo qui fournit le médicament envoie des cadeaux au personnel, et finance les pots de départ, cela a aggravé mes doutes. Quand j'ai constaté la colère des médecins face à ceux qui refusent la chimio, les recherches faites uniquement pour limiter les effets secondaires de ce produit qui a l'air de causer tant de douleurs aux patients, ce qui fait qu'on continue de le prescrire au lieu d'en changer, quand enfin j'ai vu des prescriptions de chimio, la veille du décès de plusieurs patients, je n'ai plus eu de doute du tout ! J'ai réellement l'impression que tout est fait, non pas pour que le malade guérisse, mais surtout, pour écouler du produit.*

Je comprends maintenant pourquoi les autres méthodes thérapeutiques, qui ont largement fait leurs preuves à l'étranger, (acupuncture, homéopathie, réflexologie, ostéopathie, etc…) sont traitées avec dédain et mépris, par des médecins qui laissent entendre tout savoir, mais chez qui les victimes tombent comme en 14/18… ».

Les médecins français sont certainement très performants, surtout en matière de chirurgie, mais beaucoup de généralistes sont boulonnés dans l'idée que seule la chimie peut guérir.

Je propose donc que nous rebaptisions le Code de la Santé publique, qui s'appellerait désormais « le Code de la maladie publique ».

Courant septembre 2020, le Dr. Chantal BRICHET-NIVOIS, Médaille du Prix Robert DEBRE, écrit :

«...Dans le livre « ***Une vie*** » de Simone VEIL paru en 2007 chez Stock. **Page 66** dans le chapitre « ***L'enfer*** », elle écrit : « *Les Allemands étaient obsédés par les microbes», exactement comme nos gouvernements actuellement. Puis elle ajoute que «la folie de la pureté les hantait»; c'est aussi le cas pour ceux qui nous gouvernent. En effet, elle poursuit : «À notre arrivée (dans un magasin pour nous à présent), il fallait à tout prix nous désinfecter (les mains, de nos jours avec un produit aseptisant).*

«...En bas de la **page 67**, elle note que tout « *répondait à la même obsession de propreté* », et pour nous, d'absence de virus circulant, y compris sans donner de signes de maladie, comme c'est le cas depuis quelques mois en France...».

«...**Page 68**, *elle remarque que, comme pour nous,» en quelques heures (dès les décrets mis en application) nous nous sommes retrouvé(e)s démuni(e)s de ce qui avait fait jusqu'alors ce qu'était chacune de nous», comme un joli sourire devenu invisible sous cet affreux masque, des joues roses qui donnent envie d'être embrassées, cachées sous ce chiffon fade et laid; des embrassades de filles heureuses interdites :* ***VERBOTEN la joie des rencontres !*** *Elle signale que «des choses totalement incohérentes pouvaient survenir», comme les décisions invraisemblables, qui changent au gré du vent, de nos dirigeants, véritables girouettes, notamment à propos du masque, du confinement, de la fermeture des restaurants, modifiées à tout bout de champ !...».*

«...Le livre de François ROUVILLOIS, « ***Crime et utopie*** » édité en 2014 par Flammarion, est, à cet égard, très instructif pour comprendre ce qui se trame actuellement, de si semblable à cette époque atroce du **nazisme**. Ou « *comment l'utopie mène au crime* », avec le « *rêve d'un homme parfait* », sans aucune maladie, et un monde où aucun virus ne serait pathogène, où nous ne mourrions plus dans la vieillesse, où nous serions éternels, donc « *des dieux* ». ...Cette poursuite utopique d'envies irréalisables, conduit toujours, hélas, à vouloir « établir un contrôle total de la société » ***où ne nous serons plus que des numéros notés sur nos cartes vitales (!)*** Comme « *tatoués*» pour l'éternité afin d'être vaccinés à qui mieux mieux (cf. Etienne de La Boétie)...».

Cette dame, que l'on gagnerait à connaître, poursuit en écrivant récemment : «...*Seul le* **royaume de Suède** *a su gérer l'épidémie qui est terminée chez eux, en offrant tout le temps, à ses Sujets, la liberté : félicitons ce pays pour ce qu'il a su faire, là où nous, citoyens du pays des "droits de l'homme" avons lamentablement échoué sur tous les plans. Peut-être est-ce parce que dans ce pays nordique, on y fait plus du sport au grand air, même en automne, qu'ailleurs ?...*»

«...Lorsque vous acceptez un vaccin pour vos enfants (ou pour vous-même), vous ignorez la plupart du temps qu'il y a dedans des **produits cancérigènes, allergisant, neurotoxiques***, des traces d'antibiotiques, et même de la «* **mort aux rats** *»; le «bouquet final», ce sont les cellules humaines provenant de fœtus avortés (jusqu'à quelques heures avant la naissance désormais, depuis l'invention du motif de «détresse sociale»; laquelle est créée et entretenue par les lois anti-covid !). Des personnes qualifiées ont observé à l'échographie les mouvements frénétiques des bébés viables qu'on tente de «réduire en bouillie», futurs nouveau-nés en parfaite santé, terrifiés en voyant arriver les instruments qui les broieront, avec un rythme cardiaque qui s'accélère énormément; car ces enfants pressentent leur mort, comme les animaux qui savent aussi que leur heure est arrivée.*

Mengele *a lancé la mode; d'autres continuent, sans état d'âme, sa besogne. Et du Mercure alors qu'on interdit de vendre des thermomètres qui en contenaient dans un tube fermé !...».*

*«...***On ferme les salles de sport où vous alliez vous « refaire une santé » après des heures assis à un bureau***. On laisse ouvert les tabacs alors que les décès provenant de la consommation de ce produit sont plus nombreux que celles dues au Covid.* **On vous vend du «sucre caché» additionné de graisses** *mauvaises, dans des produits finis que vous consommez, car fatigués de n'avoir pas pu respirer à pleins poumons dans la journée...».*

«...Plus on cherche à protéger l'individu, plus on obtient de maladies...».

Récemment, 2 scientifiques Italiens, les Drs GATTI et MONTANARI de l'université de Modena et Reggio Emilia, ont publié dans l'International Journal of Vaccines le 23/01/2017, une étude sur la composition des vaccins. Ils en ont étudié 30:

«...Parmi la centaine d'adjuvants utilisés pour l'élaboration des vaccins, citons:

• **Le sulfate d'ammonium:** *un poison suspecté d'attaquer le foie, le système nerveux, le système gastro-intestinal et le système respiratoire.*

• **La bêta-propiolactone:** *produit connu pour ses propriétés cancérigènes. Poison suspecté d'attaquer le foie, le système respiratoire et le système gastro-intestinal ainsi que la peau et les organes des sens.*

• **Des levures génétiquement modifiées, de l'ADN bactérien ou viral d'animaux:** *substances qui peuvent s'incorporer dans l'ADN des vaccinés et entraîner des mutations génétiques inconnues.*

• **Le latex:** *produit qui peut produire des réactions allergiques sévères mettant en péril le pronostic vital.*

• **Le glutamate de sodium:** *produit neurotoxique connu pour ses effets mutagènes, tératogènes, entraînant des malformations et monstruosités et ses effets sur la descendance. Responsable d'allergie.*

• **L'aluminium:** *neurotoxique et cancérigène (adjuvant), suspecté d'intervenir dans la maladie d'Alzheimer, de certaines démences, de comas et d'attaques. Responsable également d'allergies cutanées. Impliqué dans la myofasciite à macrophages.*

• **Le formaldéhyde (formol):** *constituant principal des substances employées dans l'embaumement; poison lorsqu'il est ingéré, carcinogène, impliqué dans les leucémies, les cancers du cerveau, du côlon, des organes lymphatiques, suspecté d'occasionner des problèmes gastro- intestinaux; poison pour le foie, le système immunitaire, le système nerveux, les organes de reproduction. Utilisé pour inactiver les germes.*

• **Des micro-organismes:** *virus ou bactéries vivants ou tués, ou leurs toxines. Le vaccin polio contenait du SV40, le vaccin hépatite fait appel à ce virus du singe.*

• **Le polysorbate 80:** *connu pour causer des cancers chez les animaux.*

• **Le tri (n) butylphosphate:** *suspecté d'être un poison pour les reins et les nerfs.*

• **Le glutaraldéhyde:** *poison s'il est ingéré; responsable de malformations néonatales chez les animaux d'expérimentation.*

• **La gélatine:** *produite à partir de certaines parties de la peau de veaux, et de porcs ainsi que d'os de bovins déminéralisés. Responsable d'allergies.*

• **La gentamycine, la polymyxine B, la streptomycine et la kanamycine (antibiotiques sous forme de trace):** *toxiques pour les reins et le système nerveux; responsable d'allergies pouvant être mortelles.*

• **Le mercure (conservateur):** *substance des plus dangereuses, qui a une affinité pour le cerveau, le foie, l'intestin, la moelle osseuse et les reins. D'infimes quantités peuvent causer des dommages graves au cerveau. Les symptômes de l'intoxication au mercure sont divers et certains sont superposables aux troubles et désordres autistiques. Théoriquement interdit dans les vaccins depuis 1999.*

• **La néomycine (antibiotique):** *substance qui perturbe l'absorption de la vitamine B6. Une erreur d'assimilation de la vitamine B6 peut entraîner une forme rare d'épilepsie et de retard mental. Réactions allergiques pouvant être mortelles. Toxique pour les reins et le système nerveux.*

• **Le phénol/phénoxyéthanol:** *utilisé comme antigel. Toxique pour toutes les cellules et capable de dérégler les réponses du système immunitaire.*

• **Le borate de sodium (borax):** *utilisé comme insecticide et comme raticide (mort aux rats) et contenu dans le très à la mode vaccin Gardasil.*

• **Des bactéries, comme la Bordetella pertussis**, *couramment utilisées en tant qu'adjuvants des vaccins qui seraient susceptibles de déclencher des scléroses en plaques. Une étude intitulée* "Le rôle potentiel de la colonisation subclinique" *par la Bordetella pertussis "dans l'étiologie de la sclérose en plaques" a d'ailleurs été récemment publiée dans la revue Immunobiology.*

- ***Des cellules humaines et animales diverses:*** *des cellules humaines provenant de tissus de fœtus issus d'avortement, de l'albumine humaine, du sang de porc, de cheval, de mouton, de la cervelle de lapin, de cobaye, du cœur de bœuf, des reins de chien, des reins de singe, des embryons de poulet, des œufs de poule (pouvant être contaminés par le virus de la leucose aviaire, c'est-à-dire la leucémie des poules…), des œufs de canard, du sérum de veau (pouvant être porteur des prions de Creutzfeldt Jacob, etc.).*

- ***Des nanoparticules diverses:*** *Aluminium, Baryum, Bismuth, Carbone, Calcium, Chlore, Chrome, Fer, Potassium, Magnésium, Sodium, Nickel, Oxygène, Phosphore, Plomb, Soufre, Silicium, Étain, Titane, Tungstène, Zinc et Zirconium à la toxicité maximale. Toutes ces particules sont toxiques. La dimension nanométrique des particules de l'agglomérat les rend particulièrement pénétrantes. Le zinc est particulièrement nocif pour le cerveau, les yeux et les organes sexuels.*

Dans les 30 vaccins qui ont été analysés, 29 étaient à usage humain, et 1 à usage vétérinaire*. Le seul vaccin qui ne contenait aucun de ces corps étrangers était un vaccin pour les chats. « La quasi-totalité de ces vaccins analysés contiennent à des degrés divers des particules, certains contenant un haut pourcentage de titane et d'aluminium associés à des petites quantités de chlore, sodium, silicium et soufre... ».*

Dans son ouvrage « *Vaincre le Covid-19 et autres virus par la médecine traditionnelle Chinoise* », (éd. Talma) Mme Angelina JINGRUI CAI explique avoir été contactée par des patients, apparemment atteints du Covid-19 à qui, le S.A.M.U. répondait au téléphone « *Restez chez vous, prenez du Doliprane...* ». Elle précise que la 1re chose à faire dans le cas d'une épidémie, est d'apprendre aux gens à renforcer leur immunité. Or dans tout ce cinéma que l'on nous a fait, qui, sur les médias, a parlé d'immunité et des moyens de la renforcer ?

Personne... Et pourtant, entre la médecine traditionnelle Chinoise, la naturopathie, le Yoga, le Ji Qong, la médecine ayurvédique, etc. on en avait des possibilités de renforcer l'immunité de la population ! Combien de morts aurions-nous pu éviter !

Nous avons malheureusement compris que ces disciplines n'ont rien à vendre, et qu'ainsi on ne voulait pas savoir, ou plutôt qu'**il ne fallait pas que nous sachions...**

Épilogue

Pourquoi un avocat s'intérresse-t-il aux problèmes de santé publique ?

Que savez vous de la médecine ? Comment osez vous donner votre avis ?

Réponse

«...Imaginons qu'un expert épidémiologiste ait calculé que l'efficacité du BCG est de 95 %, et que, si l'on abandonne la vaccination généralisée, il y aura d'énormes flambées de tuberculose...
Puis un citoyen tout à fait ordinaire, découvre que l'expert a fait une erreur de calcul.
C'est en faisant 2+2 = 6.
En se contentant de 2+2= 4, l'efficacité n'est plus que de 20%...
Que la personne qui aura découvert l'erreur soit une femme de ménage ou un mathématicien, c'est la même chose... »

(Jean- Marie MORA)

———— • ————

Comme le lecteur l'aura certainement compris, mon objectif n'était pas d'écrire un ouvrage s'adressant aux Juristes ou aux personnes « déjà au courant », mais il s'agit de la réaction d'un Juriste qui, au travers des écrits de Sylvie SIMON, Guilaine LANCTOT, Louis DE BROUWER, Alain VERCOUTERE, Christian TAL SCHALLER, F. CHOFFAT, Pr. TISSOT, François DELARUE, Michel GEORGET, Jean MERIC, Jean PILETTE, Françoise BERTHOUD, Eric ANCELET, Paul CHAVANON, Jean ELMIGER, Françoise CHOFFAT, Marcel FERRU, etc... découvre que ces spécialistes indiquent qu'on nous aurait menti sur les vaccinations.

Il s'agit de la stupeur d'un Juriste découvrant que les vaccins, pourtant obligatoires, sont inefficaces et dangereux, et qui dit aux gens, à l'homme de la rue : Que pouvons nous faire ? Car nous devons faire quelque chose. C'est un devoir de citoyen.

Les ennuis des parents qui résistent, la difficulté d'exercer certaines professions, les poursuites envers les réfractaires : cela n'était pas dans l'objectif de ce livre qui ne vise qu'à **informer « Monsieur TOUT LE MONDE »**.

Certes, d'aucuns me diront peut être : « *Mais d'autres ont dit tout cela avant vous !* ».

Oui ! Mais, Monsieur TOUT LE MONDE ne les a toujours pas entendus, car sinon mon livre aurait été inutile, puisque l'obligation vaccinale aurait été abolie pour tous les vaccins.

Il était donc évident que je me devais essentiellement de citer toutes ces personnes, étant précisé que la loi autorise les citations.

Je m'adresse aux personnes qui ne savaient pas, et qui vont découvrir avec moi. En ce sens, que ma démarche est plus une démarche de citoyen que celle d'un avocat.

Bien qu'une de mes sœurs soit elle même médecin généraliste, je suis perplexe, face à la médecine dite « classique » :

1°) A la suite d'une intervention chirurgicale que j'ai subie à l'âge de 16 mois, un éminent Professeur de la Faculté de médecine de Lille, émit 3 postulats, me concernant :
« *Cet enfant ne remarchera pas avant l'âge de 3 ans…* ».
« *Il faudra déconseiller à cet enfant la pratique de la gymnastique, et du sport en général…* ».
« *Cet enfant restera malheureusement stérile* ».

Or,

Sur le 1er postulat : « *Cet enfant ne remarchera pas avant l'âge de 3 ans…* ».

8 jours après l'intervention, l'on me récupéra en haut d'un immense buffet que j'avais escaladé malgré mes drains.

Sur le 2e postulat : « *Il faudra déconseiller à cet enfant la pratique de la gymnastique, et du sport en général…* ».

Je fus effectivement longtemps dispensé de gym au lycée, étant classé dans la catégorie des « enfants fragiles ». Je m'inscrivis à la gym en terminale, quand elle devint facultative. Par la suite je m'inscrivis au Judo, puis, à l'âge adulte, je commençai la pratique du karaté, et je suis aujourd'hui instructeur fédéral, totalisant plus de 30 ans de pratique de karaté, et j'ai participé à des stages d'aikido, kendo, kenjitsu, Taijitsu, shintaido, Taichi et Chi Gong.

Sur le 3e postulat : « *Cet enfant restera malheureusement stérile* ».

Lors de la naissance de ma fille aînée, au fin fond de l'Ecosse, où je m'étais réfugié pour épouser quasi-clandestinement la femme, dont l'enfant qui allait naître « ne pouvait pas être de moi » (dixit toute ma famille) j'envoyais un télégramme à mes parents, indiquant :

« *…Enfant née dimanche matin. Prénom Françoise. Ressemblance incroyable (même regard, mêmes grimaces) avec grand-père paternel… Robroyston Hospital GLASGOW* ».

2°) La mère de mes filles, qui, dans sa vie, ne s'était vraiment sentie bien qu'en Grande-Bretagne, devint gravement dépressive à partir de 1974. Elle fut traitée par une quantité importante de neuroleptiques, antidépresseurs, somnifères, et alla d'hospitalisations, en retour, puis re-hospitalisations...

Voyant que son état allait en s'aggravant au fil des années, je demandais aux médecins s'il n'y avait pas d'autres moyens de traiter cette maladie. Je suggérais même de l'envoyer dans une communauté. Un jour je fus convoqué : Tout le service était là : J'avais l'impression d'être devant une Cour d'Assises dans le rôle de l'accusé. J'avais osé suggérer d'envoyer mon épouse dans une « secte » ! Avec des airs inadmissibles de supériorité, l'on m'expliqua qu'il ne fallait rien changer au traitement, mais qu'il fallait que nous divorcions, ce que je fis, à la 7e année de sa maladie.

Après avoir absorbé des quantités impressionnantes de médicaments pendant 17 ans, après que chaque fois que je demandais des nouvelles au service hospitalier qui, « la suivait », l'on me répondait que l'on s'en occupait activement, et que je n'avais pas à intervenir, puisque nous étions divorcés, on la trouva morte, chez elle, un beau matin de 1991.

3°) En 1974, je montrais ma 2e fille, âgée de 4 ans, au chef de service d'orthopédie du C.H.U. de Grenoble, car je craignais une future scoliose, ayant moi même été scoliotique. Il me fut répondu, après examen qu'il n'y avait aucun risque de scoliose.
4 ans plus tard, je la ramenais devant le même professeur qui diagnostiquait chez elle une scoliose de plus de 40°...

J'expliquais alors que quand j'étais adolescent j'avais moi aussi, une scoliose importante, que je n'avais redressé que récemment à l'âge adulte, grâce à la pratique des arts martiaux, et lui demandais s'il ne serait pas bon que je l'inscrive au karaté ou à l'aikido.

Monsieur le Professeur m'expliqua qu'une scoliose à l'âge adulte ne se redresse pas, que les arts martiaux n'ont aucune influence sur la scoliose, et que les photos de mon buste d'adolescent tordu que je lui montrais, devant son entêtement, étaient truquées...

Il n'y avait qu'une méthode : le corset, surmonté d'une minerve.

Ce traitement inhumain, inefficace, et très coûteux (chaque appareil coûtait environ 5 000 F., soit 750 € et devait être renouvelé tous les ans, vu qu'elle grandissait) dura 7 ans.

Au bout de 7 ans, la scoliose était passée à 65° ! Il fut décidé de l'opérer. 2 interventions, pose d'une broche, puis d'un greffon osseux, phénomène de rejet de la broche, pansements à refaire tous les jours pendant des semaines, rééducation en centre, etc... Aujourd'hui, elle est adulte. Elle a le milieu du dos bloqué en permanence, une large cicatrice tout le long du dos, de fréquentes douleurs, et l'impossibilité de porter des objets lourds. Mais pour Monsieur le Professeur, elle est « guérie ».

Par la suite j'ai découvert (un peu tard) l'ostéopathie, et l'acupuncture, et j'ai appris que cette scoliose aurait pu dés le départ, être traitée par une méthode infiniment moins coûteuse, mais efficace. Très certainement d'ailleurs, ceux qui l'auraient guérie, auraient été poursuivis pour exercice illégal de la médecine.

Et bien naturellement, personne ne dira jamais rien à Monsieur le Professeur qui connaissait l'issue, depuis le départ, et qui, avec des grands airs dogmatiques, continue d'affirmer que ni les arts martiaux, ni l'ostéopathie ne redressent une scoliose, et que la seule solution est le corset, la minerve, et si, (par malchance bien sûr) on n'a pas de résultat, il faut opérer.

Ainsi, tout comme sa mère qui est « morte guérie », ma fille souffre à vie du dos, elle aussi « guérie ».

Finalement, j'ai été le seul à ne pas respecter les « ordres » des médecins. En outre, par chance, pour des raisons familiales et géographiques, je n'ai reçu qu'un seul vaccin dans ma vie : Le fait de vivre à quelques kilomètres d'une frontière générait chez tout le monde une certaine prudence en cette matière. Inutile de décrire les commentaires affolés de certains, lorsque, en janvier 2001, je suis parti en République d'Haïti, afin de défendre ce navigateur Grenoblois, accusé du meurtre de sa femme, qui s'était suicidée, sans vaccins, sans traitement préventif contre la paludisme, surtout quand je fus de retour, couvert de piqûres de moustiques…

Si j'avais eu, dans les années 80, les connaissances que j'ai aujourd'hui, je suis convaincu que la mère de mes filles serait toujours en vie, et ma fille cadette aurait redressé sa scoliose sans souffrir. Mais voilà, cela n'aurait rien coûté, ou presque.

Alors je n'en ai pas eu les moyens.

TABLE DES MATIÈRES

Avant-Propos 5
Introduction 9

PREMIÈRE PARTIE 11
La déception du Juriste qui croyait que les vaccins nous protégeaient des maladies, et étaient sans danger. Donc, il était normal qu'ils soient obligatoires. 13

CHAPITRE I 25
Des questions simples à la portée de tous sur les vaccins en général 25

CHAPITRE II 35
Les vaccins obligatoires en France depuis des décennies 35

CHAPITRE III 57
Les vaccins simplement « recommandés » jusqu'en fin 2017 57

CHAPITRE IV 83
Mais alors, on nous aurait menti ? 83

DEUXIÈME PARTIE 111
2020 : « L'hystérie Covidique » 113

TROISIÈME PARTIE 139

CHAPITRE I 141

Comment réagissent les scientifiques, la Justice,
et les politiques, en matière de vaccination ? 141

CHAPITRE II 153

Les réactions des scientifiques 153

QUATRIÈME PARTIE 161

Donc, on nous ment, mais pourquoi cela continue-t-il,
et comment protéger nos enfants ? 163

CHAPITRE I 165

Les réactions de la justice en France 165

CHAPITRE II 173

Les réactions des politiques 173

CHAPITRE III 179

Les juridictions européennes 179

CHAPITRE IV 185

Que faire pour protéger son enfant ? 185

CHAPITRE V 211

Pourquoi depuis des décennies n'avance-t-on pas dans ce débat ? 211

CONCLUSION 221

Vers une nouvelle définition de la « santé publique » 221